D0130009

Alexis de Tocqueville

L'ancien régime
et la Révolution

ÉDITÉ PAR
J.-P. MAYER

Édition revue et corrigée

Gallimard

NOTE LIMINAIRE

Le présent volume donne le texte intégral de l'ouvrage de Tocqueville; cependant nous n'avons pas retenu, parmi les notes qu'il avait ajoutées à la fin du volume, celles qui ont un caractère trop technique ou trop spécialisé. D'ailleurs, nous avons publié une édition critique de L'ancien régime, avec une introduction de Georges Lefebvre, dans notre édition des Œuvres complètes d'Alexis de Tocqueville (édition revue, Gallimard, Paris, 1964).

Londres, janvier 1964.

J.-P. Mayer.

Le texte de ce volume a été revu et corrigé. Nous signalons le livre important de Jacques Godechot : Les Révolutions (1770-1799), Paris 1963, avec ses indications bibliographiques si précises, qui pourrait aider le lecteur à approfondir les problèmes que pose l'ouvrage de Tocqueville.

Finalement : nous avons noté dans notre esquisse d'une histoire de l'influence de L'ancien régime une lacune. Nous savions bien que Ranke avait lu l'ouvrage puisqu'il le cite (Cf. Leopold von Ranke, Ursprung und Beginn der Revolutionskriege, 1791 und 1792, Munich 1875, p. 59 et s.), mais maintenant nous pouvons fournir une autre preuve. Nous avons trouvé dans les Archives du Château Tocqueville une lettre du grand historien allemand du 5 avril 1857, adressée à Alexis de Tocqueville, dans laquelle il écrit : « Monsieur, c'était un plaisir singulier pour moi de recevoir une lettre de vous, dont l'un des premiers ouvrages (La Démocratie en Amérique) m'avait fait une impression profonde, parce que j'y voyais traitée la principale question de la société moderne avec une connaissance parfaite de la cause. Aussi votre dernier ouvrage [Ranke se réfère ici à L'ancien régime] a été lu en Allemagne avec une admiration générale... » Ces lignes marquent l'affinité de ces deux grands esprits, de deux mondes spirituels qui nous concernent profondément.

Londres, mars 1967.
J.-P. M.

J'ai ajouté à notre réimpression de 1979 quelques indications bibliographiques plus récentes : voir pages 375 ss.

17 novembre 1981.
J.-P. M.

Encore une fois, j'ai ajouté pour les nouvelles impressions de 1984, 1985 et 1986 quelques indications bibliographiques supplémentaires.

7 décembre 1983,
10 décembre 1984 et
26 décembre 1985.
J.-P. M.

Tocqueville Research Centre
University of Reading
Reading Berkshire.

Voyez les deux titres pour l'édition de 1987.

J.-P. M.

Matériaux pour une histoire
de l'influence de *L'ancien régime*

Le 26 décembre 1850, Tocqueville écrivait à son ami Gustave de Beaumont, de Sorrente : « Il y a longtemps, comme vous savez, que je suis préoccupé de l'idée d'entreprendre un nouveau livre. J'ai pensé cent fois que si je dois laisser quelques traces de moi dans ce monde, ce sera bien plus par ce que j'aurai écrit que par ce que j'aurai fait. Je me sens de plus, plus en état de faire un livre aujourd'hui qu'il y a quinze ans. Je me suis donc mis, tout en parcourant les montagnes de Sorrente, à chercher un sujet. Il me le fallait contemporain, et qui me fournît le moyen de mêler les faits aux idées, la philosophie de l'histoire à l'histoire même. [Souligné par nous.] Ce sont, pour moi, les conditions du problème. J'avais souvent songé à l'Empire, cet acte singulier du drame encore sans dénouement qu'on nomme la Révolution française. Mais j'avais toujours été rebuté par la vue d'obstacles insurmontables et surtout par la pensée que j'aurais l'air de vouloir refaire des livres célèbres déjà faits. Mais, cette fois, le sujet m'est apparu sous une forme nouvelle qui m'a paru le rendre plus abordable. J'ai pensé qu'il ne fallait pas entreprendre l'histoire de l'Empire, mais chercher à montrer et à faire comprendre la cause, le caractère, la portée des grands événements qui formaient les anneaux principaux de la chaîne de ce temps. Le récit des faits ne serait plus alors le but du livre. Les faits ne seraient, en quelque sorte, que la base solide et continue sur laquelle s'appuieraient toutes les idées que j'ai dans la tête, non seulement sur cette époque, mais sur celle qui l'a précédée et suivie, sur son caractère, sur l'homme extraordinaire qui l'a remplie, sur la direction par lui donnée au mouvement de la Révolution française, au sort de la nation, et à la destinée de toute l'Europe. On pourrait ainsi faire un livre très court, un volume ou deux peut-être, qui aurait de l'intérêt et pourrait avoir de la grandeur. Mon esprit a travaillé sur ce nouveau cadre et il a trouvé, en s'animant un peu, beaucoup d'aperçus divers qui ne l'avaient pas d'abord frappé. Tout cela n'est encore qu'un nuage qui flotte devant mon imagination. Que dites-vous de l'idée mère[1] ? »

Une autre lettre de Tocqueville adressée au comte Louis de Kergorlay et datée du 15 décembre 1850, de Sorrente également, est encore plus révélatrice sur l'intention de l'auteur que les lignes précitées. « Il y a longtemps déjà », lisons-nous dans cette lettre, « que je suis occupé, je pourrais dire troublé, par l'idée de tenter, de nouveau, un grand ouvrage. Il me semble que ma vraie valeur est surtout dans ces travaux de l'esprit ; que je vaux mieux dans la pensée que dans l'action ; et que, s'il reste jamais quelque chose de moi dans ce monde, ce sera bien plus la trace de ce que j'ai écrit que le souvenir de ce que j'aurai fait. Les dix dernières années, qui ont été assez stériles pour moi sous beaucoup de rapports, m'ont cependant donné des lumières plus vraies sur les choses humaines et un sens plus pratique des détails, sans me faire perdre l'habitude qu'avait prise mon intelligence de regarder les affaires des hommes par masses. Je me crois donc plus en état que je ne l'étais quand j'ai écrit La Démocratie, de bien traiter un grand sujet de littérature politique. Mais quel sujet prendre ? Plus de la moitié des chances de succès sont là, non seulement parce qu'il faut trouver un sujet qui intéresse le public,

---

1. Voir maintenant : Tocqueville, *Œuvres complètes* (sous la direction de J.-P. Mayer), VIII, 2, p. 343 s., Paris 1967.

mais surtout parce qu'il faut en découvrir un qui m'anime moi-même et fasse sortir de moi tout ce que je puis donner. Je suis l'homme du monde le moins propre à remonter avec quelque avantage contre le courant de mon esprit et de mon goût; et je tombe bien au-dessous du médiocre, du moment où je ne trouve pas un plaisir passionné à ce que je fais. J'ai donc souvent cherché depuis quelques années (toutes les fois du moins qu'un peu de tranquillité me permettait de regarder autour de moi et de voir autre chose et plus loin que la petite mêlée dans laquelle j'étais engagé), j'ai cherché, dis-je, quel sujet je pourrais prendre; et jamais je n'ai rien aperçu qui me plût complètement ou plutôt qui me saisît. Cependant, voilà la jeunesse passée, et le temps qui marche ou, pour mieux dire, qui court sur la pente de l'âge mûr; les bornes de la vie se découvrent plus clairement et de plus près, et le champ de l'action se resserre. Toutes ces réflexions, je pourrais dire toutes ces agitations d'esprit, m'ont naturellement porté, dans la solitude où j'habite, à rechercher plus sérieusement et plus profondément l'idée-mère d'un livre, et j'ai senti le goût de te communiquer ce qui m'est venu dans l'imagination et de te demander ton avis. Je ne puis songer qu'à un sujet contemporain. Il n'y a, au fond, que les choses de notre temps qui intéressent le public et qui m'intéressent moi-même. La grandeur et la singularité du spectacle que présente le monde de nos jours absorbe trop l'attention pour qu'on puisse attacher beaucoup de prix à ces curiosités historiques qui suffisent aux sociétés oisives et érudites. Mais quel sujet contemporain choisir? Ce qui aurait le plus d'originalité et ce qui conviendrait le mieux à la nature et aux habitudes de mon intelligence, serait un ensemble de réflexions et d'aperçus sur le temps actuel, un libre jugement sur nos sociétés modernes et la prévision de leur avenir probable. Mais quand je viens à chercher le nœud d'un pareil sujet, le point où toutes les idées qu'il fait naître se rencontrent et se lient, je ne le trouve pas. Je vois des parties d'un tel ouvrage, je

n'aperçois pas d'ensemble ; j'ai bien les fils, mais la trame me
manque pour faire la toile. Il me faut trouver quelque part, pour
mes idées, la base solide et continue des faits. Je ne puis
rencontrer cela qu'en écrivant l'histoire ; en m'attachant à une
époque dont le récit me serve d'occasion pour peindre les hommes
et les choses de notre siècle, et me permette de faire de toutes ces
peintures détachées un tableau. Il n'y a que le long drame de la
Révolution française qui puisse fournir cette époque. J'ai depuis
longtemps la pensée, que je t'ai exprimée, je crois, de choisir dans
cette grande étendue de temps qui va de 1789 jusqu'à nos jours,
et que je continue à appeler la Révolution française, les dix ans
de l'Empire, la naissance, le développement, la décadence et la
chute de cette prodigieuse entreprise. Plus j'y réfléchis, et plus je
crois que l'époque à peindre serait bien choisie. En elle-même,
elle est non seulement grande, mais singulière, unique même ; et
cependant, jusqu'à présent, du moins à mon avis, elle a été
reproduite avec de fausses ou de vulgaires couleurs. Elle jette, de
plus, une vive lumière sur l'époque qui l'a précédée et sur celle qui
la suit. C'est certainement un des actes de la Révolution
française qui fait le mieux juger toute la pièce, et permet le plus
de dire sur l'ensemble de celle-ci tout ce qu'on peut avoir à en
dire. Mon doute porte bien moins sur le choix du sujet que sur la
façon de le traiter. Ma première pensée avait été de refaire à ma
manière le livre de M. Thiers ; d'écrire l'action même de
l'Empire, en évitant seulement de m'étendre sur la partie
militaire, que M. Thiers a reproduite, au contraire, avec tant de
complaisance et de talent. Mais, en y réfléchissant, il me vient de
grandes hésitations à traiter le sujet de cette manière. Ainsi
envisagé, l'ouvrage serait une entreprise de très longue haleine.
De plus, le mérite principal de l'historien est de savoir bien faire
le tissu des faits, et j'ignore si cet art est à ma portée. Ce à quoi
j'ai le mieux réussi jusqu'à présent, c'est à juger les faits plutôt
qu'à les raconter : et, dans cette histoire proprement dite, cette

*faculté que je me connais n'aurait à s'exercer que de loin en loin
et d'une façon secondaire, à moins de sortir du genre et
d'alourdir le récit. Enfin, il y a une certaine affectation à
reprendre le chemin que vient de suivre M. Thiers. Le public vous
sait rarement gré de ces tentatives; et quand deux écrivains
prennent le même sujet, il est naturellement porté à croire que le
dernier n'a plus rien à lui apprendre. Voilà mes doutes; je te les
expose pour avoir ton avis.*

« *A cette première manière d'envisager le sujet en a succédé
dans mon esprit une autre que voici : il ne s'agirait plus d'un long
ouvrage, mais d'un livre assez court, un volume peut-être. Je ne
ferais plus, à proprement parler, l'histoire de l'Empire, mais un
ensemble de réflexions et de jugements sur cette histoire.
J'indiquerais les faits, sans doute, et j'en suivrais le fil; mais ma
principale affaire ne serait pas de les raconter. J'aurais, surtout,
à faire comprendre les principaux, à faire voir les causes diverses
qui en sont sorties; comment l'Empire est venu; comment il a pu
s'établir au milieu de la société créée par la Révolution; quels ont
été les moyens dont il s'est servi; quelle était la nature vraie de
l'homme qui l'a fondé; ce qui a fait son succès, ce qui a fait ses
revers; l'influence passagère et l'influence durable qu'il a exercée
sur les destinées du monde et en particulier sur celles de la
France. Il me semble qu'il se trouve là la matière d'un très grand
livre. Mais les difficultés sont immenses. L'une de celles qui
me troublent le plus l'esprit vient du mélange d'histoire
proprement dite avec la philosophie historique.* [*Souligné par
nous.*] *Je n'aperçois pas encore comment mêler des deux choses (et
il faut pourtant qu'elles le soient, car on pourrait dire que la
première est la toile, et la seconde la couleur, et qu'il est
nécessaire d'avoir à la fois les deux pour faire le tableau). Je
crains que l'une ne nuise à l'autre, et que je ne manque de l'art
infini qui serait nécessaire pour bien choisir les faits qui doivent
pour ainsi dire soutenir les idées; en raconter assez pour que le*

lecteur soit conduit naturellement d'une réflexion à une autre par l'intérêt du récit, et n'en pas trop dire afin que le caractère de l'ouvrage demeure visible. Le modèle inimitable de ce genre est dans le livre de Montesquieu sur la grandeur et la décadence des Romains. On y passe pour ainsi dire à travers l'histoire romaine sans s'arrêter ; et cependant on aperçoit assez de cette histoire pour désirer les explications de l'auteur et pour les comprendre. Mais indépendamment de ce que de si grands modèles sont toujours fort au-dessus de toutes les copies, Montesquieu a trouvé dans son livre des facilités qu'il n'aurait pas eues dans celui dont je parle. S'occupant d'une époque très-vaste et très-éloignée, il pouvait ne choisir que de loin en loin les plus grands faits, et ne dire à propos de ces faits que des choses très générales. S'il avait dû se renfermer dans un espace de dix ans et chercher son chemin à travers une multitude de faits détaillés et précis, la difficulté de l'œuvre eût été beaucoup plus grande assurément.

« *J'ai cherché dans tout ce qui précède à te faire bien comprendre l'état de mon esprit. Toutes les idées que je viens de t'exprimer l'ont mis fort en travail ; mais il s'agite encore au milieu des ténèbres, ou du moins il n'aperçoit que des demi-clartés qui lui permettent seulement d'apercevoir la grandeur du sujet, sans le mettre en état de reconnaître ce qui se trouve dans ce vaste espace. Je voudrais bien que tu m'aidasses à y voir plus clair. J'ai l'orgueil de croire que je suis plus propre que personne à apporter dans un pareil sujet une grande liberté d'esprit, et à y parler sans passion et sans réticence des hommes et des choses. Car, quant aux hommes, quoiqu'ils aient vécu de notre temps, je suis sûr de n'avoir à leur égard ni amour ni haine ; et quant aux formes des choses qu'on nomme des constitutions, des lois, des dynasties, des classes, elles n'ont pour ainsi dire, je ne dirai pas de valeur, mais d'existence à mes yeux, indépendamment des effets qu'elles produisent. Je n'ai pas de traditions, je n'ai pas de parti, je n'ai point de cause, si ce n'est celle de la liberté et de la dignité humaine ; de cela, j'en suis sûr ; et pour un travail de cette sorte, une disposition et un naturel de cette espèce sont aussi utiles qu'ils sont souvent nuisibles quand il s'agit non plus de parler sur les affaires humaines, mais de s'y mêler... »*

Personne ne saurait définir le but et la méthode de L'Ancien Régime *plus clairement que l'auteur lui-même. Il est peut-être nécessaire de souligner que Tocqueville mentionne dans ces deux lettres la difficulté qui le trouble le plus : « le mélange d'histoire proprement dite avec la philosophie historique ». En effet, ce qui donne à son livre un caractère unique est ce « mélange ». Toutes les histoires de la Révolution, écrites avant ou après Tocqueville, sont datées, marquées par les époques qui les firent naître ; mais l'ouvrage de Tocqueville restera toujours frais et nouveau, parce qu'il s'agit d'un livre de sociologie historique comparée. Ni la* Scienza Nuova *de Vico, ni l'*Esprit des Lois *de Montesquieu, ni les* Réflexions *sur l'histoire universelle *de Burckhardt *n'ont vieilli, même si nos méthodes historiques ou sociologiques sont devenues plus spécialisées. Sans doute il faut placer* L'Ancien Régime *dans cet ordre de livres classiques.*

En juin 1856, après cinq ans de recherches profondes, L'Ancien Régime *fut publié. Presque en même temps, l'ouvrage parut aussi en Angleterre, traduit par l'ami de Tocqueville, Henry Reeve, qui avait déjà traduit* De la Démocratie en Amérique *; sa cousine, Lady Duff Gordon, l'aida à faire la traduction. « Elle fait ce métier-là dans la perfection », écrit Reeve à Tocqueville. Dans la même lettre du 27 avril 1856, Reeve dit à son ami : « Plus j'approfondis les chapitres de votre livre que j'ai déjà reçus, plus j'en suis pénétré et enchanté. Tout y est frappé comme une œuvre d'art, et j'y retrouve la trace et la vérité de la sculpture grecque. » Reeve était le premier lecteur de l'ouvrage de Tocqueville. Il compare* L'Ancien Régime, *dans l'œuvre de Tocqueville, avec la place que l'*Esprit des Lois *prend* *dans les travaux de Montesquieu. (Lettre de Reeve à Tocqueville du 20 mai 1856.)*

Entre 1856 et 1859 — l'année de la mort prématurée de Tocqueville — l'ouvrage atteignit quatre éditions en France ; deux en 1856 ; une en 1857 et la dernière, qui forme la base de la présente édition, en 1859, mais elle a été publiée en décembre 1858. C'est la 4ᵉ édition ; une autre a été publiée en 1860, nommée aussi 4ᵉ édition. Une nouvelle édition appelée à tort 7ᵉ édition a été publiée en 1866 par Gustave de Beaumont, comme tome IV de son édition des Œuvres complètes. J'ai pu trouver les éditions suivantes postérieures à 1866 : 1878, 1887, 1900, 1902, 1906, 1911, 1919, 1924, 1928, 1934. Ce qui fait en tout seize éditions en France, représentant 25 000 exemplaires [1]. En Angleterre, l'édition Reeve fut publiée en 2ᵉ édition en 1873, augmentée de sept chapitres tirés du volume VIII des Œuvres complètes (éd. Beaumont) ; la 3ᵉ édition Reeve fut publiée en 1888. En 1904, The Clarendon Press, *Oxford*, publia une édition française de L'Ancien Régime avec une introduction et des notes de G. W. Headlam ; cette édition a été réimprimée en 1916, 1921, 1923, 1925, 1933 et 1949. En plus, la librairie Basil Blackwell publia en 1933 une nouvelle traduction anglaise de L'Ancien Régime, par les soins de M. W. Patterson, malheureusement sans les notes importantes que Tocqueville a ajoutées à son ouvrage ; cette édition a été réimprimée en 1947 et 1949. On voit qu'il y a jusqu'à maintenant treize éditions de L'Ancien Régime en Angleterre. Ce livre est devenu partie intégrante de la civilisation britannique. Ce fait n'est pas difficile à expliquer. Dès le commencement du XXᵉ siècle, les autorités de l'Université d'Oxford ont institué L'Ancien Régime comme textbook, *manuel de base pour tous les étudiants*

---

1. Nous sommes profondément reconnaissants aux Éditions Calmann-Lévy d'avoir bien voulu nous donner ce renseignement.

d'histoire et de sciences sociales. En Amérique, l'ouvrage de
Tocqueville fut publié également en 1856 sous le titre : The Old
Regime and the Revolution, *traduit par John Bonner ; les*
éditeurs étaient Harper and Brothers. Une traduction allemande,
par les soins de Arnold Boscowitz, parut en 1856, intitulée : Das
alte Staatswesen und die Revolution ; *l'éditeur était Hermann*
Mendelsohn, Leipzig.

On pourrait facilement écrire un livre sur la pénétration des
idées de L'Ancien Régime *parmi les lecteurs contemporains.*
Nous indiquons seulement quelques filiations. Ainsi Charles de
Rémusat écrivait dans l'article précité sur l'ouvrage de son ami :
« Il faut se rappeler l'idée fondamentale de son premier ouvrage.
Il y a plus de vingt ans qu'appliquant cette idée à l'Europe, il
terminait son livre sur l'Amérique par la conclusion dont voici les
termes : "Ceux-là me semblent bien aveugles qui pensent
retrouver la monarchie de Henri IV ou de Louis XIV. Quant à
moi, lorsque je considère l'état où sont déjà arrivées plusieurs
nations européennes et celui où toutes les autres tendent, je me
sens porté à croire que bientôt, parmi elles, il ne se trouvera plus
de place que pour la liberté démocratique [1] ou pour la tyrannie
des césars." De cette pensée, conçue dès longtemps, il a pu
depuis lors étudier dans les choses le fort et le faible, restreindre
la généralité, limiter l'application ou constater la justesse ; mais
la démocratie n'a pas cessé de lui paraître le fait dominant du
monde contemporain, le danger ou l'espérance, la grandeur ou la
petitesse des sociétés actuelles dans un prochain avenir. Il a,
dans la préface de son nouvel écrit, résumé sous une forme vive et
frappante les caractères de ces sociétés, quand le principe
démocratique a commencé à s'emparer d'elles. Le tableau est

---

1. « Il ne faudrait pas croire », ajoute Rémusat dans une note, « que cette
expression l'auteur entendît exclusivement la liberté sous la forme républicaine.
Il dit formellement dans le même chapitre qu'il croit, ailleurs qu'en Amérique, à
la possibilité d'une alliance de la monarchie, de la démocratie et de la liberté. »

*tracé d'une main ferme et sûre qui n'outre rien, qui ne néglige
rien, qui sait unir la précision du dessin à la vérité du coloris. On
y voit que le peintre, avec son talent, a conservé son point de vue.
Il n'a pas changé de système, de manière ou d'idées. Ni une
expérience de vingt ans, ni quatre ans d'études et de réflexions
consacrées à son ouvrage, n'ont altéré ses convictions. Grâces lui
en soient rendues, il croit encore ce qu'il pense. »* Ajoutons à ces
lignes le témoignage d'un autre ami de Tocqueville, Jean-Jacques
Ampère : « *Aujourd'hui, M. de Tocqueville, ayant vécu dans les
Chambres et passé par le pouvoir, confirmé ses théories par
l'expérience et donné à ses principes l'autorité de son caractère, a
employé le loisir que lui font les circonstances actuelles à méditer
sur un fait plus vaste que la démocratie américaine, sur la
Révolution française. Il a voulu expliquer ce grand fait, car le
besoin de son esprit est de chercher dans les choses la raison des
choses. Son but a été de découvrir par l'histoire comment la
Révolution française était sortie de l'ancien régime. Pour y
parvenir, il a tenté, ce dont on ne s'était guère avisé avant lui, de
retrouver et de reconstruire l'état vrai de la vieille société
française. Ceci a été une œuvre de véritable érudition prise aux
sources, appuyée sur les archives manuscrites de plusieurs
provinces : des notes fort curieuses, placées à la fin du volume,
en font foi. Ce travail, à lui seul, eût été très important et très
instructif ; mais, dans la pensée de celui qui a eu le courage de
l'entreprendre et de le poursuivre, ce n'était là qu'un moyen
d'arriver à l'interprétation historique de la Révolution française,
de comprendre cette Révolution et de la faire comprendre... »*

Du compte rendu très détaillé d'Ampère, nous retenons
seulement ces lignes : « *On est saisi d'étonnement en voyant dans
le livre de M. de Tocqueville à quel point presque tout ce que l'on
regarde comme des résultats ou, ainsi qu'on dit, des conquêtes de
la Révolution, existait dans l'ancien régime : centralisation
administrative, tutelle administrative, mœurs administratives,*

garantie du fonctionnaire contre le citoyen, multiplicité et amour des places, conscription même, prépondérance de Paris, extrême division de la propriété, tout cela est antérieur à 1789. Dès lors, point de vie locale véritable ; la noblesse n'a que des titres et des privilèges, elle n'exerce plus aucune influence autour de soi, tout se fait par le conseil du roi, l'intendant ou le subdélégué : nous dirions le conseil d'État, le préfet et le sous-préfet. Il ne se passe pas moins d'un an avant qu'une commune obtienne du pouvoir central la permission de rebâtir son presbytère ou de relever son clocher. Cela n'a guère été dépassé depuis. Si le seigneur ne peut plus rien, la municipalité, sauf dans les pays d'états, peu nombreux, comme on sait, et auxquels est consacré, dans l'ouvrage de M. de Tocqueville, un excellent appendice, la municipalité ne peut pas davantage. Partout la vraie représentation municipale a disparu, depuis que Louis XIV a mis les municipalités en office, c'est-à-dire les a vendues : grande révolution accomplie sans vue politique, mais seulement pour faire de l'argent, ce qui est, dit justement M. de Tocqueville, bien digne du mépris de l'histoire. L'héroïque commune du moyen âge, qui, transportée en Amérique, est devenue le township des États-Unis, s'administrant et se gouvernant lui-même, en France n'administrait et ne gouvernait rien. Les fonctionnaires pouvaient tout, et, pour leur rendre le despotisme plus commode, l'État les protégeait soigneusement contre le pouvoir de ceux qu'ils avaient lésés. En lisant ces choses, on se demande ce que la Révolution a changé et pourquoi elle s'est faite. Mais d'autres chapitres expliquent très bien pourquoi elle s'est faite et comment elle a tourné ainsi... »

Sur le style de l'ouvrage de Tocqueville, l'éminent historien de la littérature comparée s'exprime ainsi : « J'ose à peine apprécier dans une œuvre si sérieuse les qualités purement littéraires ; cependant je ne puis taire que le style de l'écrivain a encore grandi. Ce style est à la fois plus large et plus souple. Chez lui la gravité n'exclut pas la finesse, et, à côté des considérations les plus hautes, le lecteur rencontre une anecdote qui peint ou un trait piquant qui soulage l'indignation pour l'ironie. Un feu intérieur court à travers ces pages d'une raison si neuve et si sage, la passion d'une âme généreuse les anime toujours ; on y entend comme un accent d'honnêteté sans illusion et de sincérité sans violence qui fait honorer l'homme dans l'auteur et inspire tout à la fois la sympathie et la vénération. » (J.-J. Ampère, op. cit.)

Même dans la correspondance intime de cette époque, se retrouve l'écho de l'ouvrage de Tocqueville. Ainsi, Cuvillier-Fleury écrit au duc d'Aumale : « Avez-vous lu L'Ancien Régime de Tocqueville ? Livre écrit avec un grand sens, à mon avis, une érudition supérieure et un vrai talent (à la Montesquieu) dans quelques parties ; un peu vague pourtant dans ses conclusions, ce livre semble accuser un défaut de sympathie véritable pour la Révolution française, quoique rempli de l'aversion la plus significative pour la tyrannie. Quoi qu'il en soit, la conclusion à tirer de l'ouvrage, indépendamment même des opinions de l'auteur, c'est que la Révolution française était provoquée par les causes les plus légitimes, que le tempérament des classes supérieures la rendait inévitable, celui du peuple irrésistible, et que ce dernier l'a faite avec autant de colère que de raisons. Quant à moi, cela me suffit. Littérairement, le tort du livre est de donner pour des révélations et avec un ton d'initiateur, des vérités connues la plupart, et démontrées depuis longtemps, quelques-unes notamment dans le premier et remarquable volume de l'Histoire des causes de la Révolution française, par Granier de Cassagnac... » Le duc d'Aumale répondit : « ... je voulais vous parler du livre de M. de Tocqueville, que j'achève en ce moment. Je l'ai lu avec le plus vif intérêt et j'en fais le plus grand cas, bien que je ne partage pas toutes les opinions de l'auteur, et que je ne tienne pas pour neuf tout ce qu'il présente comme tel. Voici comme je résume les impressions que me laisse cette lecture :

« *M. de Tocqueville montre bien que la Révolution étai*ʳ
*nécessaire, légitime, malgré ses excès, qu'elle seule pouvai*ᵗ
détruire les abus, affranchir le peuple, les paysans, comme dit
l'auteur. Il absout la Révolution d'avoir créé une centralisation
exagérée et beaucoup d'instruments de tyrannie : tout cela
existait avant elle ; il l'absout d'avoir détruit les contrepoids qui
pouvaient arrêter l'anarchie ou la tyrannie : ils avaient disparu
avant elle. Mais il l'accuse, non sans quelque vraisemblance, de
n'avoir su, jusqu'ici, créer aucun de ces contrepoids dont la
place, au moins, était encore marquée sous l'ancienne monar-
chie. Il l'accuse d'avoir repris toute la machine gouvernementale
de l'ancien régime, et d'avoir constitué un état tel qu'au bout de
soixante ans nous avons été, pour la seconde fois, et Dieu sait
pour combien de temps, ramenés à une tyrannie plus logique,
plus égale, mais assurément plus complète que l'ancienne.

« *Le défaut du livre est de ne pas conclure ; d'être un peu*
désespérant, de ne pas faire assez ressortir le bien, de ne pas
indiquer le remède au mal. Il est bon de dire la vérité au peuple,
mais pas d'un ton décourageant ; il ne faut surtout pas avoir l'air
de dire à une grande nation qu'elle est indigne de la liberté : cela
réjouit trop les oppresseurs, les serviles et les égoïstes.

« *Avec tout cela, c'est un beau livre, que j'admire et qui*
mérite, je crois, qu'on en dise du bien, pour le fond comme pour
la forme. Car, ainsi que vous le dites, on y respire une sincère
horreur de la tyrannie, et c'est là qu'est l'ennemi. L'ancieⁿ
régime est mort, pour ne plus revenir ; mais il n'est pas permis de
croire que, sur ses ruines, on ne puisse reconstruire que le
despotisme ou l'anarchie : ce sont là les bâtards de la Révolu-
tion ; c'est la liberté seule qui est sa fille légitime, et qui, avec
l'aide de Dieu, chassera un jour les intrus. » (Correspondance
du duc d'Aumale et de Cuvillier-Fleury, *4 vol.*, Paris, 1910-
1914, *vol. II, pages 333 et suivantes*).

Puisque L'Ancien Régime *est aussi un livre anglais, il faut*

que nous disions un mot de l'accueil qu'il reçut en Angleterre.
Nous avons déjà parlé de Henry Reeve ; en tant que directeur de
la revue anglaise la plus importante de ce temps, The Edinburgh
Review, *et en qualité de* leader-writer du Times, *son opinion*
enthousiaste sur le livre était d'un grand poids. Son ami G. W.
Greg publia un compte rendu en deux articles dans ce grand
journal qui, comme aujourd'hui, donnait le ton à l'opinion.
Citons quelques lignes de ces articles : « *Il est rarement prudent*
d'aventurer une prédiction car les circonstances peuvent ne pas
rendre l'événement inévitable. Mais, dans ce cas, nous pouvons
dire avec confiance que la gloire de M. de Tocqueville ira
croissante et que la postérité élargira le jugement de ses
contemporains... » *Greg donne alors une longue analyse de*
l'ouvrage ; elle devait un jour être rééditée dans une collection
d'études sur Alexis de Tocqueville. Vers la fin de cette étude
approfondie, Greg écrit : « *Nous croyons avoir signalé à nos*
lecteurs que M. de Tocqueville a écrit un livre d'une grande
importance, un livre presque entièrement rempli de faits inconnus
qui conduisent à des vues de l'histoire qui sont vraiment des
découvertes et des découvertes d'une valeur permanente. Cepen-
dant, ce livre n'est qu'une portion d'un ouvrage qu'il nous promet
et qui donnera l'application de toutes ses investigations, car le
présent volume et ceux antérieurs sur l'Amérique ne sont, si
nous comprenons bien, que des parties détachées du même
travail, — le travail littéraire de sa vie, — pour l'estimation des
perspectives de la société dans l'étape actuelle de son développe-
ment. »

Son ami, Sir George Cornewall Lewis, chancelier de l'Échi-
quier et remarquable savant, remercie Tocqueville de l'envoi d'un
exemplaire de L'Ancien Régime *et lui écrit dans une lettre du*
30 juillet 1856 : « *C'est le seul livre que j'aie jamais lu qui ait*
satisfait mon esprit parce qu'il donne une vue tout à fait
véridique et rationnelle des causes et du caractère de la

Révolution française[1]*... » Nous arrêtons ici les exemples que nous pourrions encore donner sur l'accueil que l'ouvrage de Tocqueville reçut en Angleterre.*

Voici maintenant quelques témoignages de l'influence que L'Ancien Régime exerça sur les générations postérieures. *(Dans son remarquable petit livre :* Histoire d'une Histoire esquissée pour le troisième Cinquantenaire de la Révolution française, *Paris, 1939, page 24, Daniel Halévy écrit : « Cependant il faut mentionner un grand livre, qui est de Tocqueville... En 1856, Tocqueville publie* L'Ancien Régime et la Révolution ; *l'œuvre exercera une influence très longue, et nous ajournons d'en parler. » Or, c'est justement de cette influence que j'aimerais parler.)*

Nous avons déjà indiqué dans notre bibliographie annotée pour La Démocratie en Amérique *(1, 2, page 389) que l'éducation politique de la génération qui réalisa la Constitution de 1875 était profondément imprégnée par les ouvrages de Tocqueville, de Broglie et de Prévost-Paradol. Le livre du duc de Broglie,* Vues sur le Gouvernement de la France, *Paris, 1870, restitue l'atmosphère de* L'Ancien Régime, *comme beaucoup de références le montrent*[2]*.*

L'influence de Tocqueville sur Taine était considérable. Si l'on étudie Les Origines de la France contemporaine, *on trouve de nombreuses citations qui se réfèrent à l'ouvrage de Tocqueville. (Voir par exemple* L'Ancien Régime, *par Taine, 3ᵉ édition, Paris, 1876, page 99.) Là, Taine écrit : « Car ce n'est point la Révolution, c'est la monarchie qui a implanté en France la centralisation. » Taine ajoute ici à son texte la note suivante :*

1. Une biographie de Sir George Cornewall Lewis se trouve dans : G. Cornewall Lewis : *Histoire gouvernementale de l'Angleterre depuis 1770 jusqu'à 1830,* Paris, 1867.
2. Cet ouvrage, tiré à un petit nombre d'exemplaires en 1861, fut saisi par la police impériale.

« *De Tocqueville, livre II. Cette vérité capitale a été établie par M. de Tocqueville avec une perspicacité supérieure.* » *Voir en plus l'extrait des notes préparatoires pour* Les Origines de la France contemporaine, *appendice de l'ouvrage :* H. Taine, Sa vie et sa correspondance, *tome III, Paris, 1905, qui contient des références à l'ouvrage de Tocqueville. (Cf. pages 300, 319.) Une étude approfondie de l'influence de l'œuvre de Tocqueville sur Taine mériterait certainement d'être faite. L'étude pénétrante de Victor Giraud,* Essai sur Taine. Son œuvre et son influence, *Paris, 1932, nous donne seulement une esquisse du problème. Giraud écrit : « ... il faudrait sans doute de longues pages pour démêler avec l'exactitude et la précision désirables tout ce qu'il [Taine] a pu puiser d'informations, d'indications fécondes, de vues d'ensemble et de détail dans les ouvrages de Tocqueville. Celui-ci... avait voulu précisément traiter tout le sujet qu'allait aborder Taine. Mais il n'avait pu, dans* L'Ancien Régime et la Révolution, *terminer que la première partie de cette grande œuvre ; sur la suite, qui promettait d'être si remarquable, nous n'avons que des " Notes ", des fragments, des chapitres à peine esquissés, rapides et puissantes ébauches d'une pensée frappée en pleine force par la mort. Taine est venu utiliser les matériaux épars, reconstruire sur de nouveaux frais et sur de plus larges fondements l'édifice inachevé ; aux lignes sévères, à la majesté un peu nue du monument primitif, il a substitué les riches splendeurs de son style ; mais il en a conservé plusieurs parties importantes, et jusqu'au plan général. L'idée maîtresse des* Origines, *à savoir que la Révolution a dans toute notre histoire antérieure les plus profondes racines, était celle aussi du livre de Tocqueville ; et j'oserais presque affirmer que les tendances " décentralisatrices " de Taine lui viennent en grande partie de son pénétrant et hardi prédécesseur. » Comme je viens de le dire, une étude sur Tocqueville et Taine reste encore à faire. La différence entre les deux penseurs s'explique peut-être par leur*

*formation intellectuelle. Tocqueville abordait les problèmes
sociologiques en premier lieu par l'expérience pratique et une
étude profonde de l'histoire administrative et du droit, tandis que
Taine était surtout formé par la littérature, la philosophie et
l'art. Il me sera peut-être permis d'insérer ici un passage révélant
la philosophie politique de Taine, passage pris dans sa correspondance* (op. cit., tome II, Paris, 1904, pages 263 et suivantes) :
« *J'ai bien un idéal en politique et en religion, écrivait Taine en
octobre 1862, mais je le sais impossible en France ; c'est pourquoi
je ne puis avoir qu'une vie spéculative, point pratique. Le
protestantisme libre comme en Allemagne sous Schleiermacher,
ou à peu près comme aujourd'hui en Angleterre ; les libertés
locales ou municipales comme aujourd'hui en Belgique, en
Hollande, en Angleterre, aboutissent à une représentation
centrale. Mais le protestantisme est contre la nature du Français,
et la vie politique locale est contre la constitution de la propriété
et de la société en France. Rien à faire sinon à adoucir la
centralisation excessive, à persuader au gouvernement, dans son
propre intérêt, de laisser un peu parler, à amoindrir la violence
du catholicisme et de l'anti-catholicisme, à vivoter avec les
tempéraments. C'est ailleurs qu'il faut porter ses forces : vers la
science pure, vers le beau style, vers certaines parties des arts,
vers l'industrie élégante, vers la vie agréable et joliment
mondaine, vers les grandes idées désintéressées et universelles,
vers l'augmentation du bien-être général.* » (Cf. Taine. Formation de sa pensée, *par André Chevrillon, Paris, 1932 ; F. C.
Roe,* Taine et l'Angleterre, *Paris, 1923 ; voir également
A. Aulard,* Taine Historien de la Révolution française, *Paris,
1907 ; Augustin Cochin,* La crise de l'Histoire révolutionnaire
dans Les Sociétés de pensée et de la Démocratie, *Paris, 1921.
Voir aussi Heinrich von Sybel,* Der alte Staat und die Revolution
in Frankreich *dans* Kleine historische Schriften, *Stuttgart,
1880, pages 229 et suivantes.) Sybel, lui-même auteur d'un*

ouvrage important sur la Révolution française, analyse dans cet
essai le premier volume des Origines, *non sans renvoyer ses*
lecteurs au « livre célèbre » de Tocqueville. (Cf. H. von Sybel,
Geschichte der Revolutionszeit, 1789-1800, *10 vol., Stuttgart,*
1897.) Sybel avait commencé la publication de son ouvrage en
1853.

Comme on le sait, les Origines de Taine étaient inspirées par
l'expérience de la défaite de la France en 1871 et la Commune ;
en comparaison avec L'Ancien Régime, ce dernier ouvrage était
beaucoup plus une étude sociologique de politique comparée.
Tocqueville envisageait les tendances du rythme universel du
monde occidental tandis que Taine abordait son sujet sous le
point de vue d'une révolution de la société française.

En 1864, parut La Cité Antique de Fustel de Coulanges.
L'ouvrage porte l'empreinte profonde de L'Ancien Régime.
C. Jullian, dans son manuel précieux : Extraits des Historiens
français du XIXe siècle (1re édition, Paris, 1896 ; nous citons
d'après la 7e édition revue, Paris, 1913) écrit : « Comme
influences historiques, on devine chez Fustel de Coulanges,
d'abord celle de Montesquieu (l'étude des formes de gouvernement), peut-être celle de Michelet, et bien davantage celle de
Tocqueville (le rôle du sentiment religieux dans la vie de la
société). Il ne serait pas étonnant que L'Ancien Régime eût une
action décisive sur le talent de Fustel : dans La Cité Antique,
nous retrouverons la même manière d'exposer, la même allure
inductive, et le même désir de ramener un livre à deux ou trois
idées directrices » (pages 91 et suivantes). Quelques pages plus
loin, Jullian revient à nouveau sur ce sujet : « L'action de
Tocqueville est cependant plus marquée encore que celle de
Michelet dans La Cité Antique. Le titre même de l'Introduction :
" De la nécessité d'étudier les plus vieilles croyances des anciens
pour connaître leurs institutions ", semble calqué sur le début de
La Démocratie en Amérique. Un des grands mérites du livre sur

L'Ancien Régime et la Révolution *est d'avoir montré combien,
après 1789, les institutions, les habitudes, l'état d'esprit d'autrefois ont persisté dans la France nouvelle, à son insu légataire
universelle de la France monarchique. Fustel de Coulanges
montrait dans son livre la longue persistance des traditions et des
coutumes religieuses ; et cette* loi de la continuité *n'a nulle part
été plus admirablement définie que dans ces lignes de* La Cité
Antique : " *Le passé ne meurt jamais complètement pour
l'homme. L'homme peut bien l'oublier, mais il le garde toujours
en lui. Car, tel qu'il est à chaque époque, il est le produit et le
résumé de toutes les époques antérieures. S'il descend en son âme,
il peut retrouver et distinguer ces différentes époques d'après ce
que chacune d'elles a laissé en lui.* " » *Sur Fustel de Coulanges,
cf. l'ouvrage capital de l'historien suisse E. Fueter,* Geschichte
der neueren Historiographie, *Munich et Berlin, 1911, pages 560
et suivantes ; E. Champion,* Les Idées politiques et religieuses
de Fustel de Coulanges, *Paris, 1903 ; J.-M. Tourneur-Aumont,*
Fustel de Coulanges, *Paris, 1931, pages 59 et suivantes.*

*D'ailleurs, dans le livre précité de Jullian, on trouve une brève
et très belle appréciation de l'importance de l'ouvrage de
Tocqueville, appréciation qu'on lira avec profit : « Le livre de
Tocqueville est, avec* La Cité Antique, *l'œuvre historique la plus
originale et la mieux faite que le XIXe siècle ait produite... » (Cf.*
op. cit., *pages 84 et suivantes.) Jullian classe Tocqueville comme
historien philosophique ; nous dirons peut-être, aujourd'hui,
historien sociologique.* La Société féodale, *de Marc Bloch, est
probablement l'exemple typique de l'histoire sociologique contemporaine.*

Le grand ouvrage d'Albert Sorel, L'Europe et la Révolution
française, *8 vol., Paris, 1885-1904, est également marqué par
l'influence toujours agissante de Tocqueville. Eugène d'Eichthal,
dans son livre* Alexis de Tocqueville et la Démocratie libérale,
Paris, 1897, consacre un chapitre entier à L'Ancien Régime *où*

il souligne l'influence de ce dernier sur Albert Sorel. Nous citons : « *Est-il besoin de rappeler que dans sa magistrale histoire de* L'Europe et la Révolution française, *M. Albert Sorel a brillamment étendu à la politique extérieure de la révolution la méthode et les idées de Tocqueville, et montré que là comme à l'intérieur,* " *la révolution n'a point porté de conséquences, même la plus singulière, qui ne découle de l'histoire et ne s'explique par les précédents de l'ancien régime* ". *Il a mieux que personne prouvé la vérité de cette parole de Tocqueville :* " *Quiconque n'a étudié et vu que la France, ne comprendra jamais rien, j'ose le dire, à la révolution française.* " »

Le Play s'était certainement enrichi à la lecture de l'œuvre de Tocqueville. Dans La Réforme sociale en France déduite de l'observation des peuples européens, *Paris, 1874, vol. III, se trouve une remarque fort caractéristique sur* L'Ancien Régime ; *Le Play écrit :* « *L'intolérance cruelle de Louis XV conservait certaines formes d'humanité et tendait seulement à la destruction des chrétiens protestants. L'intolérance des Jacobins de 1793 tendait à la destruction absolue de toutes les religions.* » *Ceci est appuyé par la note suivante :* « *Alexis de Tocqueville a mis cette vérité en complète lumière dans un ouvrage* (L'Ancien Régime et la Révolution) *qui serait excellent s'il avait son vrai titre et s'il présentait une conclusion.* » *Nous ne croyons pas que Le Play rende justice à Alexis de Tocqueville ; son esprit casuistique et moraliste était loin de comprendre la sociologie historique de Tocqueville. (Cf. J.-B. Duroselle,* Les Débuts du Catholicisme social en France, 1822-1870, *Paris, 1951, pages 672 et suivantes.) — Parmi les grands lecteurs de* L'Ancien Régime *mentionnons Georges Sorel et Jean Jaurès ;* Les Illusions du Progrès, *1ʳᵉ édition, Paris, 1908, se réfère très souvent à l'ouvrage de Tocqueville et l'*Histoire socialiste de la Révolution française, *édition revue par A. Mathiez, tomes I-VIII, Paris,*

1922-1924, fait également apparaître les traces de L'Ancien Régime.

On pourrait aussi citer l'éminent historien du Droit français, A. Esmein, qui, dans ses Éléments de Droit Constitutionnel français et comparé *(4ᵉ édition, Paris, 1906), révèle une subtile connaissance de la pensée de Tocqueville.*

En plus, il ne faut pas oublier les grands historiens de la littérature française. Nous nous référons seulement à quelques-uns. Sainte-Beuve, dans les Causeries du Lundi *(3ᵉ édition, tome XV, Paris, s. a., pages 96 et suivantes), montre clairement qu'il n'a jamais compris la portée sociologique de l'œuvre de Tocqueville. Si l'on se rappelle avec quel enthousiasme il avait salué la publication de* La Démocratie en Amérique *dans* Les Premiers Lundis, *on peut seulement conclure que son grand collègue de l'Académie française devait lui avoir marché sur les pieds... (Voir J.-P. Mayer,* Alexis de Tocqueville, *Paris, 1948, pages 156 et suivantes.) Mais, même dans sa méchanceté, Sainte-Beuve reste toujours brillant. En contraste avec Sainte-Beuve, Petit de Julleville écrit dans son* Histoire de la Littérature française, *Paris, s. a., page 540 : « Formé à l'école de Guizot, Tocqueville, en 1835, donnait* La Démocratie en Amérique, *le plus solide ouvrage de philosophie sociale qu'on eût écrit depuis l'Esprit des Lois ; vingt ans plus tard (1856),* L'Ancien Régime et la Révolution, *livre entièrement original et neuf, dont l'influence fut très grande, et qui, au lendemain du succès bruyant des* Girondins de Lamartine, *commença de modifier en France, au moins chez les esprits réfléchis, ce qu'on pourrait nommer la légende révolutionnaire. Au lieu de voir dans la Révolution un cyclone imprévu (héroïque ou monstrueux), on y reconnut une résultante de causes nombreuses, éloignées, profondes. Taine achèvera ce redressement de l'opinion ; mais Tocqueville l'avait commencé. » — Ferdinand Brunetière, dans cet ouvrage de valeur qu'est le* Manuel de l'Histoire de la Littérature

*française, Paris, 1898, donne son opinion sur l'ouvrage de
Tocqueville sous forme de notes : « ... et que ce livre* [L'Ancien
Régime et la Révolution] *a marqué une époque dans la manière
même de concevoir les origines de la Révolution ; — et d'en
représenter l'histoire. — Comment Tocqueville a bien vu :* 1° *que
la Révolution tenait par toutes ses ruines au plus lointain passé
de notre histoire ;* 2° *qu'elle devait à la profondeur de ses causes
son caractère « religieux » ; et* 3° *que pour cette raison il ne
dépendait d'aucune puissance politique d'en abolir les effets. —
Par le moyen de ces deux ouvrages* [précédemment Brunetière
avait parlé de La Démocratie en Amérique]*, nul n'a plus fait
que Tocqueville, pour soustraire l'histoire à l'arbitraire du
jugement de l'historien ; préparer l'idée que nous nous en formons
de nos jours ; et lui donner tout ce qu'on peut lui donner des
caractères d'une science. » (Op. cit., page 441.) Dans son
ouvrage classique, l'*Histoire de la Littérature française, *Paris,
1912, Gustave Lanson nous donne également une admirable
appréciation de l'ouvrage de Tocqueville : « ... L'Ancien
Régime et la Révolution a pour base une idée d'historien.
Tocqueville, comme les historiens orléanistes, voit dans la
Révolution la conséquence, le terme d'un mouvement social et
politique qui a son commencement aux origines mêmes de la
patrie au lieu que presque toujours, pour les légitimistes et pour
les démocrates, la Révolution était une rupture violente avec le
passé, une explosion miraculeuse et soudaine que les uns
maudissaient, les autres bénissaient, tous persuadés que la
France de 1789 et de 1793 n'avait rien de commun avec la
France de Louis XIV ou de saint Louis. Mais les Orléanistes
faisaient servir leur vue de l'histoire aux intérêts d'un parti :
Tocqueville, plus philosophe en restant strictement historien, se
contente d'établir la continuité du développement de nos institutions et de nos mœurs ; la Révolution s'est faite en 1789, parce
qu'elle était déjà à demi faite et que, depuis des siècles, tout*

*tendait à l'égalité et à la centralisation; les dernières entraves
des droits féodaux et de la royauté absolue parurent plus
gênantes, parce qu'elles étaient les dernières. Il explique l'influence de la littérature et de l'irréligion sur la Révolution, et la
prédominance du sentiment de l'égalité sur la passion de la
liberté. Ayant ainsi rendu compte de la destruction des institutions féodales et monarchiques, Tocqueville avait projeté de
montrer comment la France nouvelle s'était reconstruite des
débris de l'ancienne : c'est à peu près le vaste dessein que Taine a
réalisé dans ses* Origines de la France contemporaine. *Mais
Tocqueville n'eut pas le temps de donner ce complément de son
ouvrage.* » (Op. cit., *pages 1019 et suivantes.*) *Les historiens de
l'histoire de la littérature française ont ainsi légué les résultats de
l'ouvrage de Tocqueville aux jeunes générations. Espérons
qu'elles en profiteront.*

En terminant notre esquisse de l'influence de L'Ancien
Régime *en France, nous aimerions indiquer à nos lecteurs le petit
livre important de Paul Janet, l'historien éminent de la science
politique,* Philosophie de la Révolution française, *Paris, 1875.
Janet a brillamment vu que l'année 1852 a été une ligne de
démarcation décisive dans la conception historique de la
Révolution française. Voici ce que nous lisons dans son livre :
« L'année 1852 a déterminé une véritable crise dans la
philosophie de la révolution française. Une profonde déception,
une déviation inouïe des principes chers jusque-là au pays, on le
croyait du moins, une tendance malheureuse à sacrifier les
résultats moraux de la révolution aux résultats matériels, une
nouvelle forme d'absolutisme se produisant sous le prestige même
des idées qui avaient dû effacer à jamais le despotisme du
monde, en même temps une science un peu plus étendue, une
comparaison de notre état avec celui des peuples voisins, la triste
conviction — trop justifiée par l'expérience — que plusieurs de
ces peuples, sans tant de crises ni de désastres, avaient atteint peu*

à peu par le cours des choses cette liberté politique que nous
avions rêvée et que nous avions manquée, et même, au point de
vue de quelques grandes libertés sociales, nous avaient devancés
et surpassés, tandis qu'un grand peuple au-delà de l'Atlantique
réalisait à la fois dans toute son étendue ce grand programme de
liberté et d'égalité dont nous commencions déjà à sacrifier la
moitié, sauf plus tard à abandonner l'autre : toutes ces vues,
toutes ces réflexions, expériences et comparaisons ont contribué à
jeter des doutes sur cette croyance à la révolution que tous
partageaient à quelque degré... De là, une direction toute
nouvelle donnée aux théories récentes sur la révolution française.
On commence à être frappé du peu de respect que la révolution
avait eu pour la liberté de l'individu, de son culte pour la force,
de son idolâtrie pour la toute-puissance du pouvoir central ; on se
demande si, en établissant dans le monde moderne l'égalité des
conditions, la révolution, comme autrefois l'empire romain,
n'avait pas préparé les voies à une nouvelle forme de despotisme.
Aucun publiciste n'a été plus frappé de cette pensée que le célèbre
et pénétrant Alexis de Tocqueville, et il l'avait eue bien avant
tout le monde. Le premier, dans son livre si original De la
Démocratie en Amérique, il avait, en des temps pacifiques,
modérés, constitutionnels, menacé les peuples modernes " de la
tyrannie des Césars ", prédiction étrange que nulle circonstance,
nul événement, nul symptôme apparent ne paraissait autoriser.
Plus tard, justifié en quelque sorte par les événements, il
reprenait cette pensée et la développait avec la plus rare sagacité
dans son beau livre sur L'Ancien Régime et la Révolution... »
Nous ne pouvons pas citer intégralement la pénétrante analyse de
Janet dont voici le résumé : « Ainsi, Tocqueville justifie en un
sens la révolution, et en un autre sens il la critique, mais
autrement que ne le font d'ordinaire ses censeurs ou ses amis. Il
la justifie en montrant qu'elle n'a pas été aussi novatrice, ni par
conséquent aussi absurde que le disent les partisans du passé.

Elle a bien cherché à fonder un ordre social sur la raison pure, sur l'idée abstraite du droit et de l'humanité ; mais en cela même elle n'a fait que réaliser ce que tous les temps antérieurs avaient préparé. Elle est donc à la fois dans le vrai historique et dans le vrai philosophique. En revanche, Tocqueville cherche à éveiller nos inquiétudes sur l'une des conséquences possibles de la révolution, à savoir l'établissement d'un nouvel absolutisme, l'absolutisme démocratique ou césarique, l'effacement de l'individu, l'indifférence du droit, l'absorption de toute vie locale par le centre et par suite l'extinction de toute vitalité dans les parties : mal dont Tocqueville a peut-être (espérons-le) exagéré la portée, mais qui, ayant son germe déjà dans toute notre histoire, a été propagé et aggravé sans nul doute à un degré extrême par la révolution. Telle est la moralité que nous suggère le livre de M. de Tocqueville... » (Cf. op. cit., pages 119 et suivantes.)

Ce sont précisément les tendances latentes de la révolution — l'effacement de l'individu et son nivellement dans le procès démocratique et le danger du régime plébiscitaire — qui ont profondément influencé l'œuvre du grand historien suisse Jacob Burckhardt (1818-1897). Malgré son esthéticisme contemplatif, il est peut-être, de tous les penseurs que nous avons mentionnés, le plus proche de Tocqueville. « *Mais il est comme vous le dites, écrit-il dans une lettre à un ami, on veut éduquer les gens pour des meetings ; le jour arrivera où tout le monde commencera à pleurer s'il n'y a pas au moins cent personnes réunies ensemble.* » Depuis que Werner Kaegi a publié les études préparatoires pour les Réflexions sur l'histoire universelle (Historische Fragmente, Stuttgart, 1942), nous savons jusqu'à quel degré Burckhardt avait assimilé la pensée de Tocqueville. La Révolution française, comme phase de la révolution du XIXe et du XXe siècle, était sur le point de rencontre des deux penseurs. Nous avons déjà mentionné Fueter qui, dans l'ouvrage précité, consacre quelques pages pertinentes à la place que tient L'Ancien Régime dans le *développement des sciences historiques (cf.* op. cit., *pages 557 et suivantes). Le sociologue Vilfredo Pareto, qui enseignait à Lausanne et dont le cerveau encyclopédique avait tout lu, n'avait pas oublié d'étudier également l'ouvrage de Tocqueville.*

En Italie, l'œuvre de Benedetto Croce témoigne aussi du rayonnement de L'Ancien Régime.

Nous avons déjà indiqué dans notre bibliographie annotée de La Démocratie en Amérique *(voir Œuvres complètes, éd. Mayer 1, 2, page 393) que le grand penseur allemand Wilhelm Dilthey a découvert l'importance de Tocqueville pour notre temps* (Der Aufbau der geschichtlichen Welt in den Geisteswissenschaften *dans* Gesammelte Schriften, *vol. VII, Berlin, 1927, pages 104 et suivantes). Voici ce qu'il écrit sur* L'Ancien Régime : « *Dans un autre livre, Tocqueville pénétra pour la première fois l'ensemble de l'ordre politique de la France du* XVIIIe *siècle et de la Révolution. Une science politique de cette sorte permettait aussi des applications politiques. Sa continuation de la thèse aristotélienne se montra particulièrement fertile, notamment en ce que la constitution saine de chaque état devrait être fondée sur la juste proportion entre droits et devoirs. La négation de cet équilibre changerait les droits en privilèges, ce qui aurait pour résultat la décomposition de l'État. Une application importante de ces analyses pour la pratique était la notion des dangers d'une centralisation exagérée et l'avantage de la liberté personnelle et de l'administration locale. Ainsi tira-t-il des généralisations fertiles de l'histoire elle-même et une nouvelle analyse des réalités passées qui faisait naître une compréhension plus profonde de la réalité présente.* » *Dans ses études importantes sur l'histoire française avant la Révolution, l'historien allemand Adalbert Wahl s'est constamment laissé conduire par l'exemple de Tocqueville qu'il nommait* « *un des plus grands historiens de tous les temps* ». *(Voir Wahl,* Vorgeschichte der französischen Revolution. Ein Versuch, *2 vol., Tübingen,*

1905, et, par le même auteur, Studien zur Vorgeschichte der
französischen Revolution, *Tübingen, 1901.)*

*En Angleterre, les Reeve, Greg, Cornewall Lewis et John
Stuart Mill ont assimilé les idées de* L'Ancien Régime *et c'est par
eux que s'est révélée, à la génération suivante, l'originalité de
l'ouvrage. Dans un important passage de son livre* Introduction
to the Study of the Law of the Constitution *(1re édition, 1885 ;
nous citons d'après la 8e édition, Londres, 1915), Dicey joint* La
Démocratie en Amérique *et* L'Ancien Régime *pour éclaircir sa
thèse capitale concernant le droit administratif. Il cite le premier
de ces ouvrages :* « *En l'an VIII de la République française, il
parut une constitution dont l'article 75 était ainsi conçu :* " *Les
agents du gouvernement, autres que les ministres, ne peuvent être
poursuivis, pour des faits relatifs, à leurs fonctions, qu'en vertu
d'une décision du Conseil d'État ; en ce cas, la poursuite a lieu
devant les tribunaux ordinaires.* " *La constitution de l'an VIII
passa, mais non cet article, qui resta après elle, et on l'oppose,
chaque jour encore, aux justes réclamations des citoyens. J'ai
souvent essayé de faire comprendre le sens de cet article 75 à des
Américains ou à des Anglais, et il m'a toujours été très difficile
d'y parvenir. Ce qu'ils apercevaient d'abord c'est que le Conseil
d'État, en France, était un grand tribunal fixé au centre du
royaume ; il y avait une sorte de tyrannie à renvoyer préliminai-
rement devant lui tous les plaignants.*

« *Mais quand je cherchais à leur faire comprendre que le
Conseil d'État n'était point un corps judiciaire, dans le sens
ordinaire du mot, mais un corps administratif dont les membres
dépendaient du roi, de telle sorte que le roi, après avoir
souverainement commandé à l'un de ses serviteurs, appelé préfet,
de commettre une iniquité, pouvait commander souverainement à
un autre de ses serviteurs, appelé conseiller d'État, d'empêcher
qu'on fît punir le premier ; quand je leur montrais le citoyen, lésé
par l'ordre du prince, réduit à demander au prince lui-même*

l'autorisation d'obtenir justice, ils refusaient de croire à de semblables énormités et m'accusaient de mensonge et d'ignorance. Il arrivait souvent, dans l'ancienne monarchie, que le parlement décrétait de prise de corps le fonctionnaire public qui se rendait coupable d'un délit. Quelquefois l'autorité royale, intervenant, faisait annuler la procédure. Le despotisme se montrait alors à découvert, et, en obéissant, on ne se soumettait qu'à la force. Nous avons donc bien reculé du point où étaient arrivés nos pères ; car nous laissons faire, sous couleur de justice, et consacrer au nom de la loi ce que la violence seule leur imposait. » (Voir Œuvres complètes, éd. Mayer, vol. I ; 1, pages 105 et suivantes ; voir également notre bibliographie annotée, vol. I, 2, pages 392 et suivantes.) Après cette citation, Dicey continue : « *Ce passage classique de La Démocratie en Amérique de Tocqueville fut publié en 1835 ; l'auteur avait trente ans et avait alors obtenu une gloire que ses amis comparaient à celle de Montesquieu. Son estimation du droit administratif n'a certainement pas changé quand, sur la fin de sa vie, il publiait* L'Ancien Régime et la Révolution *qui est de loin la plus puissante et la plus mûrie de ses œuvres.* » Dicey cite à nouveau Tocqueville : « *Nous avons, il est vrai, chassé la justice de la sphère administrative où l'ancien régime l'avait laissée s'introduire fort indûment ; mais dans le même temps, comme on le voit, le gouvernement s'introduisait sans cesse dans la sphère naturelle de la justice, et nous l'y avons laissé : comme si la confusion des pouvoirs n'était pas aussi dangereuse de ce côté que de l'autre, et même pire ; car l'intervention de la justice dans l'administration ne nuit qu'aux affaires, tandis que l'intervention de l'administration dans la justice déprave les hommes et tend à les rendre tout à la fois révolutionnaires et serviles.* » (L'Ancien Régime et la Révolution, présente édition, pages 125 et suivantes.) Dicey ajoute ce commentaire : *Ces* « *mots sont ceux d'un homme de génie extraordinaire qui connaissait bien l'histoire française et qui n'ignorait rien de la France de son époque. Il fut membre de l'Assemblée pendant des années et fit, au moins une fois, partie du ministère. Il connaissait la vie publique de son pays tout autant que Macaulay connaissait la vie publique anglaise. Peut-être le langage de Tocqueville montre-t-il des traits de l'exagération explicable en partie par la tournure de son esprit et par la tendance de sa pensée qui lui ont fait étudier assidûment, en le conduisant à exagérer, l'affinité et les relations entre les faiblesses de la démocratie moderne et les vices de l'ancienne monarchie. »* (Dicey, op. cit., *pages 351 et suivantes.*).

Un éminent collègue de Dicey à Oxford, le grand historien de l'histoire administrative et juridique de l'Angleterre, Sir Paul Vinogradoff, a légué les méthodes et les résultats de L'Ancien Régime *à tous ses étudiants. Les études de l'histoire économique n'avaient que commencé en Angleterre. L'ouvrage de Tocqueville exerçait une influence importante, mais indirecte, sur le développement de cette science. Nous ne serions pas surpris non plus que l'œuvre de l'historien classique de l'histoire du droit anglais, F. W. Maitland, porte les traces profondes de l'étude de Tocqueville. (Cf. P. Vinogradoff,* Outlines of Historical Jurisprudence, *Oxford, 1920, vol. I, pages 152 et suivantes ;* R. H. Tawney, Religion and Rise of Capitalism, *Londres, 1926, traduction française, Paris, 1951 ; F. W. Maitland,* History of English Law up to the time of Edward I [*avec* F. Pollock], *Oxford, 1895 ; par le même auteur,* The constitutional History of England, *Cambridge, 1908.) Nous avons déjà mentionné Lord Acton qui avait également subi l'influence de Tocqueville. (Voir notre bibliographie annotée, vol. I, 2, page 391.) Dans ses* Lectures on the French Revolution *(Londres, 1910), Acton écrit dans un appendice sur la littérature de la Révolution : « Vers le milieu du XIXe siècle, quand les premiers volumes de Sybel commençaient à paraître, les études plus* profondes commençaient en France avec Tocqueville. Il fut le premier à établir, sinon à découvrir, que la révolution ne fut pas simplement une rupture, un renversement, une surprise, mais en partie un développement des tendances travaillant la monarchie ancienne... De tous les écrivains, il est le plus acceptable et le plus sévère à trouver des défauts. » (Op. cit., pages 356 et suivantes.)

En Amérique, L'Ancien Régime a été apprécié seulement par la dernière génération. Une nation jeune découvre la science de l'histoire assez tard. Les méthodes historiques appliquées à la sociologie politique, comme le démontre l'œuvre de Tocqueville, est le résultat d'une civilisation mûre. Le hibou de Minerve commence à voler au crépuscule, comme disait Hegel. Terminons cette esquisse de l'influence de L'Ancien Régime par une phrase que nous prenons dans une bibliographie qu'un éminent historien américain, Robert Ergang, a ajoutée à son ouvrage, Europe From the Renaissance to Waterloo (New York, 1939) : « L'Ancien Régime et la Révolution, traduit par John Bonner (1856), présente la plus profonde analyse des causes de la révolution. »

J.-P. Mayer.

AVANT-PROPOS

Le livre que je publie en ce moment n'est point une histoire de la Révolution, histoire qui a été faite avec trop d'éclat pour que je songe à la refaire ; c'est une étude sur cette Révolution.

Les Français ont fait en 1789 le plus grand effort auquel se soit jamais livré aucun peuple, afin de couper pour ainsi dire en deux leur destinée, et de séparer par un abîme ce qu'ils avaient été jusque-là de ce qu'ils voulaient être désormais. Dans ce but, ils ont pris toutes sortes de précautions pour ne rien emporter du passé dans leur condition nouvelle ; ils se sont imposé toutes sortes de contraintes pour se façonner autrement que leurs pères ; ils n'ont rien oublié enfin pour se rendre méconnaissables.

J'avais toujours pensé qu'ils avaient beaucoup moins réussi dans cette singulière entreprise qu'on ne l'avait cru au dehors et qu'ils ne l'avaient cru d'abord eux-mêmes. J'étais convaincu qu'à leur insu ils avaient retenu de l'ancien régime la plupart des sentiments, des habitudes, des idées même à l'aide desquelles ils avaient conduit la Révolution qui le détruisit et que, sans le vouloir, ils s'étaient servis de ses débris pour construire l'édifice de la société nouvelle ; de telle sorte que, pour bien comprendre et la Révolution et son œuvre, il fallait oublier un moment la France que nous voyons, et aller interroger dans son tombeau la France qui n'est plus. C'est ce que j'ai cherché à faire ici ; mais j'ai eu plus de peine à y réussir que je n'aurais pu le croire.

Les premiers siècles de la monarchie, le moyen âge, la renaissance ont donné lieu à d'immenses travaux et ont été l'objet de recherches très approfondies qui nous ont fait connaître non pas seulement les faits qui se sont passés alors, mais les lois, les usages, l'esprit du gouvernement et de la nation à ces différentes époques. Personne jusqu'à présent ne s'est encore donné la peine de considérer le XVIIIe siècle de cette manière et de si près. Nous croyons très-bien connaître la société française de ce temps-là, parce que nous voyons clairement ce qui brillait à sa surface, que nous possédons jusque dans les détails l'histoire des personnages les plus célèbres qui y ont vécu, et que des critiques ingénieuses ou éloquentes ont achevé de nous rendre familières les œuvres des grands écrivains qui l'ont illustrée. Mais, quant à la manière dont se conduisaient les affaires, à la pratique vraie des institutions, à la position exacte des classes vis-à-vis les unes des autres, à la condition et aux sentiments de celles qui ne se faisaient encore ni entendre, ni voir, au fond même des opinions et des mœurs, nous n'en avons que des idées confuses et souvent fautives.

J'ai entrepris de pénétrer jusqu'au cœur de cet ancien régime, si près de nous par le nombre des années, mais que la Révolution nous cache.

Pour y parvenir, je n'ai pas seulement relu les livres célèbres que le XVIIIe siècle a produits ; j'ai voulu étudier beaucoup d'ouvrages moins connus et

moins dignes de l'être, mais qui, composés avec peu d'art,
trahissent encore mieux peut-être les vrais instincts du
temps. Je me suis appliqué à bien connaître tous les actes
publics où les Français ont pu, à l'approche de la Révolution, montrer leurs opinions et leurs goûts. Les procès-
verbaux des assemblées d'états, et plus tard des assemblées provinciales, m'ont fourni sur ce point beaucoup de
lumières. J'ai fait surtout un grand usage des cahiers dressés par les trois ordres, en 1789. Ces cahiers, dont les originaux forment une longue suite de volumes manuscrits,
resteront comme le testament de l'ancienne société
française, l'expression suprême de ses désirs, la mani-
festation authentique de ses volontés dernières. C'est
un document unique dans l'histoire. Celui-là même ne
m'a pas suffi.

Dans les pays où l'administration publique est déjà
puissante, il naît peu d'idées, de désirs, de douleurs, il
se rencontre peu d'intérêts et de passions qui ne viennent
tôt ou tard se montrer à nu devant elle. En visitant ses
archives on n'acquiert pas seulement une notion très-
exacte de ses procédés, le pays tout entier s'y révèle.
Un étranger auquel on livrerait aujourd'hui toutes les correspondances confidentielles qui remplissent les cartons
du ministère de l'intérieur et des préfectures en saurait
bientôt plus sur nous que nous-mêmes. Au xviiie siècle,
l'administration publique était déjà, ainsi qu'on le
verra en lisant ce livre, très centralisée, très puissante,
prodigieusement active. On la voyait sans cesse aider,
empêcher, permettre. Elle avait beaucoup à promettre,
beaucoup à donner. Elle influait déjà de mille manières,
non seulement sur la conduite générale des affaires, mais
sur le sort des familles et sur la vie privée de chaque
homme. De plus, elle était sans publicité, ce qui faisait

qu'on ne craignait pas de venir exposer à ses yeux
jusqu'aux infirmités les plus secrètes. J'ai passé un
temps fort long à étudier ce qui nous reste d'elle, soit à
Paris, soit dans plusieurs provinces [1].

Là, comme je m'y attendais, j'ai trouvé l'ancien
régime tout vivant, ses idées, ses passions, ses préjugés,
ses pratiques. Chaque homme y parlait librement sa
langue et y laissait pénétrer ses plus intimes pensées.
J'ai achevé ainsi d'acquérir sur l'ancienne société
beaucoup de notions que les contemporains ne possédaient pas ; car j'avais sous les yeux ce qui n'a jamais
été livré à leurs regards.

A mesure que j'avançais dans cette étude, je m'étonnais en revoyant à tous moments dans la France de ce
temps beaucoup de traits qui frappent dans celle de
nos jours. J'y retrouvais une foule de sentiments que
j'avais crus nés de la Révolution, une foule d'idées que
j'avais pensé jusque-là ne venir que d'elle, mille habitudes qu'elle passe pour nous avoir seule données ; j'y
rencontrais partout les racines de la société actuelle
profondément implantées dans ce vieux sol. Plus je me
rapprochais de 1789, plus j'apercevais distinctement
l'esprit qui a fait la Révolution se former, naître et
grandir. Je voyais peu à peu se découvrir à mes yeux
toute la physionomie de cette Révolution. Déjà elle
annonçait son tempérament, son génie ; c'était elle-

---

1. Je me suis particulièrement servi des archives de quelques grandes
intendances, surtout de celles de Tours, qui sont très complètes, et
qui se rapportent à une généralité très vaste, placée au centre de la
France, et peuplée d'un million d'habitants. Je dois ici des remercie-
ments au jeune et habile archiviste qui en a le dépôt, M. Grandmai-
son. D'autres généralités, entre autres celles de l'Ile-de-France, m'ont
fait voir que les choses se passaient de la même manière dans la plus
grande partie du royaume.

même. Là je trouvais non seulement la raison de ce
qu'elle allait faire dans son premier effort, mais plus
encore peut-être l'annonce de ce qu'elle devait fonder
à la longue ; car la Révolution a eu deux phases bien
distinctes : la première pendant laquelle les Français
semblent vouloir tout abolir dans le passé ; la seconde
où ils vont y reprendre une partie de ce qu'ils y avaient
laissé. Il y a un grand nombre de lois et d'habitudes
politiques de l'ancien régime qui disparaissent ainsi
tout à coup en 1789 et qui se remontent quelques années
après, comme certains fleuves s'enfoncent dans la terre
pour reparaître un peu plus loin, faisant voir les mêmes
eaux à de nouveaux rivages.

L'objet propre de l'ouvrage que je livre au public est
de faire comprendre pourquoi cette grande révolution,
qui se préparait en même temps sur presque tout le
continent de l'Europe, a éclaté chez nous plutôt qu'ailleurs, pourquoi elle est sortie comme d'elle-même de la
société qu'elle allait détruire, et comment enfin l'ancienne
monarchie a pu tomber d'une façon si complète et si
soudaine.

Dans ma pensée, l'œuvre que j'ai entreprise ne doit
pas en rester là. Mon intention est, si le temps et les
forces ne me manquent point, de suivre à travers les
vicissitudes de cette longue révolution, ces mêmes
Français avec lesquels je viens de vivre si familièrement sous l'ancien régime, et que cet ancien régime
avait formés, de les voir se modifiant et se transformant
suivant les événements, sans changer pourtant de
nature, et reparaissant sans cesse devant nous avec une
physionomie un peu différente, mais toujours reconnaissable.

Je parcourrai d'abord avec eux cette première époque

de 89, où l'amour de l'égalité et celui de la liberté partagent leur cœur ; où ils ne veulent pas seulement fonder
des institutions démocratiques, mais des institutions
libres ; non seulement détruire des privilèges, mais
reconnaître et consacrer des droits ; temps de jeunesse,
d'enthousiasme, de fierté, de passions généreuses et
sincères, dont, malgré ses erreurs, les hommes conserveront éternellement la mémoire, et qui, pendant longtemps encore, troublera le sommeil de tous ceux qui
voudront les corrompre ou les asservir.

Tout en suivant rapidement le cours de cette même
révolution, je tâcherai de montrer par quels événements,
quelles fautes, quels mécomptes, ces mêmes Français
sont arrivés à abandonner leur première visée, et,
oubliant la liberté, n'ont plus voulu que devenir les
serviteurs égaux du maître du monde ; comment un
gouvernement plus fort et beaucoup plus absolu que
celui que la Révolution avait renversé ressaisit alors et
concentre tous les pouvoirs, supprime toutes ces libertés
si chèrement payées, met à leur place leurs vaines
images ; appelant souveraineté du peuple les suffrages
d'électeurs qui ne peuvent ni s'éclairer, ni se concerter,
ni choisir ; vote libre de l'impôt l'assentiment d'assemblées
muettes ou asservies ; et, tout en enlevant à la nation la
faculté de se gouverner, les principales garanties du
droit, la liberté de penser, de parler et d'écrire, c'est-à-
dire ce qu'il y avait eu de plus précieux et de plus noble
dans les conquêtes de 89, se pare encore de ce grand nom.

Je m'arrêterai au moment où la Révolution me paraîtra avoir à peu près accompli son œuvre et enfanté la
société nouvelle. Je considérerai alors cette société même ;
je tâcherai de discerner en quoi elle ressemble à ce qui
l'a précédée, en quoi elle en diffère, ce que nous avons

perdu dans cet immense remuement de toutes choses,
ce que nous y avons gagné, et j'essayerai enfin d'entre-
voir notre avenir.

Une partie de ce second ouvrage est ébauchée, mais
encore indigne d'être offerte au public. Me sera-t-il
donné de l'achever? Qui peut le dire? La destinée des
individus est encore bien plus obscure que celle des
peuples.

J'espère avoir écrit le présent livre sans préjugé, mais
je ne prétends pas l'avoir écrit sans passion. Il serait à
peine permis à un Français de n'en point ressentir quand il
parle de son pays et songe à son temps. J'avoue donc
qu'en étudiant notre ancienne société dans chacune de
ses parties, je n'ai jamais perdu entièrement de vue la
nouvelle. Je n'ai pas seulement voulu voir à quel mal le
malade avait succombé, mais comment il aurait pu
ne pas mourir. J'ai fait comme ces médecins qui, dans
chaque organe éteint, essayent de surprendre les lois
de la vie. Mon but a été de faire un tableau qui fût
strictement exact, et qui, en même temps, pût être instructif. Toutes les fois donc que j'ai rencontré chez nos
pères quelques-unes de ces vertus mâles qui nous seraient
le plus nécessaires et que nous n'avons presque plus,
un véritable esprit d'indépendance, le goût des grandes
choses, la foi en nous-mêmes et dans une cause, je les
ai mises en relief, et de même, lorsque j'ai rencontré
dans les lois, dans les idées, dans les mœurs de ce
temps-là, la trace de quelques-uns des vices qui, après
avoir déroré l'ancienne société, nous travaillent encore,
j'ai pris soin d'appeler sur eux la lumière, afin que,
voyant bien le mal qu'ils nous ont fait, on comprît mieux
celui qu'ils pouvaient encore nous faire.

Pour atteindre ce but, je n'ai craint, je le confesse,

de blesser personne, ni individus, ni classes, ni opinions,
ni souvenirs, quelque respectables qu'ils pussent être. Je
l'ai souvent fait avec regret, mais toujours sans remords.
Que ceux auxquels j'aurais pu ainsi déplaire me pardon-
nent en considération du but désintéressé et honnête
que je poursuis.

Plusieurs m'accuseront peut-être de montrer dans ce
livre un goût bien intempestif pour la liberté, dont on
m'assure que personne ne se soucie plus guère en
France.

Je prierai seulement ceux qui m'adresseraient ce
reproche de vouloir bien considérer que ce penchant
est chez moi fort ancien. Il y a plus de vingt ans que,
parlant d'une autre société, j'écrivais presque textuellement ce qu'on va lire.

Au milieu des ténèbres de l'avenir on peut déjà
découvrir trois vérités très claires. La première est
que tous les hommes de nos jours sont entraînés par une
force inconnue qu'on peut espérer régler et ralentir,
mais non vaincre, qui tantôt les pousse doucement et
tantôt les précipite vers la destruction de l'aristocratie ;
la seconde, que, parmi toutes les sociétés du monde,
celles qui auront toujours le plus de peine à échapper
pendant longtemps au gouvernement absolu seront
précisément ces sociétés où l'aristocratie n'est plus et
ne peut plus être ; la troisième enfin, que nulle part le
despotisme ne doit produire des effets plus pernicieux
que dans ces sociétés-là ; car plus qu'aucune autre sorte
de gouvernement il y favorise le développement de
tous les vices auxquels ces sociétés sont spécialement
sujettes, et les pousse ainsi du côté même où, suivant
une inclinaison naturelle, elles penchaient déjà.

Les hommes n'y étant plus rattachés les uns aux

autres par aucun lien de castes, de classes, de corporations, de familles, n'y sont que trop enclins à ne se
préoccuper que de leurs intérêts particuliers, toujours trop
portés à n'envisager qu'eux-mêmes et à se retirer dans
un individualisme étroit où toute vertu publique est
étouffée. Le despotisme, loin de lutter contre cette tendance, la rend irrésistible, car il retire aux citoyens toute
passion commune, tout besoin mutuel, toute nécessité de
s'entendre, toute occasion d'agir ensemble ; il les mure,
pour ainsi dire, dans la vie privée. Ils tendaient déjà à
se mettre à part : il les isole ; ils se refroidissaient les uns
pour les autres : il les glace.

Dans ces sortes de sociétés, où rien n'est fixe, chacun
se sent aiguillonné sans cesse par la crainte de descendre
et l'ardeur de monter ; et comme l'argent, en même
temps qu'il y est devenu la principale marque qui classe
et distingue entre eux les hommes, y a acquis une mobilité singulière, passant de mains en mains sans cesse,
transformant la condition des individus, élevant ou
abaissant les familles, il n'y a presque personne qui ne
soit obligé d'y faire un effort désespéré et continu pour
le conserver ou pour l'acquérir. L'envie de s'enrichir à
tout prix, le goût des affaires, l'amour du gain, la recherche du bien-être et des jouissances matérielles y sont
donc les passions les plus communes. Ces passions s'y
répandent aisément dans toutes les classes, pénètrent
jusqu'à celles mêmes qui y avaient été jusque-là le plus
étrangères, et arriveraient bientôt à énerver et à dégrader la nation entière, si rien ne venait les arrêter. Or, il
est de l'essence même du despotisme de les favoriser et
de les étendre. Ces passions débilitantes lui viennent
en aide ; elles détournent et occupent l'imagination des
hommes loin des affaires publiques, et les font trembler à

la seule idée des révolutions. Lui seul peut leur fournir le secret et l'ombre qui mettent la cupidité à l'aise et permettent de faire des profits déshonnêtes en bravant le déshonneur. Sans lui elles eussent été fortes ; avec lui elles sont régnantes.

La liberté seule, au contraire, peut combattre efficacement dans ces sortes de sociétés les vices qui leur sont naturels et les retenir sur la pente où elles glissent. Il n'y a qu'elle en effet qui puisse retirer les citoyens de l'isolement dans lequel l'indépendance même de leur condition les fait vivre, pour les contraindre à se rapprocher les uns des autres, qui les réchauffe et les réunisse chaque jour par la nécessité de s'entendre, de se persuader et de se complaire mutuellement dans la pratique d'affaires communes. Seule elle est capable de les arracher au culte de l'argent et aux petits tracas journaliers de leurs affaires particulières pour leur faire apercevoir et sentir à tout moment la patrie au-dessus et à côté d'eux ; seule elle substitue de temps à autre à l'amour du bien-être des passions plus énergiques et plus hautes, fournit à l'ambition des objets plus grands que l'acquisition des richesses, et crée la lumière qui permet de voir et de juger les vices et les vertus des hommes.

Les sociétés démocratiques qui ne sont pas libres peuvent être riches, raffinées, ornées, magnifiques même, puissantes par le poids de leur masse homogène ; on peut y rencontrer des qualités privées, de bons pères de famille, d'honnêtes commerçants et des propriétaires très estimables ; on y verra même de bons chrétiens, car la patrie de ceux-là n'est pas de ce monde et la gloire de leur religion est de les produire au milieu de la plus grande corruption des mœurs et sous les plus mauvais gouvernements : l'empire romain dans son extrême

décadence en était plein ; mais ce qui ne se verra
jamais, j'ose le dire, dans des sociétés semblables, ce
sont de grands citoyens, et surtout un grand peuple, et
je ne crains pas d'affirmer que le niveau commun des
cœurs et des esprits ne cessera jamais de s'y abaisser
tant que l'égalité et le despotisme y seront joints.

Voilà ce que je pensais et ce que je disais il y a vingt
ans. J'avoue que, depuis, il ne s'est rien passé dans le
monde qui m'ait porté à penser et à dire autrement.
Ayant montré la bonne opinion que j'avais de la liberté
dans un temps où elle était en faveur, on ne trouvera pas
mauvais que j'y persiste quand on la délaisse.

Qu'on veuille bien d'ailleurs considérer qu'en ceci
même je suis moins différent de la plupart de mes con-
tradicteurs qu'ils ne le supposent peut-être eux-mêmes.
Quel est l'homme qui, de nature, aurait l'âme
assez basse pour préférer dépendre des caprices d'un
de ses semblables à suivre les lois qu'il a contribué à
établir lui-même, si sa nation lui paraissait avoir les
vertus nécessaires pour faire un bon usage de la liberté ?
Je pense qu'il n'y en a point. Les despotes eux-mêmes
ne nient pas que la liberté ne soit excellente ; seulement ils ne la veulent que pour eux-mêmes, et ils
soutiennent que tous les autres en sont tout à fait
indignes. Ainsi, ce n'est pas sur l'opinion qu'on doit
avoir de la liberté qu'on diffère, mais sur l'estime plus
au moins grande qu'on fait des hommes ; et c'est ainsi
qu'on peut dire d'une façon rigoureuse que le goût qu'on
montre pour le gouvernement absolu est dans le rapport
exact du mépris qu'on professe pour son pays. Je demande
qu'on me permette d'attendre encore un peu avant de
me convertir à ce sentiment-là.

Je puis dire, je crois, sans trop me vanter, que le livre

que je publie en ce moment est le produit d'un très grand
travail. Il y a tel chapitre assez court qui m'a coûté
plus d'un an de recherches. J'aurais pu surcharger le
bas de mes pages de notes ; j'ai mieux aimé n'insérer
ces dernières qu'en petit nombre et les placer à la fin
du volume, avec un renvoi aux pages du texte auquel
elles se rapportent. On trouvera là des exemples et des
preuves. Je pourrais en fournir bien d'autres, si ce
livre paraissait à quelqu'un valoir la peine de les
demander.

LIVRE PREMIER

CHAPITRE PREMIER

Jugements contradictoires qui sont portés
sur la Révolution à sa naissance

Il n'y a rien de plus propre à rappeler les philosophes et les hommes d'État à la modestie que l'histoire de notre Révolution ; car il n'y eut jamais d'événements plus grands, conduits de plus loin, mieux préparés et moins prévus.

Le grand Frédéric lui-même, malgré son génie, ne la pressent pas. Il la touche sans la voir. Bien plus, il agit par avance suivant son esprit ; il est son précurseur et déjà pour ainsi dire son agent ; il ne la reconnaît point à son approche ; et quand elle se montre enfin, les traits nouveaux et extraordinaires qui vont caractériser sa physionomie parmi la foule innombrable des révolutions échappent d'abord aux regards.

Au dehors elle est l'objet de la curiosité universelle ; partout elle fait naître dans l'esprit des peuples une sorte de notion indistincte que des temps nouveaux se préparent, de vagues espérances de changements et de réformes ; mais personne ne soupçonne encore ce qu'elle doit être. Les princes et leurs ministres manquent même de ce pressentiment confus qui émeut le peuple à sa vue. Ils ne la considèrent d'abord que comme une de ces maladies périodiques auxquelles la constitution de tous

les peuples est sujette, et qui n'ont d'autre effet que
d'ouvrir de nouveaux champs à la politique de leurs voisins. Si par hasard ils disent la vérité sur elle, c'est à
leur insu. Les principaux souverains de l'Allemagne,
réunis à Pillnitz en 1791, proclament, il est vrai, que le
péril qui menace la royauté en France est commun à
tous les anciens pouvoirs de l'Europe, et que tous sont
menacés avec elle ; mais, au fond, ils n'en croient rien.
Les documents secrets du temps font connaître que ce
n'étaient là à leurs yeux que d'habiles prétextes dont
ils masquaient leurs desseins ou les coloraient aux yeux
de la foule.

Quant à eux, ils savent bien que la révolution française est un accident local et passager dont il s'agit seulement de tirer parti. Dans cette pensée, ils conçoivent des
desseins, font des préparatifs, contractent des alliances
secrètes ; ils se disputent entre eux à la vue de cette proie
prochaine, se divisent, se rapprochent ; il n'y a presque
rien à quoi ils ne se préparent, sinon à ce qui va arriver.

Les Anglais, auxquels le souvenir de leur propre
histoire et la longue pratique de la liberté politique
donnent plus de lumière et d'expérience, aperçoivent
bien comme à travers un voile épais l'image d'une grande
révolution qui s'avance ; mais ils ne peuvent distinguer
sa forme, et l'action qu'elle va exercer bientôt sur les
destinées du monde et sur la leur propre leur est cachée.
Arthur Young, qui parcourt la France au moment où la
Révolution va éclater, et qui considère cette révolution
comme imminente, en ignore si bien la portée qu'il se
demande si le résultat n'en sera point d'accroître les
privilèges. « Quant à la noblesse, dit-il, si cette révolution
leur donnait encore plus de prépondérance, je pense
qu'elle ferait plus de mal que de bien. »

Burke, dont l'esprit fut illuminé par la haine que la
Révolution dès sa naissance lui inspira, Burke lui-même
reste quelques moments incertain à sa vue. Ce qu'il en
augure d'abord, c'est que la France en sera énervée et
comme anéantie. « Il est à croire, dit-il, que pour longtemps les facultés guerrières de la France sont éteintes ;
il se pourrait même qu'elles le fussent pour toujours, et
que les hommes de la génération qui va suivre puissent
dire comme cet ancien : *Gallos quoque in bellis
floruisse audivimus :* Nous avons entendu dire que les
Gaulois eux-mêmes avaient jadis brillé par les armes. »

On ne juge pas mieux l'événement de près que de
loin. En France, la veille du jour où la Révolution va
éclater, on n'a encore aucune idée précise sur ce qu'elle
va faire. Parmi la foule des cahiers, je n'en trouve que
deux où se montre une certaine appréhension du peuple.
Ce qu'on redoute, c'est la prépondérance que doit conserver le pouvoir royal, la cour, comme on l'appelle encore.
La faiblesse et la courte durée des états généraux
inquiètent. On a peur qu'on ne les violente. La noblesse
est particulièrement travaillée de cette crainte. « Les
troupes suisses, disent plusieurs de ces cahiers, prête-
ront le serment de ne jamais porter les armes contre les
citoyens, même en cas d'émeute ou de révolte. » Que
les états généraux soient libres, et tous les abus seront
aisément détruits ; la réforme à faire est immense,
mais elle est facile.

Cependant la Révolution suit son cours : à mesure
que l'on voit apparaître la tête du monstre, que sa physionomie singulière et terrible se découvre ; qu'après
avoir détruit les institutions politiques elle abolit les
institutions civiles, après les lois change les mœurs, les
usages et jusqu'à la langue ; quand, après avoir ruiné

la fabrique du gouvernement, elle remue les fondements
de la société et semble enfin vouloir s'en prendre à
Dieu lui-même ; lorsque bientôt cette même Révolution
déborde au dehors, avec des procédés inconnus jusqu'à
elle, une tactique nouvelle, des maximes meurtrières,
des opinions *armées*, comme disait Pitt, une puissance
inouïe qui abat les barrières des empires, brise les cou-
ronnes, foule les peuples, et, chose étrange ! les gagne
en même temps à sa cause ; à mesure que toutes ces choses
éclatent, le point de vue change. Ce qui avait d'abord
semblé, aux princes de l'Europe et aux hommes d'État,
un accident ordinaire de la vie des peuples, paraît un
fait si nouveau, si contraire même à tout ce qui s'était
passé auparavant dans le monde, et cependant si général,
si monstrueux, si incompréhensible, qu'en l'apercevant
l'esprit humain demeure comme éperdu. Les uns pensent
que cette puissance inconnue, que rien ne semble ni
nourrir ni abattre, qu'on ne saurait arrêter, et qui ne
peut s'arrêter elle-même, va pousser les sociétés humaines
jusqu'à leur dissolution complète et finale. Plusieurs la
considèrent comme l'action visible du démon sur la terre.
« La révolution française a un caractère satanique »,
dit M. de Maistre, dès 1797. D'autres, au contraire,
découvrent en elle un dessein bienfaisant de Dieu, qui
veut renouveler non-seulement la face de la France,
mais celle du monde, et qui va créer en quelque sorte
une humanité nouvelle. On retrouve, chez plusieurs des
écrivains de ce temps-là, quelque chose de cette épou-
vante religieuse qu'éprouvait Salvien à la vue des
barbares. Burke, reprenant sa pensée, s'écrie : « Privée
de son ancien gouvernement, ou plutôt de tout gouvernement, il semblait que la France fût un objet d'insulte et
de pitié, plutôt que de devoir être le fléau et la terreur du

genre humain. Mais du tombeau de cette monarchie
assassinée est sorti un être informe, immense, plus terrible qu'aucun de ceux qui ont accablé et subjugué l'imagination des hommes. Cet être hideux et étrange marche
droit à son but, sans être effrayé du péril ou arrêté par
les remords ; contempteur de toutes les maximes reçues
et de tous les moyens ordinaires, il terrasse ceux qui ne
peuvent même pas comprendre comment il existe. »
      L'événement est-il en effet si extraordinaire qu'il a
paru jadis aux contemporains ? aussi inouï, aussi profondément perturbateur et rénovateur qu'ils le suppo-
saient ? Quel fut le véritable sens, quel a été le véritable caractère, quels sont les effets permanents de cette
révolution étrange et terrible ? Qu'a-t-elle détruit précisément ? Qu'a-t-elle créé ?
      Il semble que le moment de le rechercher et de le
dire est venu, et que nous soyons placés aujourd'hui à ce
point précis d'où l'on peut le mieux apercevoir et juger
ce grand objet. Assez loin de la Révolution pour ne
ressentir que faiblement les passions qui troublaient la
vue de ceux qui l'ont faite, nous en sommes assez proches
pour pouvoir entrer dans l'esprit qui l'a amenée et pour
le comprendre. Bientôt on aura peine à le faire, car les
grandes révolutions qui réussissent, faisant disparaître
les causes qui les avaient produites, deviennent ainsi
incompréhensibles par leurs succès mêmes.

CHAPITRE II

*Que l'objet fondamental et final de la Révolution
n'était pas, comme on l'a cru, de détruire
le pouvoir religieux
et d'énerver le pouvoir politique*

Une des premières démarches de la révolution
française a été de s'attaquer à l'Église, et parmi les
passions qui sont nées de cette révolution, la première
allumée et la dernière éteinte a été la passion irréligieuse. Alors même que l'enthousiasme de la liberté
s'était évanoui, après qu'on s'était réduit à acheter la
tranquillité au prix de la servitude, on restait révolté
contre l'autorité religieuse. Napoléon, qui avait pu vaincre
le génie libéral de la révolution française, fit d'inutiles
efforts pour dompter son génie antichrétien, et, de notre
temps même, nous avons vu des hommes qui croyaient
racheter leur servilité envers les moindres agents du
pouvoir politique par leur insolence envers Dieu, et qui,
tandis qu'ils abandonnaient tout ce qu'il y avait de
plus libre, de plus noble et de plus fier dans les doctrines
de la Révolution, se flattaient encore de rester fidèles à
son esprit en restant indévots.

Et pourtant il est facile aujourd'hui de se convaincre
que la guerre aux religions n'était qu'un incident de
cette grande révolution, un trait saillant et pourtant
fugitif de sa physionomie, un produit passager des idées,

des passions, des faits particuliers qui l'ont précédée
et préparée, et non son génie propre.

On considère avec raison la philosophie du xviiie siècle
comme une des causes principales de la Révolution, et il
est bien vrai que cette philosophie est profondément irréligieuse. Mais il faut remarquer en elle avec soin deux
parts, qui sont tout à la fois distinctes et séparables.
Dans l'une se trouvent toutes les opinions nouvelles ou
rajeunies qui se rapportent à la condition des sociétés et
aux principes des lois civiles et politiques, telles, par
exemple, que l'égalité naturelle des hommes, l'abolition
de tous les privilèges de castes, de classes, de professions,
qui en est une conséquence, la souveraineté du peuple,
l'omnipotence du pouvoir social, l'uniformité des règles...
Toutes ces doctrines ne sont pas seulement les causes
de la révolution française, elles forment pour ainsi dire
sa substance; elles sont ce qu'il y a dans ses œuvres de
plus fondamental, de plus durable, de plus vrai, quant
au temps.

Dans l'autre partie de leurs doctrines, les philosophes
du xviiie siècle s'en sont pris avec une sorte de fureur
à l'Église; ils ont attaqué son clergé, sa hiérarchie, ses
institutions, ses dogmes, et, pour les mieux renverser,
ils ont voulu arracher les fondements mêmes du christianisme. Mais cette portion de la philosophie du
xviiie siècle, ayant pris naissance dans les faits que cette
révolution même détruisait, devait peu à peu disparaître
avec eux, et se trouver comme ensevelie dans son
triomphe. Je n'ajouterai qu'un mot pour achever de me
faire comprendre, car je veux reprendre ailleurs ce
grand sujet : c'était bien moins comme doctrine religieuse
que comme institution politique que le christianisme
avait allumé ces furieuses haines ; non parce que les

prêtres prétendaient régler les choses de l'autre monde,
mais parce qu'ils étaient propriétaires, seigneurs,
décimateurs, administrateurs dans celui-ci ; non parce
que l'Église ne pouvait prendre place dans la société
nouvelle qu'on allait fonder, mais parce qu'elle occupait
alors la place la plus privilégiée et la plus forte dans cette
vieille société qu'il s'agissait de réduire en poudre.

Considérez comme la marche du temps a mis cette vérité
en lumière et achève de l'y mettre tous les jours : à
mesure que l'œuvre politique de la Révolution s'est
consolidée, son œuvre irréligieuse s'est ruinée ; à mesure
que toutes les anciennes institutions politiques qu'elle a
attaquées ont été mieux détruites, que les pouvoirs, les
influences, les classes qui lui étaient particulièrement
odieuses ont été vaincues sans retour, et que, pour dernier
signe de leur défaite, les haines mêmes qu'elles inspiraient se sont alanguies ; à mesure, enfin, que le clergé
s'est mis plus à part de tout ce qui était tombé avec
lui, on a vu graduellement la puissance de l'Église se
relever dans les esprits et s'y raffermir.

Et ne croyez pas que ce spectacle soit particulier à la
France ; il n'y a guère d'église chrétienne en Europe qui ne
se soit ravivée depuis la révolution française.

Croire que les sociétés démocratiques sont naturellement hostiles à la religion est commettre une grande
erreur : rien dans le christianisme, ni même dans le
catholicisme, n'est absolument contraire à l'esprit de ces
sociétés, et plusieurs choses y sont très favorables.
L'expérience de tous les siècles d'ailleurs a fait voir que la
racine la plus vivace de l'instinct religieux a toujours été
plantée dans le cœur du peuple. Toutes les religions qui
ont péri ont eu là leur dernier asile, et il serait bien
étrange que les institutions qui tendent à faire prévaloir

les idées et les passions du peuple eussent pour effet nécessaire et permanent de pousser l'esprit humain vers l'impiété.

Ce que je viens de dire du pouvoir religieux, je le dirai à plus forte raison du pouvoir social.

Quant on vit la Révolution renverser à la fois toutes les institutions et tous les usages qui avaient jusque-là maintenu une hiérarchie dans la société et retenu les hommes dans la règle, on put croire que son résultat serait de détruire non pas seulement un ordre particulier de société, mais tout ordre ; non tel gouvernement, mais la puissance sociale elle-même ; et l'on dut juger que son naturel était essentiellement anarchique. Et pourtant, j'ose dire que ce n'était encore là qu'une apparence.

Moins d'un an après que la Révolution était commencée, Mirabeau écrivait secrètement au roi : « Comparez le nouvel état des choses avec l'ancien régime ; c'est là que naissent les consolations et les espérances. Une partie des actes de l'assemblée nationale, et c'est la plus considérable, est évidemment favorable au gouvernement monarchique. N'est-ce donc rien que d'être sans parlement, sans pays d'états, sans corps de clergé, de privilégiés, de noblesse ? L'idée de ne former qu'une seule classe de citoyens aurait plu à Richelieu : cette surface égale facilite l'exercice du pouvoir. Plusieurs règnes d'un gouvernement absolu n'auraient pas fait autant que cette seule année de Révolution pour l'autorité royale. » C'était comprendre la Révolution en homme capable de la conduire.

Comme la révolution française n'a pas eu seulement pour objet de changer un gouvernement ancien, mais d'abolir la forme ancienne de la société, elle a dû s'attaquer à la fois à tous les pouvoirs établis, ruiner toutes les influences reconnues, effacer les traditions, renouveler les mœurs et les usages et vider en quelque sorte l'esprit humain de toutes les idées sur lesquelles s'étaient fondés jusque-là le respect et l'obéissance. De là son caractère si singulièrement anarchique.

Mais écartez ces débris : vous apercevez un pouvoir central immense qui a attiré et englouti dans son unité toutes les parcelles d'autorité et d'influence qui étaient auparavant dispersées dans une foule de pouvoirs secondaires, d'ordres, de classes, de professions, de familles et d'individus, et comme éparpillées dans tout le corps social. On n'avait pas vu dans le monde un pouvoir semblable depuis la chute de l'empire romain. La Révolution a créé cette puissance nouvelle, ou plutôt celle-ci est sortie comme d'elle-même des ruines que la Révolution a faites. Les gouvernements qu'elle a fondés sont plus fragiles, il est vrai, mais cent fois plus puissants qu'aucun de ceux qu'elle a renversés ; fragiles et puissants par les mêmes causes, ainsi qu'il sera dit ailleurs.

C'est cette forme simple, régulière et grandiose, que Mirabeau entrevoyait déjà à travers la poussière des anciennes institutions à moitié démolies. L'objet, malgré sa grandeur, était encore invisible alors aux yeux de la foule ; mais peu à peu le temps l'a exposé à tous les regards. Aujourd'hui il remplit surtout l'œil des princes. Ils le considèrent avec admiration et avec envie, non seulement ceux que la Révolution a engendrés, mais ceux mêmes qui lui sont le plus étrangers et le plus ennemis ; tous s'efforcent dans leurs domaines de détruire les immunités, d'abolir les privilèges. Ils mêlent les rangs, égalisent les conditions, substituent des

fonctionnaires à l'aristocratie, aux franchises locales
l'uniformité des règles, à la diversité des pouvoirs
l'unité du gouvernement. Ils s'appliquent à ce travail
révolutionnaire avec une incessante industrie ; et,
s'ils y rencontrent quelque obstacle, il leur arrive
parfois d'emprunter à la Révolution ses procédés et ses
maximes. On les a vus soulever au besoin le pauvre
contre le riche, le roturier contre le noble, le paysan
contre son seigneur. La révolution française a été tout
à la fois leur fléau et leur institutrice.

Comment la révolution française a été une révolution politique qui a procédé à la manière des révolutions religieuses, et pourquoi

Toutes les révolutions civiles et politiques ont eu une patrie et s'y sont renfermées. La révolution française n'a pas eu de territoire propre ; bien plus, son effet a été d'effacer en quelque sorte de la carte toutes les anciennes frontières. On l'a vue rapprocher ou diviser les hommes en dépit des lois, des traditions, des caractères, de la langue, rendant parfois ennemis des compatriotes, et frères des étrangers ; ou plutôt elle a formé, au-dessus de toutes les nationalités particulières, une patrie intellectuelle commune dont les hommes de toutes les nations ont pu devenir citoyens.

Fouillez toutes les annales de l'histoire, vous ne trouverez pas une seule révolution politique qui ait eu ce même caractère : vous ne le retrouverez que dans certaines révolutions religieuses. Aussi c'est à des révolutions religieuses qu'il faut comparer la révolution française, si l'on veut se faire comprendre à l'aide de l'analogie.

Schiller remarque avec raison, dans son histoire de la guerre de Trente-Ans, que la grande réforme du XVIᵉ siècle eut pour effet de rapprocher tout à coup les uns des autres des peuples qui se connaissaient à

peine, et de les unir étroitement par des sympathies
nouvelles. On vit, en effet, alors des Français combattre contre des Français, tandis que des Anglais leur venaient en aide ; des hommes nés au fond de la Balti-
que pénétrèrent jusqu'au cœur de l'Allemagne pour y
protéger des Allemands dont ils n'avaient jamais entendu parler jusque-là. Toutes les guerres étrangères
prirent quelque chose des guerres civiles ; dans toutes
les guerres civiles des étrangers parurent. Les anciens
intérêts de chaque nation furent oubliés pour des intérêts nouveaux ; aux questions de territoire succédèrent
des questions de principes. Toutes les règles de la di-
plomatie se trouvèrent mêlées et embrouillées, au grand
étonnement et à la grande douleur des politiques de ce
temps-là. C'est précisément ce qui arriva en Europe
après 1789.

La révolution française est donc une révolution politique qui a opéré à la manière et qui a pris en quelque
chose l'aspect d'une révolution religieuse. Voyez par
quels traits particuliers et caractéristiques elle achève
de ressembler à ces dernières : non seulement elle se
répand au loin comme elles, mais, comme elles, elle y
pénètre par la prédication et la propagande. Une révolution politique qui inspire le prosélytisme ; qu'on
prêche aussi ardemment aux étrangers qu'on l'accom-
plit avec passion chez soi ; considérez quel nouveau
spectacle ! Parmi toutes les choses inconnues que la
révolution française a montrées au monde, celle-ci est
assurément la plus nouvelle. Mais ne nous arrêtons pas
là ; tâchons de pénétrer un peu plus avant et de découvrir si cette ressemblance dans les effets ne tiendrait pas à quelque ressemblance cachée dans les causes.

Le caractère habituel des religions est de considérer

l'homme en lui-même, sans s'arrêter à ce que les lois,
les coutumes et les traditions d'un pays ont pu joindre
de particulier à ce fonds commun. Leur but principal
est de régler les rapports généraux de l'homme avec
Dieu, les droits et les devoirs généraux des hommes entre
eux, indépendamment de la forme des sociétés. Les
règles de conduite qu'elles indiquent se rapportent moins
à l'homme d'un pays ou d'un temps qu'au fils, au père,
au serviteur, au maître, au prochain. Prenant ainsi
leur fondement dans la nature humaine elle-même, elles
peuvent être reçues également par tous les hommes et
applicables partout. De là vient que les révolutions religieuses ont eu souvent de si vastes théâtres, et se
sont rarement renfermées, comme les révolutions politiques, dans le territoire d'un seul peuple, ni même
d'une seule race. Et si l'on veut envisager ce sujet encore de plus près, on trouvera que plus les religions ont
eu ce caractère abstrait et général que je viens d'indiquer, plus elles se sont étendues, en dépit de la différence des lois, des climats et des hommes.

Les religions païennes de l'antiquité, qui étaient toutes plus ou moins liées à la constitution politique ou
à l'état social de chaque peuple, et conservaient jusque
dans leurs dogmes une certaine physionomie nationale
et souvent municipale, se sont renfermées d'ordinaire
dans les limites d'un territoire, dont on ne les vit guère
sortir. Elles firent naître parfois l'intolérance et la persécution ; mais le prosélytisme leur fut presque entièrement inconnu. Aussi n'y eut-il pas de grandes révolutions religieuses dans notre Occident avant l'arrivée
du christianisme. Celui-ci, passant aisément à travers
toutes les barrières qui avaient arrêté les religions
païennes, conquit en peu de temps une grande partie

du genre humain. Je crois que ce n'est pas manquer de
respect à cette sainte religion que de dire qu'elle dut,
en partie, son triomphe à ce qu'elle s'était, plus qu'aucune autre, dégagée de tout ce qui pouvait être spécial à un peuple, à une forme de gouvernement, à un
état social, à une époque, à une race.

La révolution française a opéré, par rapport à ce
monde, précisément de la même manière que les révolutions religieuses agissent en vue de l'autre ; elle a
considéré le citoyen d'une façon abstraite, en dehors de
toutes les sociétés particulières, de même que les religions considèrent l'homme en général, indépendamment
du pays et du temps. Elle n'a pas recherché seulement
quel était le droit particulier du citoyen français,
mais quels étaient les devoirs et les droits généraux des hommes en matière politique.

C'est en remontant toujours ainsi à ce qu'il y avait
de moins particulier, et pour ainsi dire de plus *naturel*
en fait d'état social et de gouvernement, qu'elle a pu
se rendre compréhensible pour tous et imitable en cent
endroits à la fois.

Comme elle avait l'air de tendre à la régénération du
genre humain plus encore qu'à la réforme de la France,
elle a allumé une passion que, jusque-là, les révolutions
politiques les plus violentes n'avaient jamais pu produire. Elle a inspiré le prosélytisme et fait naître la propagande. Par là, enfin, elle a pu prendre cet air de
révolution religieuse qui a tant épouvanté les contemporains ; ou plutôt elle est devenue elle-même une sorte
de religion nouvelle, religion imparfaite, il est vrai,
sans Dieu, sans culte et sans autre vie, mais qui, néanmoins, comme l'islamisme, a inondé toute la terre de
ses soldats, de ses apôtres et de ses martyrs.

Il ne faut pas croire, du reste, que les procédés employés par elle fussent absolument sans précédents, et que toutes les idées qu'elle a mises au jour fussent entièrement nouvelles. Il y a eu dans tous les siècles, et jusqu'en plein moyen âge, des agitateurs qui, pour changer des coutumes particulières, ont invoqué les lois générales des sociétés humaines, et qui ont entrepris d'opposer à la constitution de leur pays les droits naturels de l'humanité. Mais toutes ces tentatives ont échoué : le même brandon qui a enflammé l'Europe au xviiie siècle a été facilement éteint au xve. Pour que des arguments de cette espèce produisent des révolutions, il faut, en effet, que certains changements déjà survenus dans les conditions, les coutumes et les mœurs, aient préparé l'esprit humain à s'en laisser pénétrer.

Il y a des temps où les hommes sont si différents les uns des autres que l'idée d'une même loi applicable à tous est pour eux comme incompréhensible. Il y en a d'autres où il suffit de leur montrer de loin et confusément l'image d'une telle loi pour qu'ils la reconnaissent aussitôt et courent vers elle.

Le plus extraordinaire n'est pas que la révolution française ait employé les procédés qu'on lui a vu mettre en œuvre et conçu les idées qu'elle a produites : la grande nouveauté est que tant de peuples fussent arrivés à ce point que de tels procédés pussent être efficacement employés et de telles maximes facilement admises.

CHAPITRE IV

Comment presque toute l'Europe
avait eu précisément les mêmes institutions
et comment ces institutions tombaient en ruine
partout

Les peuples qui ont renversé l'empire romain et qui
ont fini par former les nations modernes différaient par
les races, le pays, le langage; ils ne se ressemblaient que
par la barbarie. Établis sur le sol de l'empire, ils s'y
sont entre-choqués longtemps au milieu d'une confusion immense, et, quand ils sont enfin devenus stables,
ils se sont trouvés séparés les uns des autres par les
ruines mêmes qu'ils avaient faites. La civilisation
étant presque éteinte et l'ordre public détruit, les rapports des hommes entre eux devinrent difficiles et périlleux, et la grande société européenne se fractionna
en mille petites sociétés distinctes et ennemies qui vé-
curent chacune à part. Et pourtant du milieu de cette
masse incohérente on vit sortir tout à coup des lois
uniformes.

Ces institutions ne sont point imitées de la législation
romaine; elles y sont contraires à ce point que c'est du
droit romain que l'on s'est servi pour les transformer
et les abolir. Leur physionomie est originale et les distingue parmi toutes les lois que se sont données les
hommes. Elles correspondent symétriquement entre
elles, et, toutes ensemble, forment un corps composé

de parties si serrées que les articles de nos codes modernes ne sont pas plus étroitement unis; lois savantes, à l'usage d'une société à demi grossière.

Comment une pareille législation a-t-elle pu se former, se répandre, se généraliser enfin en Europe ? Mon but n'est pas de le rechercher. Ce qui est certain, c'est qu'au moyen âge elle se retrouve plus ou moins partout en Europe, et que, dans beaucoup de pays, elle règne à l'exclusion de toutes les autres.

J'ai eu occasion d'étudier les institutions politiques du moyen âge en France, en Angleterre et en Allemagne, et, à mesure que j'avançais dans ce travail, j'étais rempli d'étonnement en voyant la prodigieuse similitude qui se rencontre entre toutes ces lois, et j'admirais comment des peuples si différents et si peu mêlés entre eux avaient pu s'en donner de si semblables. Ce n'est pas qu'elles ne varient sans cesse et presque à l'infini dans les détails, suivant les lieux ; mais leur fond est partout le même. Quand je découvrais dans la vieille législation germanique une institution politique, une règle, un pouvoir, je savais d'avance qu'en cherchant bien je retrouverais quelque chose de tout semblable, quant à la substance, en France et en Angleterre, et je ne manquais pas de l'y retrouver en effet. Chacun de ces trois peuples m'aidait à mieux comprendre les deux autres.

Chez tous les trois le gouvernement est conduit d'après les mêmes maximes, les assemblées politiques formées des mêmes éléments et munies des mêmes pouvoirs. La société y est divisée de la même manière, et la même hiérarchie se montre entre les différentes classes ; les nobles y occupent une position identique ; ils ont mêmes privilèges, même physionomie, même naturel : ce

ne sont pas des hommes différents, ce sont proprement
partout les mêmes hommes.

Les constitutions des villes se ressemblent; les campagnes sont gouvernées de la même manière. La
condition des paysans est peu différente ; la terre est
possédée, occupée, cultivée de même, le cultivateur
soumis aux mêmes charges. Des confins de la Pologne
à la mer d'Irlande, la seigneurie, la cour du seigneur, le
fief, la censive, les services à rendre, les droits féodaux,
les corporations, tout se ressemble. Quelquefois les
noms sont les mêmes, et, ce qui est plus remarquable
encore, un seul esprit anime toutes ces institutions
anologues. Je crois qu'il est permis d'avancer qu'au
xive siècle les institutions sociales, politiques, administratives, judiciaires, économiques et littéraires de
l'Europe, avaient plus de ressemblance entre elles
qu'elles n'en ont peut-être même de nos jours, où la
civilisation semble avoir pris soin de frayer tous les
chemins et d'abaisser toutes les barrières.

Il n'entre pas dans mon sujet de raconter comment
cette ancienne constitution de l'Europe s'était peu à
peu affaiblie et délabrée; je me borne à constater qu'au
xviiie siècle elle était partout à moitié ruinée. Le
dépérissement était en général moins marqué à l'orient
du continent, plus à l'occident; mais en tous lieux
la vieillesse et souvent la décrépitude se faisaient
voir.

Cette décadence graduelle des institutions propres
du moyen âge se suit dans leurs archives. On sait que
chaque seigneurie possédait des registres nommés *ter-*
riers, dans lesquels, de siècle en siècle, on indiquait les
limites des fiefs et des censives, les redevances dues,
les services à rendre, les usages locaux. J'ai vu des ter-

riers du xive siècle qui sont des chefs-d'œuvre
de méthode, de clarté, de netteté et d'intelligence. Ils
deviennent obscurs, indigestes, incomplets et confus,
à mesure qu'ils sont plus récents, malgré le progrès
général des lumières. Il semble que la société politique
tombe en barbarie dans le même temps que la société
civile achève de s'éclairer.

En Allemagne même, où la vieille constitution de
l'Europe avait mieux conservé qu'en France ses traits
primitifs, une partie des institutions qu'elle avait
créées étaient déjà partout détruites. Mais c'est moins
encore en voyant ce qui lui manque qu'en considérant
en quel état se trouve ce qui lui reste qu'on juge des
ravages du temps.

Les institutions municipales, qui au xiiie et au
xive siècle avaient fait des principales villes alle-
mandes de petites républiques riches et éclairées,
existent encore au xviiie ; mais elles n'offrent plus
que de vaines apparences. Leurs prescriptions paraissent en vigueur ; les magistrats qu'elles ont établis
portent les mêmes noms et semblent faire les mêmes
choses ; mais l'activité, l'énergie, le patriotisme communal, les vertus mâles et fécondes qu'elles ont inspirées
ont disparu. Ces anciennes institutions se sont comme
affaissées sur elles-mêmes sans se déformer.

Tous les pouvoirs du moyen âge qui subsistent encore sont atteints de la même maladie ; tous font voir
le même dépérissement et la même langueur. Bien plus,
tout ce qui, sans appartenir en propre à la constitution de ce temps, s'y est trouvé mêlé et en a retenu
l'empreinte un peu vive, perd aussitôt sa vitalité. Dans
ce contact, l'aristocratie contracte une débilité sénile ;
la liberté politique elle-même, qui a rempli tout le

moyen âge de ses œuvres, semble frappée de stérilité
partout où elle conserve les caractères particuliers que
le moyen âge lui avait donnés. Là où les assemblées provinciales ont gardé, sans y rien changer, leur antique
constitution, elles arrêtent le progrès de la civilisation
plutôt qu'elles n'y aident ; on dirait qu'elles sont étrangères et comme impénétrables à l'esprit nouveau des
temps. Aussi le cœur du peuple leur échappe et tend
vers les princes. L'antiquité de ces institutions ne les a
pas rendues vénérables; elles se discréditent, au contraire, chaque jour en vieillissant; et, chose étrange,
elles inspirent d'autant plus de haine qu'étant plus en
décadence elles semblent moins en état de nuire. « L'état
de chose existant », dit un écrivain allemand, contemporain et ami de cet ancien régime, « paraît être devenu
généralement blessant pour tous et quelquefois mé-
prisable. Il est singulier de voir comme on juge maintenant avec défaveur tout ce qui est vieux. Les impressions nouvelles se font jour jusqu'au sein de nos
familles et en troublent l'ordre. Il n'y a pas jusqu'à
nos ménagères qui ne veulent plus souffrir leurs anciens
meubles. » Cependant, en Allemagne, à la même époque, comme en France, la société était en grande activité et en prospérité toujours croissante. Mais faites
bien attention à ceci ; ce trait complète le tableau :
tout ce qui vit, agit, produit est d'origine nouvelle,
non seulement nouvelle, mais contraire.

C'est la royauté qui n'a plus rien de commun avec
la royauté du moyen âge, possède d'autres prérogatives,
tient une autre place, a un autre esprit, inspire
d'autres sentiments; c'est l'administration de l'État
qui s'étend de toutes parts sur les débris des pouvoirs
locaux ; c'est la hiérarchie des fonctionnaires qui rem-

place de plus en plus le gouvernement des nobles. Tous ces nouveaux pouvoirs agissent d'après des procédés, suivent des maximes que les hommes du moyen âge n'ont pas connus ou ont réprouvés, et qui se rapportent, en effet, à un état de société dont ils n'avaient pas même l'idée.

En Angleterre, où l'on dirait au premier abord que l'ancienne constitution de l'Europe est encore en vigueur, il en est aussi de même. Si l'on veut oublier les vieux noms et écarter les vieilles formes, on y trouvera dès le XVIIe siècle le système féodal aboli dans sa substance, des classes qui se pénètrent, une noblesse effacée, une aristocratie ouverte, la richesse devenue la puissance, l'égalité devant la loi, l'égalité des charges, la liberté de la presse, la publicité des débats; tous principes nouveaux que la société du moyen âge ignorait. Or ce sont précisément ces choses nouvelles qui, introduites peu à peu et avec art dans ce vieux corps, l'ont ranimé, sans risquer de le dissoudre, et l'ont rempli d'une fraîche vigueur en lui laissant des formes antiques. L'Angleterre du XVIIe siècle est déjà une nation toute moderne, qui a seulement préservé dans son sein et comme embaumé quelques débris du moyen âge.

Il était nécessaire de jeter ce coup d'œil rapide hors de la France pour faciliter l'intelligence de ce qui va suivre; car quiconque n'a étudié et vu que la France ne comprendra jamais rien, j'ose le dire, à la révolution française.

related to an
unknown society.

CHAPITRE V

Quelle a été l'œuvre propre
de la révolution française

Tout ce qui précède n'a eu pour but que d'éclaircir
le sujet et de faciliter la solution de cette question que
j'ai posée d'abord : Quel a été l'objet véritable de la
Révolution ? Quel est enfin son caractère propre ?
Pourquoi précisément a-t-elle été faite ? Qu'a-t-elle
fait ?

La Révolution n'a point été faite, comme on l'a cru,
pour détruire l'empire des croyances religieuses ; elle a
été essentiellement, malgré les apparences, une révolution sociale et politique ; et, dans le cercle des
institutions de cette espèce, elle n'a point tendu à per-
pétuer le désordre, à le rendre en quelque sorte stable,
à _méthodiser_ l'anarchie, comme disait un de ses principaux adversaires, mais plutôt à accroître la puissance et les droits de l'autorité publique. Elle ne devait
pas changer le caractère que notre civilisation avait eu
jusque-là, comme d'autres l'ont pensé, en arrêter les
progrès, ni même altérer dans leur essence aucune des
lois fondamentales sur lesquelles reposent les sociétés
humaines dans notre Occident. Quand on la sépare de
tous les accidents qui ont momentanément changé sa

to ring
method
_to_
anarchy.

momentary

physionomie à différentes époques et dans divers pays,
pour ne la considérer qu'en elle-même, on voit clairement que cette révolution n'a eu pour effet que d'abolir ces institutions politiques qui, pendant plusieurs
siècles, avaient régné sans partage chez la plupart
des peuples européens, et que l'on désigne d'ordinaire
sous le nom d'institutions féodales, pour y substituer un ordre social et politique plus uniforme et
plus simple, qui avait l'égalité des conditions pour
base.

Cela suffisait pour faire une révolution immense, car,
indépendamment de ce que les institutions antiques
étaient encore mêlées et comme entrelacées à presque toutes les lois religieuses et politiques de l'Europe,
elles avaient, de plus, suggéré une foule d'idées, de sentiments, d'habitudes, de mœurs, qui leur étaient comme
adhérentes. Il fallut une affreuse convulsion pour détruire et extraire tout à coup du corps social une partie
qui tenait ainsi à tous ses organes. Ceci fit paraître
la Révolution encore plus grande qu'elle n'était; elle
semblait tout détruire, car ce qu'elle détruisait touchait à tout et faisait en quelque sorte corps avec
tout.

Quelque radicale qu'ait été la Révolution, elle a
cependant beaucoup moins innové qu'on ne le suppose
généralement : je le montrerai plus tard. Ce qu'il est
vrai de dire d'elle, c'est qu'elle a entièrement détruit
ou est en train de détruire (car elle dure encore) tout ce
qui, dans l'ancienne société, découlait des institutions
aristocratiques et féodales, tout ce qui s'y rattachait
en quelque manière, tout ce qui en portait, à quelque
degré que ce fût, la *moindre* empreinte. Elle n'a conservé de l'ancien monde que ce qui avait toujours été

étranger à ces institutions ou pouvait exister sans
elles. Ce que la Révolution a été moins que toute autre
chose, c'est un événement fortuit. Elle a pris, il est vrai,
le monde à l'improviste, et cependant elle n'était que
le complément du plus long travail, la terminaison
soudaine et violente d'une œuvre à laquelle dix générations d'hommes avaient travaillé. Si elle n'eût pas
eu lieu, le vieil édifice social n'en serait pas moins tombé
partout, ici plus tôt, là plus tard ; seulement il aurait
continué à tomber pièce à pièce au lieu de s'effondrer
tout à coup. La Révolution a achevé soudainement,
par un effort convulsif et douloureux, sans transition,
sans précaution, sans égards, ce qui se serait achevé
peu à peu de soi-même à la longue. Telle fut son
œuvre.

Il est surprenant que ce qui semble aujourd'hui si
facile à discerner, restât aussi embrouillé et aussi voilé
aux yeux les plus clairvoyants.

« Vous vouliez corriger les abus de votre gouvernement, dit le même Burke aux Français, mais pourquoi
faire du nouveau ? Que ne vous rattachiez-vous à vos
anciennes traditions ? Que ne vous borniez-vous à
reprendre vos anciennes franchises ? Ou, s'il vous était
impossible de retrouver la physionomie effacée de la
constitution de vos pères, que ne jetiez-vous les
regards de notre côté ? Là vous auriez retrouvé l'ancienne loi commune de l'Europe. » Burke ne s'aperçoit
pas que ce qu'il a sous les yeux, c'est la révolution qui
doit précisément abolir cette ancienne loi commune de
l'Europe ; il ne discerne point que c'est proprement de
cela qu'il s'agit, et non d'autre chose.

Mais pourquoi cette révolution, partout préparée,
partout menaçante, a-t-elle éclaté en France plutôt

qu'ailleurs ? Pourquoi a-t-elle eu chez nous certains caractères qui ne se sont plus retrouvés nulle part ou
n'ont reparu qu'à moitié ? Cette seconde question mérite assurément qu'on la pose ; son examen fera l'objet
des livres suivants.

LIVRE II

CHAPITRE PREMIER

Pourquoi les droits féodaux étaient devenus plus odieux au peuple en France que partout ailleurs

Une chose surprend au premier abord : la Révolution, dont l'objet propre était d'abolir partout le reste des institutions du moyen âge, n'a pas éclaté dans les contrées où ces institutions, mieux conservées, faisaient le plus sentir au peuple leur gêne et leur rigueur, mais, au contraire, dans celles où elles les lui faisaient sentir le moins ; de telle sorte que leur joug a paru le plus insupportable là où il était en réalité le moins lourd.

Dans presque aucune partie de l'Allemagne, à la fin du XVIIIᵉ siècle, le servage n'était encore complètement aboli, et, dans la plupart, le peuple demeurait positivement attaché à la glèbe, comme au moyen âge. Presque tous les soldats qui composaient les armées de Frédéric II et de Marie-Thérèse ont été de véritables serfs.

Dans la plupart des États d'Allemagne, en 1788, le paysan ne peut quitter la seigneurie, et s'il la quitte on peut le poursuivre partout où il se trouve et l'y ramener de force. Il y est soumis à la justice dominicale, qui surveille sa vie privée et punit son intempérance et sa paresse. Il ne peut ni s'élever dans sa position, ni changer de profession, ni se marier sans le bon plaisir du maître. Une grande partie de son temps doit être

consacrée au service de celui-ci. Plusieurs années de sa
jeunesse doivent s'écouler dans la domesticité du ma-
noir. La corvée seigneuriale existe dans toute sa force,
et peut s'étendre, dans certains pays, jusqu'à trois
jours par semaine. C'est le paysan qui rebâtit et entretient les bâtiments du seigneur, mène ses denrées au
marché, le conduit lui-même, et est chargé de porter
ses messages. Le serf peut cependant devenir propriétaire foncier, mais sa propriété reste toujours très imparfaite. Il est obligé de cultiver son champ d'une certaine manière, sous l'œil du seigneur ; il ne peut ni
l'aliéner ni l'hypothéquer à sa volonté. Dans certains
cas on le force d'en vendre les produits ; dans d'autres
on l'empêche de les vendre ; pour lui, la culture est
toujours obligatoire. Sa succession même ne passe pas
tout entière à ses enfants : une partie en est d'ordinaire
retenue par la seigneurie.

Je ne recherche pas ces dispositions dans des lois
surannées, je les rencontre jusque dans le code préparé
par le grand Frédéric et promulgué par son successeur,
au moment même où la révolution française vient d'é-
clater.

Rien de semblable n'existait plus en France depuis
longtemps : le paysan allait, venait, achetait, vendait,
traitait, travaillait à sa guise. Les derniers vestiges du
servage ne se faisaient plus voir que dans une ou deux
provinces de l'Est, provinces conquises ; partout ailleurs il avait entièrement disparu, et même son abolition remontait à une époque si éloignée que la date en
était oubliée. Des recherches savantes, faites de nos
jours, ont prouvé que, dès le XIIIe siècle, on ne le
rencontre plus en Normandie.

Mais il s'était fait dans la condition du peuple, en

France, une bien autre révolution encore : le paysan
n'avait pas seulement cessé d'être serf ; il était devenu
propriétaire foncier. Ce fait est encore aujourd'hui si
mal établi, et il a eu, comme on le verra, tant de conséquences, qu'on me permettra de m'arrêter un moment
ici pour le considérer.

On a cru longtemps que la division de la propriété
foncière datait de la Révolution et n'avait été produite
que par elle ; le contraire est prouvé par toutes sortes
de témoignages.

Vingt ans au moins avant cette révolution, on rencontre des sociétés d'agriculture qui déplorent déjà que
le sol se morcelle outre mesure. « La division des héritages, dit Turgot vers le même temps, est telle que celui qui suffisait pour une seule famille se partage entre
cinq ou six enfants. Ces enfants et leurs familles ne
peuvent plus dès lors subsister uniquement de la terre. »
Necker avait dit, quelques années plus tard, qu'il y
avait en France une *immensité* de petites propriétés
rurales.

Je trouve, dans un rapport secret fait à un intendant
peu d'années avant la Révolution : « Les successions
se subdivisent d'une manière égale et inquiétante, et,
chacun voulant avoir de tout et partout, les pièces de
terre se trouvent divisées à l'infini et se subdivisent
sans cesse. » Ne croirait-on pas que ceci est écrit de nos
jours?

J'ai pris moi-même des peines infinies pour reconstruire en quelque sorte le cadastre de l'ancien régime,
et j'y suis quelquefois parvenu. D'après la loi de 1790
qui a établi l'impôt foncier, chaque paroisse a dû dresser un état des propriétés alors existantes sur son territoire. Ces états ont disparu pour la plupart ; néan-

moins je les ai retrouvés dans un certain nombre de
villages, et, en les comparant avec les rôles de nos jours,
j'ai vu que, dans ces villages-là, le nombre des propriétaires fonciers s'élevait à la moitié, souvent aux deux
tiers du nombre actuel ; ce qui paraîtra bien remarquable si l'on pense que la population totale de la
France s'est accrue de plus d'un quart depuis ce temps.

Déjà, comme de nos jours, l'amour du paysan pour
la propriété foncière est extrême, et toutes les passions
qui naissent chez lui de la possession du sol sont allu-
mées. « Les terres se vendent toujours au-delà de leur
valeur, dit un excellent observateur contemporain ; ce
qui tient à la passion qu'ont tous les habitants pour
devenir propriétaires. Toutes les épargnes des basses
classes, qui ailleurs sont placées sur des particuliers et
dans les fonds publics, sont destinées en France à
l'achat des terres. »

Parmi toutes les choses nouvelles qu'Arthur Young
aperçoit chez nous, quand il nous visite pour la première fois, il n'y en a aucune qui le frappe davantage
que la grande division du sol parmi les paysans ; il
affirme que la moitié du sol de la France leur appartient en propre. « Je n'avais nulle idée, dit-il souvent,
d'un pareil état de choses » ; et, en effet, un pareil état
de choses ne se trouvait alors nulle part ailleurs qu'en
France, ou dans son voisinage le plus proche.

En Angleterre il y avait eu des paysans propriétaires,
mais on en rencontrait déjà beaucoup moins. En Allemagne on avait vu, de tout temps et partout, un certain nombre de paysans libres et qui possédaient en
toute propriété des portions du sol. Les lois particulières, et souvent bizarres, qui régissaient la propriété
du paysan, se retrouvent dans les plus vieilles cou-

tumes germaniques ; mais cette sorte de propriété a
toujours été un fait exceptionnel, et le nombre de ces
petits propriétaires fonciers fort petit.

Les contrées de l'Allemagne où, à la fin du XVIIIe siècle,
le paysan était propriétaire et à peu près aussi libre
qu'en France, sont situées, la plupart, le long du Rhin ;
c'est aussi là que les passions révolutionnaires de la
France se sont le plus tôt répandues et ont été toujours
le plus vives. Les portions de l'Allemagne qui ont été,
au contraire, le plus longtemps impénétrables à ces
passions, sont celles où rien de semblable ne se voyait
encore. Remarque digne d'être faite.

C'est donc suivre une erreur commune que de croire
que la division de la propriété foncière date en France
de la Révolution ; le fait est bien plus vieux qu'elle. La
Révolution a, il est vrai, vendu toutes les terres du
clergé et une grande partie de celles des nobles ; mais,
si l'on veut consulter les procès-verbaux mêmes de ces
ventes, comme j'ai eu quelquefois la patience de le
faire, on verra que la plupart de ces terres ont été ache-
tées par des gens qui en possédaient déjà d'autres ; de
sorte que, si la propriété a changé de mains, le nombre
des propriétaires s'est bien moins accru qu'on ne
l'imagine. Il y avait déjà en France une *immensité*
de ceux-ci, suivant l'expression ambitieuse, mais juste,
cette fois, de M. Necker.

L'effet de la Révolution n'a pas été de diviser le sol,
mais de le libérer pour un moment. Tous ces petits
propriétaires étaient, en effet, fort gênés dans l'exploitation de leurs terres, et supportaient beaucoup de
servitudes dont il ne leur était pas permis de se délivrer.

Ces charges étaient pesantes sans doute ; mais ce

qui les leur faisait paraître insupportables était précisément la circonstance qui aurait dû, ce semble, leur en
alléger le poids : ces mêmes paysans avaient été soustraits, plus que nulle part ailleurs en Europe, au gouvernement de leurs seigneurs ; autre révolution non
moins grande que celle qui les avait rendus propriétaires.

Quoique l'ancien régime soit encore bien près de
nous, puisque nous rencontrons tous les jours des hommes qui sont nés sous ses lois, il semble déjà se perdre
dans la nuit des temps. La révolution radicale qui nous
en sépare à produit l'effet des siècles : elle a obscurci
tout ce qu'elle ne détruisait pas. Il y a donc peu de
gens qui puissent répondre aujourd'hui exactement à
cette simple question : Comment s'administraient les
campagnes avant 1789? Et, en effet, on ne saurait le
dire avec précision et avec détail sans avoir étudié,
non pas les livres, mais les archives administratives de
ce temps-là.

J'ai souvent entendu dire : la noblesse, qui depuis
longtemps avait cessé de prendre part au gouvernement de l'État, avait conservé jusqu'au bout l'administration des campagnes ; le seigneur en gouvernait
les paysans. Ceci ressemble bien à une erreur.

Au XVIIIe siècle, toutes les affaires de la paroisse
étaient conduites par un certain nombre de fonctionnaires qui n'étaient plus les agents de la seigneurie et
que le seigneur ne choisissait plus ; les uns étaient nommés par l'intendant de la province, les autres élus par
les paysans eux-mêmes. C'était à ces autorités à répartir l'impôt, à réparer les églises, à bâtir les écoles, à
rassembler et à présider l'assemblée de la paroisse. Elles
veillaient sur le bien communal et en réglaient l'usage,

intentaient et soutenaient au nom de la communauté
les procès. Non seulement le seigneur ne dirigeait plus
l'administration de toutes ces petites affaires locales,
mais il ne la surveillait pas. Tous les fonctionnaires de
la paroisse étaient sous le gouvernement ou sous le
contrôle du pouvoir central, comme nous le montre-
rons dans le chapitre suivant. Bien plus, on ne voit
presque plus le seigneur agir comme le représentant
du roi dans la paroisse, comme l'intermédiaire entre
celui-ci et les habitants. Ce n'est plus lui qui est chargé
d'y appliquer les lois générales de l'État, d'y assembler
les milices, d'y lever les taxes, d'y publier les mande-
ments du prince, d'en distribuer les secours. Tous ces
devoirs et tous ces droits appartiennent à d'autres. Le
seigneur n'est plus en réalité qu'un habitant que des
immunités et des privilèges séparent et isolent de tous
les autres ; sa condition est différente, non son pouvoir. *Le seigneur n'est qu'un premier habitant*, ont soin
de dire les intendants dans leurs lettres à leurs subdélégués.

Si vous sortez de la paroisse et que vous considé-
riez le canton, vous reverrez le même spectacle. Nulle
part les nobles n'administrent ensemble, non plus
qu'individuellement ; cela était particulier à la France.
Partout ailleurs le trait caractéristique de la vieille
société féodale s'était en partie conservé : la possession
de la terre et le gouvernement des habitants demeuraient encore mêlés.

L'Angleterre était administrée aussi bien que gouvernée par les principaux propriétaires du sol. Dans les
portions mêmes de l'Allemagne où les princes étaient
le mieux parvenus, comme en Prusse et en Autriche,
à se soustraire à la tutelle des nobles dans les affaires

générales de l'État, ils leur avaient en grande partie
conservé l'administration des campagnes, et, s'ils étaient
allés dans certains endroits jusqu'à contrôler le seigneur, nulle part ils n'avaient encore pris sa place.

A vrai dire, les nobles français ne touchaient plus
depuis longtemps à l'administration publique que par un
seul point, la justice. Les principaux d'entre eux avaient
conservé le droit d'avoir des juges qui décidaient certains procès en leur nom, et faisaient encore de temps
en temps des règlements de police dans les limites de
la seigneurie ; mais le pouvoir royal avait graduellement écourté, limité, subordonné la justice seigneuriale, à ce point que les seigneurs qui l'exerçaient encore
la considéraient moins comme un pouvoir que comme
un revenu. (source de revenue)

Il en était ainsi de tous les droits particuliers de la
noblesse. La partie politique avait disparu ; la portion
pécuniaire seule était restée, et quelquefois s'était fort
accrue.

Je ne veux parler en ce moment que de cette portion
des privilèges utiles qui portait par excellence le nom
de droits féodaux, parce que ce sont ceux-là particulièrement qui touchent le peuple.

Il est malaisé de dire aujourd'hui en quoi ces droits
consistaient encore en 1789, car leur nombre avait été
immense et leur diversité prodigieuse, et, parmi eux,
plusieurs avaient déjà disparu ou s'étaient transformés ;
de sorte que le sens des mots qui les désignaient, déjà
confus pour les contemporains, est devenu pour nous
fort obscur. Néanmoins, quand on consulte les livres des
feudistes du xviiie siècle et qu'on recherche avec attention les usages locaux, on s'aperçoit que tous les
droits encore existants peuvent se réduire à un petit

nombre d'espèces principales ; tous les autres subsistent, il est vrai, mais ils ne sont plus que des individus isolés.

Les traces de la corvée seigneuriale se retrouvent presque partout à demi effacées. La plupart des droits de péage sur les chemins sont modérés ou détruits ; néanmoins, il n'y a que peu de provinces où l'on n'en rencontre encore plusieurs. Dans toutes, les seigneurs prélèvent des droits sur les foires et dans les marchés. On sait que dans la France entière ils jouissaient du droit exclusif de chasse. En général, ils possèdent seuls des colombiers et des pigeons ; presque partout ils obligent le paysan à faire moudre à leur moulin et vendanger à leur pressoir. Un droit universel et très onéreux est celui des *lods et ventes ;* c'est un impôt qu'on paye au seigneur toutes les fois qu'on vend ou qu'on achète des terres dans les limites de la seigneurie. Sur toute la surface du territoire, enfin, la terre est chargée de cens, de rentes foncières et de redevances en argent ou en nature, qui sont dues au seigneur par le propriétaire, et dont celui-ci ne peut se racheter. A travers toutes ces diversités, un trait commun se présente : tous ces droits se rattachent plus ou moins au sol ou à ses produits ; tous atteignent celui qui le cultive.

On sait que les seigneurs ecclésiastiques jouissaient des mêmes avantages ; car l'Église, qui avait une autre origine, une autre destination et une autre nature que la féodalité, avait fini néanmoins par se mêler intimement à elle, et, bien qu'elle ne se fût jamais complètement incorporée à cette substance étrangère, elle y avait si profondément pénétré qu'elle y demeurait comme incrustée.

Des évêques, des chanoines, des abbés possédaient

donc des fiefs ou des censives en vertu de leurs fonctions ecclésiastiques ; le couvent avait, d'ordinaire, la
seigneurie du village sur le territoire duquel il était
placé. Il avait des serfs dans la seule partie de la France
où il y en eût encore ; il employait la corvée, levait des
droits sur les foires et marchés, avait son four, son moulin, son pressoir, son taureau banal. Le clergé jouissait
de plus, en France, comme dans tout le monde chrétien,
du droit de dîme.

Mais ce qui m'importe ici, c'est de remarquer que,
dans toute l'Europe alors, les mêmes droits féodaux,
précisément les mêmes, se retrouvaient et que, dans la
plupart des contrées du continent, ils étaient bien plus
lourds. Je citerai seulement la corvée seigneuriale. En
France, elle était rare et douce ; en Allemagne, elle
était encore universelle et dure.

Bien plus, plusieurs des droits d'origine féodale qui
ont le plus révolté nos pères, qu'ils considéraient non
seulement comme contraires à la justice, mais à la civilisation : la dîme, les rentes foncières inaliénables, les
redevances perpétuelles, les lods et ventes, ce qu'ils
appelaient, dans la langue un peu emphatique du
xviiie siècle, *la servitude de la terre*, toutes ces choses
se retrouvaient alors, en partie, chez les Anglais ; plusieurs s'y voient encore aujourd'hui même. Elles n'empêchent pas l'agriculture anglaise d'être la plus perfectionnée et la plus riche du monde, et le peuple anglais
s'aperçoit à peine de leur existence.

Pourquoi donc les mêmes droits féodaux ont-ils excité
dans le cœur du peuple en France une haine si forte
qu'elle survit à son objet même et semble ainsi inextinguible ? La cause de ce phénomène est, d'une part,
que le paysan français était devenu propriétaire foncier,

et, de l'autre, qu'il avait entièrement échappé au gouvernement de son seigneur. Il y a bien d'autres causes
encore, sans doute, mais je pense que celles-ci sont les
principales.

Si le paysan n'avait pas possédé le sol, il eût été
comme insensible à plusieurs des charges que le système
féodal faisait peser sur la propriété foncière. Qu'importe la dîme à celui qui n'est que fermier? Il la prélève sur le produit du fermage. Qu'importe la rente
foncière à celui qui n'est pas propriétaire du fonds?
Qu'importent mêmes les gênes de l'exploitation à celui
qui exploite pour un autre?

D'un autre côté, si le paysan français avait encore
été administré par son seigneur, les droits féodaux lui
eussent paru bien moins insupportables, parce qu'il n'y
aurait vu qu'une conséquence naturelle de la constitution du pays.

Quand la noblesse possède non seulement des privilèges, mais des pouvoirs, quand elle gouverne et admi-
nistre, ses droits particuliers peuvent être tout à la fois
plus grands et moins aperçus. Dans les temps féodaux,
on considérait la noblesse à peu près du même œil dont
on considère aujourd'hui le gouvernement : on suppor-
tait les charges qu'elle imposait en vue des garanties
qu'elle donnait. Les nobles avaient des privilèges gê-
nants, ils possédaient des droits onéreux ; mais ils assu-
raient l'ordre public, distribuaient la justice, faisaient
exécuter la loi, venaient au secours du faible, menaient
les affaires communes. A mesure que la noblesse cesse
de faire ces choses, le poids de ses privilèges paraît plus
lourd, et leur existence même finit par ne plus se comprendre.

Imaginez-vous, je vous prie, le paysan français du

xviiiᵉ siècle, ou plutôt celui que vous connaissez ; car
c'est toujours le même : sa condition a changé, mais
non son humeur. Voyez-le tel que les documents que
j'ai cités l'ont dépeint, si passionnément épris de la terre
qu'il consacre à l'acheter toutes ses épargnes et l'achète
à tout prix. Pour l'acquérir il lui faut d'abord payer un
droit, non au gouvernement, mais à d'autres propriétaires du voisinage, aussi étrangers que lui à l'administration des affaires publiques, presque aussi impuissants que lui. Il la possède enfin ; il y enterre son cœur
avec son grain. Ce petit coin du sol qui lui appartient
en propre dans ce vaste univers le remplit d'orgueil et
d'indépendance. Surviennent pourtant les mêmes voisins qui l'arrachent à son champ et l'obligent à venir
travailler ailleurs sans salaire. Veut-il défendre sa
semence contre leur gibier : les mêmes l'en empêchent ;
les mêmes l'attendent au passage de la rivière pour lui
demander un droit de péage. Il les retrouve au marché,
où ils lui vendent le droit de vendre ses propres denrées ;
et quand, rentré au logis, il veut employer à son usage
le reste de son blé, de ce blé qui a crû sous ses yeux et
par ses mains, il ne peut le faire qu'après l'avoir envoyé
moudre dans le moulin et cuire dans le four de ces mêmes
hommes. C'est à leur faire des rentes que passe une
partie du revenu de son petit domaine, et ces rentes
sont imprescriptibles et irrachetables.

Quoi qu'il fasse, il rencontre partout sur son chemin
ces voisins incommodes, pour troubler son plaisir, gêner
son travail, manger ses produits ; et quand il a fini avec
ceux-ci, d'autres, vêtus de noir, se présentent, qui lui
prennent le plus clair de sa récolte. Figurez-vous la
condition, les besoins, le caractère, les passions de cet
homme, et calculez, si vous le pouvez, les trésors de

haine et d'envie qui se sont amassés dans son cœur.

La féodalité était demeurée la plus grande de toutes nos institutions civiles en cessant d'être une institution politique. Ainsi réduite, elle excitait bien plus de haines encore, et c'est avec vérité qu'on peut dire qu'en détruisant une partie des institutions du moyen âge on avait rendu cent fois plus odieux ce qu'on en laissait.

en those et jell en.

→ Marxist theory of removing all his freedom and abolating the peasant.

CHAPITRE II

*Que la centralisation administrative
est une institution de l'ancien régime,
et non pas l'œuvre de la Révolution ni de l'Empire,
comme on le dit*

J'ai entendu jadis un orateur, dans le temps où nous avions des assemblées politiques en France, qui disait en parlant de la centralisation administrative : « Cette belle conquête de la Révolution, que l'Europe nous envie. » Je veux bien que la centralisation soit une belle conquête, je consens à ce que l'Europe nous l'envie, mais je soutiens que ce n'est point une conquête de la Révolution. C'est, au contraire, un produit de l'ancien régime, et, j'ajouterai, la seule portion de la constitution politique de l'ancien régime qui ait survécu à la Révolution, parce que c'était la seule qui pût s'accommoder de l'état social nouveau que cette Révolution a créé. Le lecteur qui aura la patience de lire attentivement le présent chapitre trouvera peut-être que j'ai surabondamment prouvé ma thèse.

Je prie qu'on me permette d'abord de mettre à part ce qu'on appelait *les pays d'états*, c'est-à-dire les provinces qui s'administrent, ou plutôt avaient l'air de s'administrer encore en partie elles-mêmes.

Les pays d'états, placés aux extrémités du royaume, ne contenaient guère que le quart de la population totale de la France, et, parmi eux, il n'y en avait que deux où la liberté provinciale fût réellement vivante. Je reviendrai plus tard aux pays d'états, et je montrerai jusqu'à quel point le pouvoir central les avait assujettis eux-mêmes aux règles communes [1].

Je veux m'occuper principalement ici de ce qu'on nommait dans la langue administrative du temps *les pays d'élection*, quoiqu'il y eût là moins d'élections que nulle part ailleurs. Ceux-là enveloppaient Paris de toute part ; ils se tenaient tous ensemble, et formaient le cœur et la meilleure partie du corps de la France.

Quand on jette un premier regard sur l'ancienne administration du royaume, tout y paraît d'abord diversité de règles et d'autorité, enchevêtrement de pouvoirs. La France est couverte de corps administratifs ou de fonctionnaires isolés qui ne dépendent pas les uns des autres, et qui prennent part au gouvernement en vertu d'un droit qu'ils ont acheté et qu'on ne peut leur reprendre. Souvent leurs attributions sont si entremêlées et si contiguës qu'ils se pressent et s'entre-choquent dans le cercle des mêmes affaires.

Des cours de justice prennent part indirectement à la puissance législative ; elles ont le droit de faire des règlements administratifs qui obligent dans les limites de leur ressort. Quelquefois elles tiennent tête à l'administration proprement dite, blâment bruyamment ses mesures et décrètent ses agents. De simples juges font des ordonnances de police dans les villes et dans les bourgs de leur résidence.

Les villes ont des constitutions très diverses. Leurs magistrats portent des noms différents, ou puisent leurs pouvoirs à différentes sources : ici un maire, là des consuls,

1. Voyez l'Appendice.

ailleurs des syndics. Quelques-uns sont choisis par le
roi, quelques autres par l'ancien seigneur ou le prince
apanagiste; il y en a qui sont élus pour un an par leurs
citoyens, et d'autres qui ont acheté le droit de gouverner
ceux-ci à perpétuité.

Ce sont là les débris des anciens pouvoirs; mais il
s'est établi peu à peu au milieu d'eux une chose comparativement nouvelle ou transformée, qui me reste à
peindre.

Au centre du royaume et près du trône s'est formé
un corps administratif d'une puissance singulière, et
dans le sein duquel tous les pouvoirs se réunissent d'une
façon nouvelle, *le conseil du roi*.

Son origine est antique, mais la plupart de ses fonctions sont de date récente. Il est tout à la fois : cour
suprême de justice, car il a le droit de casser les arrêts
de tous les tribunaux ordinaires ; tribunal supérieur
administratif : c'est de lui que ressortissent en dernier
ressort toutes les juridictions spéciales. Comme conseil
du gouvernement, il possède en outre, sous le bon plaisir
du roi, la puissance législative, discute et propose la
plupart des lois, fixe et répartit les impôts. Comme
conseil supérieur d'administration, c'est à lui d'établir
les règles générales qui doivent diriger les agents du
gouvernement. Lui-même décide toutes les affaires
importantes et surveille les pouvoirs secondaires. Tout
finit par aboutir à lui, et de lui part le mouvement qui
se communique à tout. Cependant il n'a point de juridiction propre. C'est le roi qui seul décide, alors même
que le conseil semble prononcer. Même en ayant l'air
de rendre la justice, celui-ci n'est composé que de simples *donneurs d'avis*, ainsi que le dit le parlement dans
une de ses remontrances.

Ce conseil n'est point composé de grands seigneurs, mais de personnages de médiocre ou de basse naissance, d'anciens intendants et autres gens consommés dans la pratique des affaires, tous révocables.

Il agit d'ordinaire discrètement et sans bruit, montrant toujours moins de prétentions que de pouvoir. Aussi n'a-t-il par lui-même aucun éclat; ou plutôt il se perd dans la splendeur du trône dont il est proche, si puissant qu'il touche à tout, et en même temps si obscur que c'est à peine si l'histoire le remarque.

De même que toute l'administration du pays est dirigée par un corps unique, presque tout le maniement des affaires intérieures est confié aux soins d'un seul agent, *le contrôleur général.*

Si vous ouvrez un almanach de l'ancien régime, vous y trouvez que chaque province avait son ministre particulier; mais, quand on étudie l'administration dans les dossiers, on aperçoit bientôt que le ministre de la province n'a que quelques occasions peu importantes d'agir. Le train ordinaire des affaires est mené par le contrôleur général; celui-ci a attiré peu à peu à lui toutes les affaires qui donnent lieu à des questions d'argent, c'est-à-dire l'administration publique presque tout entière. On le voit agir successivement comme ministre des finances, ministre de l'intérieur, ministre des travaux publics, ministre du commerce.

De même que l'administration centrale n'a, à vrai dire, qu'un seul agent à Paris, elle n'a qu'un seul agent dans chaque province. On trouve encore, au xviiie siècle, de grands seigneurs qui portent le nom de *gouverneurs de province.* Ce sont les anciens représentants, souvent héréditaires, de la royauté féodale. On leur accorde encore des honneurs, mais ils n'ont plus aucun

pouvoir. L'intendant possède toute la réalité du gouvernement.

Celui-ci est un homme de naissance commune, toujours étranger à la province, jeune, qui a sa fortune à
faire. Il n'exerce point ses pouvoirs par droit d'élection,
de naissance ou d'office acheté; il est choisi par le gouvernement parmi les membres inférieurs du conseil
d'État et toujours révocable. Séparé de ce corps, il le
représente, et c'est pour cela que, dans la langue administrative du temps, on le nomme le *commissaire départi.*
Dans ses mains sont accumulés presque tous les pouvoirs que le conseil lui-même possède; il les exerce tous
en premier ressort. Comme ce conseil, il est tout à la fois
administrateur et juge. L'intendant correspond avec
tous les ministres; il est l'agent unique, dans la province, de toutes les volontés du gouvernement.

Au-dessous de lui, et nommé par lui, est placé dans
chaque canton un fonctionnaire révocable à volonté, le
subdélégué. L'intendant est d'ordinaire un nouvel ano-
bli; le subdélégué est toujours un roturier. Néanmoins
il représente le gouvernement tout entier dans la petite
circonscription qui lui est assignée, comme l'intendant
dans la généralité entière. Il est soumis à l'intendant,
comme celui-ci au ministre.

Le marquis d'Argenson raconte, dans ses Mémoires,
qu'un jour Law lui dit : « Jamais je n'aurais cru ce que
j'ai vu quand j'étais contrôleur des finances. Sachez
que ce royaume de France est gouverné par trente intendants. Vous n'avez ni parlement, ni états, ni gouverneurs; ce sont trente maîtres des requêtes commis aux
provinces de qui dépendent le malheur ou le bonheur
de ces provinces, leur abondance ou leur stérilité. »

Ces fonctionnaires si puissants étaient pourtant éclipsés par les restes de l'ancienne aristocratie féodale et comme perdus au mileu de l'éclat qu'elle jetait encore ; c'est ce qui fait que, de leur temps même, on les voyait à peine, quoique leur main fût déjà partout. Dans la société, les nobles avaient sur eux l'avantage du rang, de la richesse et de la considération qui s'attache toujours aux choses anciennes. Dans le gouvernement, la noblesse entourait le prince et formait sa cour ; elle commandait les flottes, dirigeait les armées ; elle faisait, en un mot, ce qui frappe le plus les yeux des contemporains et arrête trop souvent les regards de la postérité. On eût insulté un grand seigneur en lui proposant de le nommer intendant ; le plus pauvre gentilhomme de race aurait le plus souvent dédaigné de l'être. Les intendants étaient à ses yeux les représentants d'un pouvoir intrus, des hommes nouveaux, préposés au gouvernement des bourgeois et des paysans, et, au demeurant, de fort petits compagnons. Ces hommes gouvernaient cependant la France, comme avait dit Law et comme nous allons le voir.

Commençons d'abord par le droit d'impôt, qui contient en quelque façon en lui tous les autres.

On sait qu'une partie des impôts était en ferme : pour ceux-là, c'était le conseil du roi qui traitait avec les compagnies financières, fixait les conditions du contrat et réglait le mode de la perception. Toutes les autres taxes, comme la taille, la capitation et les vingtièmes, étaient établies et levées directement par les agents de l'administration centrale ou sous leur contrôle tout-puissant.

C'était le conseil qui fixait chaque année par une décision secrète le montant de la taille et de ses nombreux accessoires, et aussi sa répartition entre les pro-

vinces. La taille avait ainsi grandi d'année en année,
sans que personne en fût averti d'avance par aucun
bruit.

Comme la taille était un vieil impôt, l'assiette et la
levée en avaient été confiées jadis à des agents locaux,
qui tous étaient plus ou moins indépendants du gouvernement, puisqu'ils exerçaient leurs pouvoirs par droit
de naissance ou d'élection, ou en vertu de charges ache-
tées. C'étaient *le seigneur, le collecteur paroissial, les
trésoriers de France, les élus*. Ces autorités existaient
encore au XVIIIe siècle ; mais les unes avaient cessé
absolument de s'occuper de la taille, les autres ne le
faisaient plus que d'une façon très secondaire et entièrement subordonnée. Là même, la puissance entière
était dans les mains de l'intendant et de ses agents ;
lui seul, en réalité, répartissait la taille entre les paroisses,
guidait et surveillait les collecteurs, accordait des sur-
sis ou des décharges.

D'autres impôts, comme la capitation, étant de date
récente, le gouvernement n'y était plus gêné par les
débris des vieux pouvoirs ; il y agissait seul, sans aucune
intervention des gouvernés. Le contrôleur général,
l'intendant et le conseil fixaient le montant de chaque
cote.

Passons de l'argent aux hommes.

On s'étonne quelquefois que les Français aient supporté si patiemment le joug de la conscription militaire à l'époque de la Révolution et depuis ; mais il faut
bien considérer qu'ils y étaient tous pliés depuis longtemps. La conscription avait été précédée par la
milice, charge plus lourde, bien que les contingents
demandés fussent moins grands. De temps à autre on
faisait tirer au sort la jeunesse des campagnes, et on

prenait dans son sein un certain nombre de soldats
dont on formait des régiments de milice où l'on servait
pendant six ans.

Comme la milice était une institution comparativement moderne, aucun des anciens pouvoirs féodaux
ne s'en occupait ; toute l'opération était confiée aux
seuls agents du gouvernement central. Le conseil fixait
le contingent général et la part de la province. L'intendant réglait le nombre d'hommes à lever dans chaque
paroisse ; son subdélégué présidait au tirage, jugeait
les cas d'exemption, désignait les miliciens qui pouvaient résider dans leurs foyers, ceux qui devaient
partir, et livrait enfin ceux-ci à l'autorité militaire.
Il n'y avait de recours qu'à l'intendant et au conseil.

On peut dire également qu'en dehors des pays d'états
tous les travaux publics, même ceux qui avaient la
destination la plus particulière, étaient décidés et
conduits par les seuls agents du pouvoir central.

Il existait bien encore des autorités locales et indépendantes qui, comme *le seigneur, les bureaux de
finances, les grands voyers*, pouvaient concourir à cette
partie de l'administration publique. Presque partout
ces vieux pouvoirs agissaient peu ou n'agissaient plus
du tout : le plus léger examen des pièces administratives du temps nous le démontre. Toutes les grandes
routes, et même les chemins qui conduisaient d'une ville
à une autre, étaient ouverts et entretenus sur le produit des contributions générales. C'était le conseil
qui arrêtait le plan et fixait l'adjudication. L'intendant
dirigeait les travaux des ingénieurs, le subdélégué réunissait la corvée qui devait les exécuter. On n'abandonnait aux anciens pouvoirs locaux que le soin des chemins vicinaux, qui demeuraient dès lors impraticables.

Le grand agent du gouvernement central en matière de travaux publics était, comme de nos jours, *le corps des ponts et chaussées*. Ici tout se ressemble d'une manière singulière, malgré la différence des temps. L'administration des ponts et chaussées a un conseil et une école : des inspecteurs qui parcourent annuellement toute la France ; des ingénieurs qui résident sur les lieux et sont chargés, sous les ordres de l'intendant, d'y diriger tous les travaux. Les institutions de l'ancien régime qui, en bien plus grand nombre qu'on ne le suppose, ont été transportées dans la société nouvelle, ont perdu d'ordinaire dans le passage leurs noms alors même qu'elles conservaient leurs formes ; mais celle-ci a gardé l'un et l'autre : fait rare.

Le gouvernement central se chargeait seul, à l'aide de ses agents, de maintenir l'ordre public dans les provinces. La maréchaussée était répandue sur toute la surface du royaume en petites brigades, et placée partout sous la direction des intendants. C'est à l'aide de ces soldats, et au besoin de l'armée, que l'intendant parait à tous les dangers imprévus, arrêtait les vagabonds, réprimait la mendicité et étouffait les émeutes que le prix des grains faisait naître sans cesse. Jamais il n'arrivait, comme autrefois, que les gouvernés fussent appelés à aider le gouvernement dans cette partie de sa tâche, excepté dans les villes, où il existait d'ordinaire une garde urbaine dont l'intendant choisissait les soldats et nommait les officiers.

Les corps de justice avaient conservé le droit de faire des règlements de police et en usaient souvent ; mais ces règlements n'étaient applicables que sur une partie du territoire, et, le plus souvent, dans un seul lieu. Le conseil pouvait toujours les casser, et il les cassait

sans cesse, quand il s'agissait des juridictions inférieures.
De son côté, il faisait tous les jours des règlements généraux, applicables également à tout le royaume, soit
sur des matières différentes de celles que les tribunaux
avaient réglementées, soit sur les mêmes matières qu'ils
réglaient autrement. Le nombre de ces règlements, ou,
comme on disait alors, de ces *arrêts du conseil*, est immense, et il s'accroît sans cesse à mesure qu'on s'approche de la Révolution. Il n'y a presque aucune partie de l'économie sociale ou de l'organisation politique
qui n'ait été remaniée par des arrêts du conseil pendant les quarante ans qui la précèdent.

Dans l'ancienne société féodale, si le seigneur possédait
de grands droits, il avait aussi de grandes charges. C'était
à lui à secourir les indigents dans l'intérieur de ses
domaines. Nous trouvons une dernière trace de cette
vieille législation de l'Europe dans le code prussien de
1795, où il est dit : « Le seigneur doit veiller à ce que les
paysans pauvres reçoivent l'éducation. Il doit, autant
que possible, procurer des moyens de vivre à ceux de
ses vassaux qui n'ont point de terre. Si quelques-uns
d'entre eux tombent dans l'indigence, il est obligé de
venir à leur secours. »

Aucune loi semblable n'existait plus en France depuis longtemps. Comme on avait ôté au seigneur ses
anciens pouvoirs, il s'était soustrait à ses anciennes
obligations. Aucune autorité locale, aucun conseil, aucune association provinciale ou paroissiale n'avait pris
sa place. Nul n'était plus obligé par la loi à s'occuper
des pauvres des campagnes ; le gouvernement central
avait entrepris hardiment de pourvoir seul à leurs besoins.

Tous les ans le conseil assignait à chaque province,

sur le produit général des taxes, certains fonds que l'intendant distribuait en secours dans les paroisses. C'était à lui que devait s'adresser le cultivateur nécessiteux. Dans les temps de disette, c'était l'intendant qui faisait distribuer au peuple du blé ou du riz. Le conseil rendait annuellement des arrêts qui ordonnaient d'établir, dans certains lieux qu'il avait soin d'indiquer lui-même, des ateliers de charité où les paysans les plus pauvres pouvaient travailler moyennant un léger salaire. On doit croire aisément qu'une charité faite de si loin était souvent aveugle ou capricieuse, et toujours très insuffisante.

Le gouvernement central ne se bornait pas à venir au secours des paysans dans leurs misères ; il prétendait leur enseigner l'art de s'enrichir, les y aider et les y forcer au besoin. Dans ce but il faisait distribuer de temps en temps par ses intendants et ses subdélégués de petits écrits sur l'art agricole, fondait des sociétés d'agriculture, promettait des primes, entretenait à grands frais des pépinières dont il distribuait les produits. Il semble qu'il eût été plus efficace d'alléger le poids et de diminuer l'inégalité des charges qui opprimaient alors l'agriculture ; mais c'est ce dont on ne voit pas qu'il se soit avisé jamais.

Quelquefois le conseil entendait obliger les particuliers à prospérer, quoi qu'ils en eussent. Les arrêts qui contraignent les artisans à se servir de certaines méthodes et à fabriquer de certains produits sont innombrables ; et comme les intendants ne suffisaient pas à surveiller l'application de toutes ces règles, il existait des inspecteurs généraux de l'industrie qui parcouraient les provinces pour y tenir la main.

Il y a des arrêts du conseil qui prohibent certaines

cultures dans des terres que ce conseil y déclare peu
propres. On en trouve où il ordonne d'arracher des
vignes plantées, suivant lui, dans un mauvais sol, tant
le gouvernement était déjà passé du rôle de souverain
à celui de tuteur.

CHAPITRE III

*Comment ce qu'on appelle aujourd'hui
la tutelle administrative
est une institution de l'ancien régime*

En France, la liberté municipale a survécu à la féodalité. Lorsque déjà les seigneurs n'administraient plus les campagnes, les villes conservaient encore le droit de se gouverner. On en rencontre, jusque vers la fin du xviie siècle, qui continuent à former comme de petites républiques démocratiques, où les magistrats sont librement élus par tout le peuple et responsables envers lui, où la vie municipale est publique et active, où la cité se montre encore fière de ses droits et très jalouse de son indépendance.

Les élections ne furent abolies généralement pour la première fois qu'en 1692. Les fonctions municipales furent alors mises *en offices*, c'est-à-dire que le roi vendit, dans chaque ville, à quelques habitants, le droit de gouverner perpétuellement tous les autres.

C'était sacrifier, avec la liberté des villes, leur bien-être ; car si la mise en offices des fonctions publiques a eu souvent d'utiles effets quand il s'est agi des tribunaux, parce que la condition première d'une bonne justice est l'indépendance complète du juge, elle n'a jamais manqué d'être très funeste toutes les fois qu'il s'est agi de l'administration proprement dite, où on a

surtout besoin de rencontrer la responsabilité, la subordination et le zèle. Le gouvernement de l'ancienne
monarchie ne s'y trompait pas : il avait grand soin de ne
point user pour lui-même du régime qu'il imposait aux
villes, et il se gardait bien de mettre en offices les fonctions de subdélégués et d'intendants.

Et ce qui est bien digne de tous les mépris de l'histoire, cette grande révolution fut accomplie sans aucune vue politique. Louis XI avait restreint les libertés
municipales parce que leur caractère démocratique
lui faisait peur ; Louis XIV les détruisit sans les craindre. Ce qui le prouve, c'est qu'il les rendit à toutes les
villes qui purent les racheter. En réalité, il voulait
moins les abolir qu'en trafiquer, et, s'il les abolit en
effet, ce fut pour ainsi dire sans y penser, par pur expédient de finances ; et, chose étrange, le même jeu se
continue pendant quatre-vingts ans. Sept fois, durant
cet espace, on vend aux villes le droit d'élire leurs magistrats, et, quand elles en ont de nouveau goûté la douceur, on le leur reprend pour le leur revendre. Le motif
de la mesure est toujours le même, et souvent on l'a-
voue. « Les nécessités de nos finances, est-il dit dans le
préambule de l'édit de 1722, nous obligent à chercher
les moyens les plus sûrs de les soulager. » Le moyen
était sûr, mais ruineux pour ceux sur qui tombait cet
étrange impôt. « Je suis frappé de l'énormité des finances qui ont été payées dans tous les temps pour racheter
les offices municipaux, écrit un intendant au contrôleur
général en 1764. Le montant de cette finance, employé
en ouvrages utiles, aurait tourné au profit de la ville,
qui, au contraire, n'a senti que le poids de l'autorité et des
privilèges de ces offices. » Je n'aperçois pas de trait plus
honteux dans toute la physionomie de l'ancien régime.

Il semble difficile de dire aujourd'hui précisément comment se gouvernaient les villes au xviiie siècle ; car, indépendamment de ce que l'origine des pouvoirs municipaux change sans cesse, comme il vient d'être dit, chaque ville conserve encore quelques lambeaux de son ancienne constitution et a des usages propres. Il n'y a peut-être pas deux villes en France où tout se ressemble absolument ; mais c'est là une diversité trompeuse, qui cache la similitude.

En 1764, le gouvernement entreprit de faire une loi générale sur l'administration des villes. Il se fit envoyer, par ses intendants, des mémoires sur la manière dont les choses se passaient alors dans chacune d'elles. J'ai retrouvé une partie de cette enquête, et j'ai achevé de me convaincre en la lisant que les affaires municipales étaient conduites de la même manière à peu près partout. Les différences ne sont plus que superficielles et apparentes ; le fond est partout le même.

Le plus souvent le gouvernement des villes est confié à deux assemblées. Toutes les grandes villes sont dans ce cas et la plupart des petites.

La première assemblée est composée d'officiers municipaux, plus ou moins nombreux suivant les lieux. C'est le pouvoir exécutif de la commune, *le corps de ville*, comme on disait alors. Ses membres exercent un pouvoir temporaire et sont élus, quand le roi a établi l'élection ou que la ville a pu racheter les offices. Ils remplissent leur charge à perpétuité moyennant finance, lorsque le roi a rétabli les offices et a réussi à les vendre, ce qui n'arrive pas toujours ; car cette sorte de marchandise s'avilit de plus en plus, à mesure que l'autorité municipale se subordonne davantage au pouvoir central. Dans tous les cas ces officiers municipaux ne reçoivent pas de salaire, mais il sont toujours des exemptions d'impôts et des privilèges. Point d'ordre hiérarchique parmi eux ; l'administration est collective. On ne voit pas de magistrat qui la dirige particulièrement et en réponde. Le maire est le président du corps de le ville, non l'administrateur de la cité.

La seconde assemblée, qu'on nomme *l'assemblée générale*, élit le corps de ville, là où l'élection a lieu encore, et partout elle continue à prendre part aux principales affaires.

Au xv⁰ siècle, l'assemblée générale se composait souvent de tout le peuple ; cet usage, dit l'un des mémoires de l'enquête, *était d'accord avec le génie populaire de nos anciens*. C'est le peuple tout entier qui élisait alors ses officiers municipaux ; c'est lui qu'on consultait quelquefois ; c'est à lui qu'on rendait compte. A la fin du xvii⁰ siècle, cela se rencontre encore parfois.

Au xviii⁰ siècle, ce n'est plus le peuple lui-même agissant en corps qui forme l'assemblée générale. Celle-ci est presque toujours représentative. Mais ce qu'il faut bien considérer, c'est que nulle part elle n'est plus élue par la masse du public et n'en reçoit l'esprit. Partout elle est composée de *notables*, dont quelques-uns y paraissent en vertu d'un droit qui leur est propre ; les autres y sont envoyés par des corporations ou des compagnies, et chacun y remplit un mandat impératif que lui a donné cette petite société particulière.

A mesure qu'on avance dans le siècle, le nombre des notables de droit se multiplie dans le sein de cette assemblée ; les députés des corporations industrielles y deviennent moins nombreux ou cessent d'y paraître. On n'y rencontre plus que ceux des *corps* ; c'est-à-dire que l'assemblée contient seulement des bourgeois et ne reçoit presque plus d'artisans. Le peuple, qui ne se laisse pas prendre aussi aisément qu'on se l'imagine aux vains semblants de la liberté, cesse alors partout de s'intéresser aux affaires de la commune et vit dans l'intérieur de ses propres murs comme un étranger. Inutilement ses magistrats essayent de temps en temps de réveiller en lui ce patriotisme municipal qui a fait tant de merveilles dans le moyen âge : il reste sourd. Les plus grands intérêts de la ville semblent ne plus le toucher. On voudrait qu'il allât voter, là où on a cru devoir conserver la vaine image d'une élection libre : il s'entête à s'abstenir. Rien de plus commun qu'un pareil spectacle dans l'histoire. Presque tous les princes qui ont détruit la liberté ont tenté d'abord d'en maintenir les formes : cela s'est vu depuis Auguste jusqu'à nos jours ; ils se flattaient ainsi de réunir à la force morale que donne toujours l'assentiment public les commodités que la puissance absolue peut seule offrir. Presque tous ont échoué dans cette entreprise, et ont bientôt découvert qu'il était impossible de faire durer longtemps ces menteuses apparences là où la réalité n'était plus.

Au xviiie siècle le gouvernement municipal des villes avait donc dégénéré partout en une petite oligarchie. Quelques familles y conduisaient toutes les affaires dans des vues particulières, loin de l'œil du public et sans être responsables envers lui : c'est une maladie dont cette administration est atteinte dans la France entière. Tous les intendants la signalent ; mais le seul remède qu'ils imaginent, c'est d'assujettir de plus en plus les pouvoirs locaux au gouvernement central.

Il était cependant difficile de le mieux faire qu'on ne l'avait déjà fait ; indépendamment des édits qui de temps à autre modifient l'administration de toutes les villes, les lois particulières à chacune d'elles sont souvent bouleversées par des règlements du conseil non enregistrés, rendus sur les propositions des intendants, sans enquête préalable, et quelquefois sans que les habitants de la ville eux-mêmes s'en doutent.

« Cette mesure, disent les habitants d'une ville qui avait été atteinte par un semblable arrêt, a étonné tous les ordres de la ville, qui ne s'attendaient à rien de semblable. »

Les villes ne peuvent ni établir un octroi, ni lever une contribution, ni hypothéquer, ni vendre, ni plaider, ni affermer leurs biens, ni les administrer, ni faire emploi de l'excédent de leurs recettes, sans qu'il intervienne un arrêt du conseil sur le rapport de l'intendant. Tous leurs travaux sont exécutés sur des plans et d'après des devis que le conseil a approuvés par arrêt. C'est devant l'intendant ou ses subdélégués qu'on les adjuge, et c'est d'ordinaire l'ingénieur ou l'architecte de l'État qui les conduit. Voilà qui surprendra bien ceux qui pensent que tout ce qu'on voit en France est nouveau.

Mais le gouvernement central entre bien plus avant encore dans l'administration des villes que cette règle même ne l'indique ; son pouvoir y est bien plus étendu que son droit.

Je trouve dans une circulaire adressée vers le milieu du siècle par le contrôleur général à tous les intendants : « Vous donnerez une attention particulière à tout ce qui se passe dans les assemblées municipales. Vous vous en ferez rendre le compte le plus exact et remettre toutes les délibérations qui y seront prises, pour me les envoyez sur-le-champ avec votre avis. »

On voit en effet par la correspondance de l'intendant avec ses subdélégués que le gouvernement a la main dans toutes les affaires des villes, dans les moindres comme dans les plus grandes. On le consulte sur tout, et il a un avis décidé sur tout ; il y règle jusqu'aux fêtes. C'est lui qui commande, dans certains cas, les témoignages de l'allégresse publique, qui fait allumer les feux de joie et illuminer les maisons. Je trouve un intendant qui met à l'amende de 20 livres des membres de la garde bourgeoise qui se sont absentés du *Te Deum*.

Aussi les officiers municipaux ont-ils un sentiment convenable de leur néant.

« Nous vous prions très humblement, Monseigneur, écrivent quelques-uns d'entre eux à l'intendant, de nous accorder votre bienveillance et votre protection. Nous tâcherons de ne pas nous en rendre indignes, par notre soumission à tous les ordres de Votre Grandeur. » — « Nous n'avons jamais résisté à vos volontés, Monseigneur », écrivent d'autres qui s'intitulent encore magnifiquement *Pairs de la ville*.

C'est ainsi que la classe bourgeoise se prépare au gouvernement et le peuple à la liberté.

Au moins, si cette étroite dépendance des villes avait préservé leurs finances ! mais il n'en est rien. On avance que sans la centralisation les villes se ruineraient aussitôt : je l'ignore ; mais il est certain que, dans le XVIIIe siècle, la centralisation ne les empêchait pas de se ruiner. Toute l'histoire administrative de ce temps est pleine du désordre de leurs affaires.

Que si nous allons des villes aux villages, nous rencontrons d'autres pouvoirs, d'autres formes ; même dépendance.

Je vois bien les indices qui m'annoncent que, dans le moyen âge, les habitants de chaque village ont formé une communauté distincte du seigneur. Celui-ci s'en

servait, la surveillait, la gouvernait ; mais elle possédait en commun certains biens dont elle avait la propriété
propre ; elle élisait ses chefs, elle s'administrait elle-
même démocratiquement.

Cette vieille constitution de la paroisse se retrouve
chez toutes les nations qui ont été féodales et dans tous
les pays où ces nations ont porté les débris de leurs lois.
On en voit partout la trace en Angleterre, et elle était
encore toute vivante en Allemagne il y a soixante ans,
ainsi qu'on peut s'en convaincre en lisant le code du
grand Frédéric. En France même, au XVIIIe siècle, il en
existe encore quelques vestiges.

Je me souviens que, quand je recherchais pour la
première fois, dans les archives d'une intendance, ce
que c'était qu'une paroisse de l'ancien régime, j'étais
surpris de retrouver, dans cette communauté si pauvre
et si asservie, plusieurs des traits qui m'avaient frappé
jadis dans les communes rurales d'Amérique, et que
j'avais jugés alors à tort devoir être une singularité
particulière au nouveau monde. Ni l'une ni l'autre n'ont
de représentation permanente, de corps municipal proprement dit ; l'une et l'autre sont administrées par des
fonctionnaires qui agissent séparément, sous la direction de la communauté tout entière. Toutes deux ont,
de temps à autre, des assemblées générales où tous les
habitants, réunis dans un seul corps, élisent leurs magistrats et règlent les principales affaires. Elles se ressemblent en un mot, autant qu'un vivant peut ressembler à un mort.

Ces deux êtres si différents dans leurs destinées ont
eu, en effet, même naissance.

Transportée d'un seul coup loin de la féodalité et
maîtresse absolue d'elle-même, la paroisse rurale du

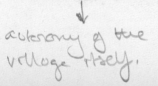

moyen âge est devenue le *township* de la Nouvelle-Angleterre. Séparée du seigneur, mais serrée dans la puissante main de l'État, elle est devenue en France ce que nous allons dire.

Au XVIIIe siècle, le nombre et le nom des fonctionnaires de la paroisse varient suivant les provinces. On voit par les anciens documents que ces fonctionnaires avaient été plus nombreux quand la vie locale avait été plus active ; leur nombre a diminué à mesure qu'elle s'est engourdie. Dans la plupart des paroisses du XVIIIe siècle ils sont réduits à deux : l'un se nomme le *collecteur*, l'autre s'appelle le plus souvent le *syndic*. D'ordinaire ces officiers municipaux sont encore élus ou sont censés l'être ; mais ils sont devenus partout les instruments de l'État plus que les représentants de la communauté. Le collecteur lève la taille sous les ordres directs de l'intendant. Le syndic, placé sous la direction journalière du subdélégué de l'intendant, le représente dans toutes les opérations qui ont trait à l'ordre public ou au gouvernement. Il est son principal agent quand il s'agit de la milice, des travaux de l'État, de l'exécution de toutes les lois générales.

Le seigneur, comme nous l'avons déjà vu, reste étranger à tous ces détails du gouvernement ; il ne les surveille même plus ; il n'y aide pas ; bien plus, ces soins par lesquels s'entretenait jadis sa puissance lui paraissent indignes de lui, à mesure que sa puissance elle-même est mieux détruite. On blesserait aujourd'hui son orgueil en l'invitant à s'y livrer. Il ne gouverne plus ; mais sa présence dans la paroisse et ses privilèges empêchent qu'un bon gouvernement paroissial puisse s'établir à la place du sien. Un particulier si différent de tous les autres, si indépendant, si favorisé, y détruit ou y affaiblit l'empire de toutes les règles.

Comme son contact a fait fuir successivement vers la ville, ainsi que je le montrerai plus loin, presque tous ceux des habitants qui possédaient de l'aisance et des lumières, il ne reste en dehors de lui qu'un troupeau de paysans ignorants et grossiers, hors d'état de diriger l'administration des affaires communes. « Une paroisse, a dit avec raison Turgot, est un assemblage de cabanes et d'habitants non moins passifs qu'elles. »

Les documents administratifs du XVIIIᵉ siècle sont remplis de plaintes que font naître l'impéritie, l'inertie et l'ignorance des collecteurs et des syndics de paroisses. Ministres, intendants, subdélégués, gentilshommes même, tous le déplorent sans cesse ; mais aucun ne remonte aux causes.

Jusqu'à la Révolution, la paroisse rurale de France conserve dans son gouvernement quelque chose de cet aspect démocratique qu'on lui avait vu dans le moyen âge. S'agit-il d'élire des officiers municipaux ou de discuter quelque affaire commune : la cloche du village appelle les paysans devant le porche de l'église ; là, pauvres comme riches ont le droit de se présenter. L'assemblée réunie, il n'y a point, il est vrai, de délibération proprement dite ni de vote ; mais chacun peut exprimer son avis, et un notaire requis à cet effet et instrumentant en plein vent recueille les différents dires et les consigne dans un procès-verbal.

Quand on compare ces vaines apparences de la liberté avec l'impuissance réelle qui y était jointe, on découvre déjà en petit comment le gouvernement le plus absolu peut se combiner avec quelques-unes des formes de la plus extrême démocratie, de telle sorte qu'à l'oppression vienne encore s'ajouter le ridicule de n'a-

voir pas l'air de la voir. Cette assemblée démocratique
de la paroisse pouvait bien exprimer des vœux, mais elle
n'avait pas plus le droit de faire sa volonté que le conseil
municipal de la ville. Elle ne pouvait même parler que
quand on lui avait ouvert la bouche ; car ce n'était jamais qu'après avoir sollicité la permission expresse de l'intendant, et, comme on le disait alors, appliquant le mot
à la chose, *sous son bon plaisir*, qu'on pouvait la réunir. Fût-elle unanime, elle ne pouvait ni s'imposer,
ni vendre, ni acheter, ni louer, ni plaider, sans que le
conseil du roi le permît. Il fallait obtenir un arrêt de
ce conseil pour réparer le dommage que le vent venait de
causer au toit de l'église ou relever le mur croulant du
presbytère. La paroisse rurale la plus éloignée de Paris
était soumise à cette règle comme les plus proches. J'ai
vu des paroisses demander au conseil le droit de dépenser 25 livres.

Les habitants avaient retenu, d'ordinaire, il est vrai,
le droit d'élire par vote universel leurs magistrats ;
mais il arrivait souvent que l'intendant désignait à ce
petit corps électoral un candidat qui ne manquait
guère d'être nommé à l'unanimité des suffrages. D'autres fois il cassait l'élection spontanément faite, nommait lui-même le collecteur et le syndic, et suspendait
indéfiniment toute élection nouvelle. J'en ai vu mille
exemples.

On ne saurait imaginer de destinée plus cruelle que celle
de ces fonctionnaires communaux. Le dernier agent du
gouvernement central, le subdélégué, les faisait obéir
à ses moindres caprices. Souvent il les condamnait à
l'amende ; quelquefois il les faisait emprisonner ; car les
garanties qui, ailleurs, défendaient encore les citoyens
contre l'arbitraire, n'existaient plus ici. « J'ai fait

mettre en prison, disait un intendant en 1750, quelques principaux des communautés qui murmuraient,
et j'ai fait payer à ces communautés la course des cava-
liers de la maréchaussée. Par ce moyen elles ont été
facilement matées. » Aussi les fonctions paroissiales
étaient-elles considérées moins comme des honneurs que
comme des charges auxquelles ont cherchait par toutes
sortes de subterfuges à se dérober.

Et pourtant ces derniers débris de l'ancien gouvernement de la paroisse étaient encore chers aux paysans,
et aujourd'hui même, de toutes les libertés publiques,
la seule qu'ils comprennent bien, c'est la liberté paroissiale. L'unique affaire de nature publique qui les
intéresse réellement est celle-là. Tel qui laisse volontiers le gouvernement de toute la nation dans la main
d'un maître, regimbe à l'idée de n'avoir pas à dire son
mot dans l'administration de son village : tant il y a
encore de poids dans les formes les plus creuses.

Ce que je viens de dire des villes et des paroisses, il
faut l'étendre à presque tous les corps qui avaient une
existence à part et une propriété collective.

Sous l'ancien régime comme de nos jours, il n'y avait
ville, bourg, village, ni si petit hameau en France, hô-
pital, fabrique, couvent ni collège, qui pût avoir une
volonté indépendante dans ses affaires particulières, ni
administrer à sa volonté ses propres biens. Alors comme
aujourd'hui, l'administration tenait donc tous les
Français en tutelle, et si l'insolence du mot ne s'était
pas encore produite, on avait du moins déjà la chose.

CHAPITRE IV

Que la justice administrative
et la garantie des fonctionnaires
sont des institutions de l'ancien régime

Il n'y avait pas de pays en Europe où les tribunaux ordinaires dépendissent moins du gouvernement qu'en France ; mais il n'y en avait guère non plus où les tribunaux exceptionnels fussent plus en usage. Ces deux choses se tenaient de plus près qu'on ne se l'imagine. Comme le roi n'y pouvait presque rien sur le sort des juges ; qu'il ne pouvait ni les révoquer, ni les changer de lieu, ni même le plus souvent les élever en grade ; qu'en un mot il ne les tenait ni par ambition ni par la peur, il s'était bientôt senti gêné par cette indépendance. Cela l'avait porté, plus que nulle part ailleurs, à leur soustraire la connaissance des affaires qui intéressaient directement son pouvoir, et à créer pour son usage particulier, à côté d'eux, une espèce de tribunal plus indépendant, qui présentât à ses sujets quelque apparence de la justice, sans lui en faire craindre la réalité.

Dans les pays, comme certaines parties de l'Allemagne, où les tribunaux ordinaires n'avaient jamais été aussi indépendants du gouvernement que les tribunaux français d'alors, pareille précaution ne fut pas prise et la justice administrative n'exista jamais. Le prince s'y

trouvait assez maître des juges pour n'avoir pas besoin
de commissaires.

Si l'on veut bien lire les édits et déclarations du roi
publiés dans le dernier siècle de la monarchie, aussi
bien que les arrêts du conseil rendus dans ce même
temps, on en trouvera peu où le gouvernement, après
avoir pris une mesure, ait omis de dire que les contestations auxquelles elle peut donner lieu, et les procès
qui peuvent en naître, seront exclusivement portés
devant les intendants et devant le conseil. « Ordonne
en outre Sa Majesté que toutes les contestations qui
pourront survenir sur l'exécution du présent arrêt, circonstances et dépendances, seront portées devant l'intendant, pour être jugées par lui, sauf appel au conseil.
Défendons à nos cours et tribunaux d'en prendre
connoissance. » C'est la formule ordinaire.

Dans les matières réglées par des lois ou des coutumes
anciennes, où cette précaution n'a pas été prise, le
conseil intervient sans cesse par voie d'*évocation*, enlève
d'entre les mains des juges ordinaires l'affaire où l'administration est intéressée, et l'attire à lui. Les registres
du conseil sont remplis d'arrêts d'évocation de cette
espèce. Peu à peu l'exception se généralise, le fait se
transforme en théorie. Il s'établit, non dans les lois,
mais dans l'esprit de ceux qui les appliquent, comme
maxime d'État, que tous les procès dans lesquels un
intérêt public est mêlé, ou qui naissent de l'interprétation d'un acte administratif, ne sont point du ressort
des juges ordinaires, dont le seul rôle est de prononcer
entre des intérêts particuliers. En cette matière nous
n'avons fait que trouver la formule ; à l'ancien régime
appartient l'idée.

Dès ce temps-là, la plupart des questions litigieuses

qui s'élèvent à propos de la perception de l'impôt sont
de la compétence exclusive de l'intendant et du conseil.
Il en est de même pour tout ce qui se rapporte à la police du roulage et des voitures publiques, à la grande
voirie, à la navigation des fleuves, etc. ; en général, c'est
devant des tribunaux administratifs que se vident tous
les procès dans lesquels l'autorité publique est intéressée.

Les intendants veillent avec grand soin à ce que cette
juridiction exceptionnelle s'étende sans cesse ; ils aver-
tissent le contrôleur général et aiguillonnent le conseil.
La raison que donne un de ces magistrats pour obtenir
une évocation mérite d'être conservée : « Le juge ordinaire, dit-il, est soumis à des règles fixes, qui l'obligent
de réprimer un fait contraire à la loi ; mais le conseil
peut toujours déroger aux règles dans un but utile. »

D'après ce principe, on voit souvent l'intendant ou
le conseil attirer à eux des procès qui ne se rattachent
que par un lien presque invisible à l'administration
publique, ou même qui, visiblement, ne s'y rattachent
point du tout. Un gentilhomme en querelle avec son
voisin, et mécontent des dispositions de ses juges,
demande au conseil d'évoquer l'affaire ; l'intendant consulté répond : « Quoiqu'il ne s'agisse ici que de droits
particuliers, dont la connoissance appartient aux tribunaux, Sa Majesté peut toujours, quand elle le veut,
se réserver la connoissance de toute espèce d'affaire,
sans qu'elle puisse être comptable de ses motifs. »

C'est d'ordinaire devant l'intendant ou le prévôt de
la maréchaussée que sont renvoyés, par suite d'évocation, tous les gens du peuple auxquels il arrive de troubler l'ordre par quelque acte de violence. La plupart
des émeutes que la cherté des grains fait si souvent

naître, donnent lieu à des évocations de cette espèce.
L'intendant s'adjoint alors un certain nombre de gra-
dués, sorte de conseil de préfecture improvisé qu'il a
choisi lui-même, et juge criminellement. J'ai trouvé
des arrêts, rendus de cette manière, qui condamnent
des gens aux galères et même à mort. Les procès cri-
minels jugés par l'intendant sont encore fréquents à la
fin du xviie siècle.

Les légistes modernes, en fait de droit administratif,
nous assurent qu'on a fait un grand progrès depuis
la Révolution : « Auparavant, les pouvoirs judiciaires
et administratifs étaient confondus, disent-ils ; on
les a démêlés depuis et on a remis chacun d'eux à
sa place. » Pour bien apprécier le progrès dont on
parle ici, il ne faut jamais oublier que si, d'une part,
le pouvoir judiciaire, dans l'ancien régime, s'étendait
sans cesse au-delà de la sphère naturelle de son autorité, d'une part, il ne la remplissait jamais complètement. Qui voit l'une de ces deux choses sans l'autre
n'a qu'une idée incomplète et fausse de l'objet. Tantôt
on permettait aux tribunaux de faire des règlements
d'administration publique, ce qui était manifeste-
ment hors de leur ressort ; tantôt on leur interdisait
de juger de véritables procès, ce qui était les exclure
de leur domaine propre. Nous avons, il est vrai, chassé
la justice de la sphère administrative où l'ancien
régime l'avait laissée s'introduire fort indûment ;
mais dans le même temps, comme on le voit, le gouvernement s'introduisait sans cesse dans la sphère naturelle de la justice, et nous l'y avons laissé : comme si
la confusion des pouvoirs n'était pas aussi dangereuse
de ce côté que de l'autre, et même pire ; car l'intervention de la justice dans l'administration ne nuit

qu'aux affaires, tandis que l'intervention de l'administration dans la justice déprave les hommes et
tend à les rendre tout à la fois révolutionnaires et
serviles.

Parmi les neuf ou dix constitutions qui ont été
établies à perpétuité en France depuis soixante ans,
il s'en trouve une dans laquelle il est dit expressément
qu'aucun agent de l'administration ne peut être poursuivi devant les tribunaux ordinaires sans qu'au
préalable la poursuite n'ait été autorisée. L'article
parut si bien imaginé qu'en détruisant la constitution
dont il faisait partie on eut soin de le tirer au milieu
des ruines, et que depuis on l'a toujours tenu soigneusement à l'abri des révolutions. Les administrateurs
ont encore coutume d'appeler le privilège qui leur
est accordé par cet article une des grandes conquêtes
de 89 ; mais en cela ils se trompent également, car,
sous l'ancienne monarchie, le gouvernement n'avait
guère moins de soin que de nos jours d'éviter aux
fonctionnaires le désagrément d'avoir à se confesser
à la justice comme de simples citoyens. La seule différence essentielle entre les deux époques est celle-ci :
avant la Révolution, le gouvernement ne pouvait
couvrir ses agents qu'en recourant à des mesures
illégales et arbitraires, tandis que depuis il a pu léga-
lement leur laisser violer les lois.

Lorsque les tribunaux de l'ancien régime voulaient
poursuivre un représentant quelconque du pouvoir
central, il intervenait d'ordinaire un arrêt du conseil
qui soustrayait l'accusé à ses juges et le renvoyait
devant des commissaires que le conseil nommait ;
car, comme l'écrit un conseiller d'État de ce temps-là,
un administrateur ainsi attaqué eût trouvé de la pré-

vention dans l'esprit des juges ordinaires, et l'autorité du roi eût été compromise. Ces sortes d'évocations
n'arrivaient pas seulement de loin en loin, mais tous
les jours, non seulement à propos des principaux
agents, mais des moindres. Il suffisait de tenir à l'administration par le plus petit fil pour n'avoir rien à
craindre que d'elle. Un piqueur des ponts et chaussées
chargé de diriger la corvée est poursuivi par un paysan
qu'il a maltraité. Le conseil évoque l'affaire, et l'ingénieur en chef, écrivant confidentiellement à l'intendant, dit à ce propos : « A la vérité le piqueur est
très répréhensible, mais ce n'est pas une raison pour
laisser l'affaire suivre son cours ; car il est de la plus
grande importance pour l'administration des ponts
et chaussées que la justice ordinaire n'entende ni ne
reçoive les plaintes des corvéables contre les piqueurs
des travaux. Si cet exemple était suivi, ces travaux
seroient troublés par des procès continuels, que l'animosité publique qui s'attache à ces fonctionnaires
feroit naître. »

Dans une autre circonstance, l'intendant lui-même
mande au contrôleur général, à propos d'un entrepreneur de l'État qui avait pris dans le champ du
voisin les matériaux dont il s'était servi : « Je ne puis
assez vous représenter combien il seroit préjudiciable
aux intérêts de l'administration d'abandonner ses entrepreneurs au jugement des tribunaux ordinaires, dont
les principes ne peuvent jamais se concilier avec les
siens. »

Il y a un siècle précisément que ces lignes ont été
écrites, et il semble que les administrateurs qui les
écrivirent aient été nos contemporains.

CHAPITRE V

*Comment la centralisation avait pu s'introduire
ainsi au milieu des anciens pouvoirs
et les supplanter sans les détruire*

Maintenant, récapitulons un peu ce que nous avons dit dans les trois derniers chapitres qui précèdent : un corps unique, et placé au centre du royaume, qui réglemente l'administration publique dans tout le pays ; le même ministre dirigeant presque toutes les affaires intérieures ; dans chaque province, un seul agent qui en conduit tout le détail ; point de corps administratifs secondaires ou des corps qui ne peuvent agir sans qu'on les autorise d'abord à se mouvoir ; des tribunaux exceptionnels qui jugent les affaires où l'administration est intéressée et couvrent tous ses agents. Qu'est ceci, sinon la centralisation que nous connaissons? Ses formes sont moins marquées qu'aujourd'hui, ses démarches moins réglées, son existence plus troublée ; mais c'est le même être. On n'a eu depuis à lui ajouter ni à lui ôter rien d'essentiel ; il a suffi d'abattre tout ce qui s'élevait autour d'elle pour qu'elle apparût telle que nous la voyons.

La plupart des institutions que je viens de décrire ont été imitées depuis en cent endroits divers ; mais elles étaient alors particulières à la France, et nous allons bientôt voir quelle grande influence elles ont eue sur la révolution française et sur ses suites.

Mais comment ces institutions de date nouvelle avaient-elles pu se fonder en France au milieu des débris de la société féodale?

Ce fut une œuvre de patience, d'adresse et de longueur de temps, plus que de force et de plein pouvoir. Au moment où la Révolution survint, on n'avait encore presque rien détruit du vieil édifice administratif de la France ; on en avait, pour ainsi dire, bâti un autre en sous-œuvre.

Rien n'indique que, pour opérer ce difficile travail, le gouvernement de l'ancien régime ait suivi un plan profondément médité à l'avance ; il s'était seulement abandonné à l'instinct qui porte tout gouvernement à vouloir mener seul toutes les affaires, instinct qui demeurait toujours le même à travers la diversité des agents. Il avait laissé aux anciens pouvoirs leurs noms antiques et leurs honneurs, mais il leur avait peu à peu soustrait leur autorité. Il ne les avait pas chassés, mais éconduits de leurs domaines. Profitant de l'inertie de celui-ci, de l'égoïsme de celui-là, pour prendre sa place ; s'aidant de tous leurs vices, n'essayant jamais de les corriger, mais seulement de les supplanter, il avait fini par les remplacer presque tous, en effet, par un agent unique, l'intendant, dont on ne connaissait pas même le nom quand ils étaient nés.

Le pouvoir judiciaire seul l'avait gêné dans cette grande entreprise ; mais là même il avait fini par saisir la substance du pouvoir, n'en laissant que l'ombre à ses adversaires. Il n'avait pas exclu les parlements de la sphère administrative ; il s'y était étendu lui-même graduellement de façon à la remplir presque tout entière. Dans certains cas extraordinaires et

passagers, dans les temps de disette, par exemple,
où les passions du peuple offraient un point d'appui
à l'ambition des magistrats, le gouvernement central
laissait un moment les parlements administrer et
leur permettait de faire un bruit qui souvent a retenti
dans l'histoire ; mais bientôt il reprenait en silence
sa place, et remettait discrètement la main sur tous
les hommes et sur toutes les affaires.

Si l'on veut bien faire attention à la lutte des parlements contre le pouvoir royal, on verra que c'est
presque toujours sur le terrain de la politique, et non
sur celui de l'administration, qu'on se rencontre.
Les querelles naissent d'ordinaire à propos d'un nouvel
impôt ; c'est-à-dire que ce n'est pas la puissance administrative que les deux adversaires se disputent, mais
le pouvoir législatif, dont ils avaient aussi peu de
droits de s'emparer l'un que l'autre.

Il en est de plus en plus ainsi, en approchant de la
Révolution. A mesure que les passions populaires
commencent à s'enflammer, le parlement se mêle
davantage à la politique, et comme, dans le même
temps, le pouvoir central et ses agents deviennent
plus expérimentés et plus habiles, ce même parlement
s'occupe de moins en moins de l'administration proprement dite ; chaque jour, moins administrateur
et plus tribun.

Le temps, d'ailleurs, ouvre sans cesse au gouvernement central de nouveaux champs d'action où les
tribunaux n'ont pas l'agilité de le suivre ; car il s'agit
d'affaires nouvelles sur lesquelles ils n'ont pas de précédents et qui sont étrangères à leur routine. La société, qui est en grand progrès, fait naître à chaque
instant des besoins nouveaux, et chacun d'eux est pour

luì une source nouvelle de pouvoir ; car luì seul est
en état de les satisfaire. Tandis que la sphère administrative des tribunaux reste fixe, la sienne est mobile et s'étend sans cesse avec la civilisation même.

La Révolution qui approche, et commence à agiter
l'esprit de tous les Français, leur suggère mille idées
nouvelles que lui seul peut réaliser ; avant de le renverser, elle le développe. Lui-même se perfectionne
comme tout le reste. Cela frappe singulièrement quand
on étudie ses archives. Le contrôleur général et l'intendant de 1770 ne ressemblent plus à l'intendant
et au contrôleur général de 1740 ; l'administration
est transformée. Ses agents sont les mêmes, un autre
esprit les meut. A mesure qu'elle est devenue plus
détaillée, plus étendue, elle est aussi devenue plus
régulière et plus savante. Elle s'est modérée en ache-
vant de s'emparer de tout ; elle opprime moins, elle
conduit plus.

Les premiers efforts de la Révolution avaient détruit
cette grande institution de la monarchie ; elle fut
restaurée en 1800. Ce ne sont pas, comme on l'a dit
tant de fois, les principes de 1789 en matière d'administration qui ont triomphé à cette époque et depuis,
mais bien au contraire ceux de l'ancien régime qui
furent tous remis alors en vigueur et y demeurèrent.

Si l'on me demande comment cette portion de l'ancien régime a pu être ainsi transportée tout d'une
pièce dans la société nouvelle et s'y incorporer, je
répondrai que, si la centralisation n'a point péri dans
la Révolution, c'est qu'elle était elle-même le commencement de cette révolution et son signe ; et j'ajouterai que, quand un peuple a détruit dans son sein
l'aristocratie, il court vers la centralisation comme

de lui-même. Il faut alors bien moins d'efforts pour le précipiter sur cette pente que pour l'y retenir. Dans son sein tous les pouvoirs tendent naturellement vers l'unité, et ce n'est qu'avec beaucoup d'art qu'on peut parvenir à les tenir divisés.

La révolution démocratique, qui a détruit tant d'institutions de l'ancien régime, devait donc consolider celle-ci, et la centralisation trouvait si naturellement sa place dans la société que cette révolution avait formée qu'on a pu aisément la prendre pour une de ses œuvres.

CHAPITRE VI

Des mœurs administratives sous l'ancien régime

On ne saurait lire la correspondance d'un intendant
de l'ancien régime avec ses supérieurs et ses subor-
donnés sans admirer comment la similitude des institutions rendait les administrateurs de ce temps-là
pareils aux nôtres. Ils semblent se donner la main à
travers le gouffre de la Révolution qui les sépare. J'en
dirai autant des administrés. Jamais la puissance de
la législation sur l'esprit des hommes ne s'est mieux
fait voir.

Le ministre a déjà conçu le désir de pénétrer avec
ses propres yeux dans le détail de toutes les affaires
et de régler lui-même tout à Paris. A mesure que
le temps marche et que l'administration se perfectionne,
cette passion augmente. Vers la fin du xviiie siècle,
il ne s'établit pas un atelier de charité au fond d'une
province éloignée sans que le contrôleur général ne
veuille en surveiller lui-même la dépense, en rédiger
le règlement et en fixer le lieu. Crée-t-on des maisons
de mendicité : il faut lui apprendre le nom des mendiants qui s'y présentent, lui dire précisément quand
ils sortent et quand ils entrent. Dès le milieu du siècle
(1733), M. d'Argenson écrivait : « Les détails confiés

aux ministres sont immenses. Rien ne se fait sans eux, rien que par eux, et si leurs connoissances ne sont pas aussi étendues que leurs pouvoirs, ils sont forcés de laisser tout faire à des commis qui deviennent les véritables maîtres. »

Un contrôleur général ne demande pas seulement des rapports sur les affaires, mais de petits renseignements sur les personnes. L'intendant s'adresse à son tour à ses subdélégués, et ne manque guère de répéter mot pour mot ce que ceux-ci lui disent, absolument comme s'il le savait pertinemment par lui-même.

Pour arriver à tout diriger de Paris et à y tout savoir, il a fallu inventer mille moyens de contrôle. La masse des écritures est déjà énorme, et les lenteurs de la procédure administrative si grandes que je n'ai jamais remarqué qu'il s'écoulât moins d'un an avant qu'une paroisse pût obtenir l'autorisation de relever son clocher ou de réparer son presbytère ; le plus souvent deux ou trois années se passent avant que la demande soit accordée.

Le conseil lui-même remarque dans un de ses arrêts (29 mars 1773) « que les formalités administratives entraînent des délais infinis dans les affaires et n'excitent que trop souvent les plaintes les plus justes ; formalités cependant toutes nécessaires », ajoute-t-il.

Je croyais que le goût de la statistique était particulier aux administrateurs de nos jours ; mais je me trompais. Vers la fin de l'ancien régime, on envoie souvent à l'intendant de petits tableaux tout imprimés qu'il n'a plus qu'à faire remplir par ses subdélégués et par les syndics des paroisses. Le contrôleur général se fait faire des rapports sur la nature des terres, sur leur culture, l'espèce et la quantité des produits, le nombre des bestiaux, l'industrie et les mœurs des habitants. Les renseignements ainsi obtenus ne sont guère moins circonstanciés ni plus certains que ceux que fournissent en pareils cas de nos jours les sous-préfets et les maires. Le jugement que les subdélégués portent, à cette occasion, sur le caractère de leurs administrés, est en général peu favorable. Ils reviennent souvent sur cette opinion que « le paysan est naturellement paresseux, et ne travaillerait pas s'il n'y était obligé pour vivre. » C'est là une doctrine économique qui paraît fort répandue chez ces administrateurs.

Il n'y a pas jusqu'à la langue administrative des deux époques qui ne se ressemble d'une manière frappante. Des deux parts le style est également décoloré, coulant, vague et mou ; la physionomie particulière de chaque écrivain s'y efface et va se perdant dans une médiocrité commune. Qui lit un préfet lit un intendant.

Seulement, vers la fin du siècle, quand le langage particulier de Diderot et de Rousseau a eu le temps de se répandre et de se délayer dans la langue vulgaire, la fausse sensibilité qui remplit les livres de ces écrivains gagne les administrateurs et pénètre même jusqu'aux gens de finances. Le style administratif, dont le tissu est ordinairement fort sec, devient alors parfois onctueux et presque tendre. Un subdélégué se plaint à l'intendant de Paris « qu'il éprouve souvent dans l'exercice de ses fonctions une douleur très poignante à une âme sensible ».

Le gouvernement distribuait, comme de nos jours, aux paroisses certains secours de charité, à la condition que les habitants devaient faire de leur côté certaines

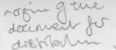

offrandes. Quand la somme ainsi offerte par eux est suffisante, le contrôleur général écrit en marge de l'état de répartition : *Bon, témoigner satisfaction ;* mais quand elle est considérable il écrit : *Bon, témoigner satisfaction et sensibilité.*

Les fonctionnaires administratifs, presque tous bourgeois, forment déjà une classe qui a son esprit particulier, ses traditions, ses vertus, son honneur, son orgueil propre. C'est l'aristocratie de la société nouvelle, qui est déjà formée et vivante : elle attend seulement que la Révolution ait vidé sa place.

Ce qui caractérise déjà l'administration en France, c'est la haine violente que lui inspirent indistinctement tous ceux, nobles ou bourgeois, qui veulent s'occuper d'affaires publiques, en dehors d'elle. Le moindre corps indépendant qui semble vouloir se former sans son concours lui fait peur ; la plus petite association libre, quel qu'en soit l'objet, l'importune ; elle ne laisse subsister que celles qu'elle a composées arbitrairement et qu'elle préside. Les grandes compagnies industrielles elles-mêmes lui agréent peu ; en un mot, elle n'entend point que les citoyens s'ingèrent d'une manière quelconque dans l'examen de leurs propres affaires ; elle préfère la stérilité à la concurrence. Mais, comme il faut toujours laisser aux Français la douceur d'un peu de licence, pour les consoler de leur servitude, le gouvernement permet de discuter fort librement toutes sortes de théories générales et abstraites en matière de religion, de philosophie, de morale et même de politique. Il souffre assez volontiers qu'on attaque les principes fondamentaux sur lesquels reposait alors la société, et qu'on discute jusqu'à Dieu même, pourvu qu'on ne glose

point sur ses moindres agents. Il se figure que cela
ne le regarde pas.

Quoique les journaux du xviiie siècle, ou, comme
on disait dans ce temps-là, les gazettes, continssent
plus de quatrains que de polémique, l'administration
voit déjà d'un œil fort jaloux cette petite puissance.
Elle est débonnaire pour les livres, mais déjà fort
âpre contre les journaux ; ne pouvant les supprimer
absolument, elle entreprend de les tourner à son seul
usage. Je trouve, à la date de 1761, une circulaire
adressée à tous les intendants du royaume, où l'on
annonce que le roi (c'était Louis XV) a décidé que
désormais la *Gazette de France* serait composée sous
les yeux mêmes du gouvernement : « Voulant Sa
Majesté, dit la circulaire, rendre cette feuille inté-
ressante et lui assurer la supériorité sur toutes les
autres. En conséquence, ajoute le ministre, vous
voudrez bien m'adresser un bulletin de tout ce qui se
passe dans votre généralité de nature à intéresser la curiosité publique, particulièrement ce qui se rapporte
à la physique, à l'histoire naturelle, faits singuliers
et intéressants. » A la circulaire est joint un pros-
pectus dans lequel on annonce que la nouvelle gazette,
quoique paraissant plus souvent et contenant plus
de matière que le journal qu'elle remplace, coûtera
aux abonnés beaucoup moins.

Muni de ces documents, l'intendant écrit à ses
subdélégués et les met à l'œuvre ; mais ceux-ci commencent par répondre qu'ils ne savent rien. Survient une
nouvelle lettre du ministre, qui se plaint amèrement
de la stérilité de la province. « Sa Majesté m'ordonne
de vous dire que son intention est que vous vous occu-
piez très sérieusement de cette affaire et donniez

les ordres les plus précis à vos agents. » Les subdélégués s'exécutent alors : l'un d'eux mande qu'un contre-
bandier en saunage (contrebande de sel) a été pendu
et a montré un grand courage ; un autre, qu'une femme
de son arrondissement est accouchée à la fois de trois
filles ; un troisième, qu'il a éclaté un terrible orage,
qui, il est vrai, n'a causé aucun mal. Il y en a un qui
déclare que, malgré tous ses soins, il n'a rien découvert qui fût digne d'être signalé, mais qu'il s'abonne
lui-même à une gazette si utile et va inviter tous les
honnêtes gens à l'imiter. Tant d'efforts semblent
cependant peu efficaces ; car une nouvelle lettre nous
apprend que « le roi, qui a la bonté, dit le ministre,
de descendre lui-même dans tout le détail des mesures
relatives au perfectionnement de la gazette, et qui
veut donner à ce journal la supériorité et la célébrité
qu'il mérite, a témoigné beaucoup de mécontentement en voyant que ses vues étaient si mal remplies ».

On voit que l'histoire est une galerie de tableaux
où il y a peu d'originaux et beaucoup de copies.

Il faut du reste reconnaître qu'en France le gouvernement central n'imite jamais ces gouvernements
du midi de l'Europe, qui semblent ne s'être emparés
de tout que pour laisser tout stérile. Celui-ci montre
souvent une grande intelligence de sa tâche et toujours une prodigieuse activité. Mais son activité est
souvent improductive et même malfaisante, parce que,
parfois, il veut faire ce qui est au-dessus de ses forces,
ou fait ce que personne ne contrôle.

Il n'entreprend guère ou il abandonne bientôt les
réformes les plus nécessaires, qui, pour réussir, demandent une énergie persévérante ; mais il change sans
cesse quelques règlements ou quelques lois. Rien ne

demeure un instant en repos dans la sphère qu'il habite.
Les nouvelles règles se succèdent avec une rapidité
si singulière que les agents, à force d'être commandés,
ont souvent peine à démêler comment il faut obéir. Des
officiers municipaux se plaignent au contrôleur général lui-même de la mobilité extrême de la législation
secondaire. « La variation des seuls règlements de
finance, disent-ils, est telle qu'elle ne permet pas à un
officier municipal, fût-il inamovible, de faire autre
chose qu'étudier les nouveaux règlements, à mesure
qu'ils paroissent, jusqu'au point d'être obligé de
négliger ses propres affaires. »

Lors même que la loi n'était pas changée, la manière
de l'appliquer variait tous les jours. Quand on n'a
pas vu l'administration de l'ancien régime à l'œuvre,
en lisant les documents secrets qu'elle a laissés, on ne
saurait imaginer le mépris où finit par tomber la loi,
dans l'esprit même de ceux qui l'appliquent, lorsqu'il n'y a plus ni assemblée politique, ni journaux,
pour ralentir l'activité capricieuse et borner l'humeur
arbitraire et changeante des ministres et de leurs bureaux.

On ne trouve guère d'arrêts du conseil qui ne rappellent des lois antérieures, souvent de date très
récente, qui ont été rendues, mais non exécutées. Il
n'y a pas en effet d'édit, de déclaration du roi, de
lettres patentes solennellement enregistrées qui ne
souffrent mille tempéraments dans la pratique. On
voit par les lettres des contrôleurs généraux et des
intendants que le gouvernement permet sans cesse
de faire par exception autrement qu'il n'ordonne.
Il brise rarement la loi, mais chaque jour il la fait
plier doucement dans tous les sens, suivant les cas
particuliers et pour la grande facilité des affaires.

L'intendant écrit au ministre à propos d'un droit
d'octroi auquel un adjudicataire des travaux de l'État
voulait se soustraire : « Il est certain qu'à prendre à
la rigueur les édits et les arrêts que je viens de citer, il
n'existe dans le royaume aucun exempt de ces droits ;
mais ceux qui sont versés dans la connoissance des
affaires savent qu'il en est de ces dispositions impé-
rieuses comme des peines qu'elles prononcent, et que,
quoiqu'on les trouve dans presque tous les édits,
déclarations et arrêts portant établissement d'impôts,
cela n'a jamais empêché les exceptions. »

L'ancien régime est là tout entier : une règle rigide,
une pratique molle ; tel est son caractère.

Qui voudrait juger le gouvernement de ce temps-là
par le recueil de ses lois tomberait dans les erreurs les
plus ridicules. Je trouve, à la date de 1757, une déclaration du roi qui condamne à mort tous ceux qui
composeront ou imprimeront des écrits contraires
à la religion ou à l'ordre établi. Le libraire qui les
vend, le marchand qui les colporte, doit subir la même
peine. Serions-nous revenus au siècle de saint Domi-
nique ? Non, c'est précisément le temps où régnait
Voltaire.

On se plaint souvent de ce que les Français méprisent
la loi ; hélas ! quand auraient-ils pu apprendre à la
respecter ? On peut dire que, chez les hommes de
l'ancien régime, la place que la notion de la loi doit
occuper dans l'esprit humain était vacante. Chaque
solliciteur demande qu'on sorte en sa faveur de la
règle établie avec autant d'insistance et d'autorité
que s'il demandait qu'on y rentrât, et on ne la lui
oppose jamais, en effet, que quand on a envie de l'écon-
duire. La soumission du peuple à l'autorité est encore

complète, mais son obéissance est un effet de la coutume plutôt que de la volonté ; car, s'il lui arrive par hasard de s'émouvoir, la plus petite émotion le conduit aussitôt jusqu'à la violence, et presque toujours c'est aussi la violence et l'arbitraire, et non la loi, qui le répriment.

Le pouvoir central en France n'a pas encore acquis au xviiie siècle cette constitution saine et vigoureuse que nous lui avons vue depuis ; néanmoins, comme il est déjà parvenu à détruire tous les pouvoirs intermédiaires, et qu'entre lui et les particuliers il n'existe plus rien qu'un espace immense et vide, il apparaît déjà de loin à chacun d'eux comme le seul ressort de la machine sociale, l'agent unique et nécessaire de la vie publique.

Rien ne le montre mieux que les écrits de ses détracteurs eux-mêmes. Quand le long malaise qui précède la Révolution commence à se faire sentir, on voit éclore toutes sortes de systèmes nouveaux en matière de société et de gouvernement. Les buts que se proposent ces réformateurs sont divers, mais leur moyen est toujours le même. Ils veulent emprunter la main du pouvoir central et l'employer à tout briser et à tout refaire suivant un nouveau plan qu'ils ont conçu eux-mêmes ; lui seul leur paraît en état d'accomplir une pareille tâche. La puissance de l'État doit être sans limite comme son droit, disent-ils ; il ne s'agit que de lui persuader d'en faire un usage convenable. Mirabeau le père, ce gentilhomme si entiché des droits de la noblesse qu'il appelle crûment les intendants des *intrus*, et déclare que, si on abandonnait au gouvernement seul le choix des magistrats, les cours de justice ne seraient bientôt que *des bandes de commissaires*, Mirabeau lui-même n'a

de confiance que dans l'action du pouvoir central pour
réaliser ses chimères.

Ces idées ne restent point dans les livres ; elles des-
cendent dans tous les esprits, se mêlent aux mœurs,
entrent dans les habitudes et pénètrent de toutes parts,
jusque dans la pratique journalière de la vie.

Personne n'imagine pouvoir mener à bien une affaire
importante si l'État ne s'en mêle. Les agriculteurs eux-
mêmes, gens d'ordinaire fort rebelles aux préceptes, sont
portés à croire que, si l'agriculture ne se perfectionne
pas, la faute en est principalement au gouvernement,
qui ne leur donne ni assez d'avis, ni assez de secours.
L'un d'eux écrit à un intendant, d'un ton irrité où l'on
sent déjà la Révolution : « Pourquoi le gouvernement
ne nomme-t-il pas des inspecteurs qui iraient une fois
par an dans les provinces voir l'état des cultures, en-
seigneraient aux cultivateurs à les changer pour le mieux,
leur diraient ce qu'il faut faire des bestiaux, la façon
de les mettre à l'engrais, de les élever, de les vendre, et
où il faut les mener au marché ? On devrait bien rétri-
buer ces inspecteurs. Le cultivateur qui donnerait des
preuves de la meilleure culture recevrait des marques
d'honneur. »

Des inspecteurs et des croix ! voilà un moyen dont
un fermier du comté de Suffolk ne se serait jamais
avisé !

Aux yeux du plus grand nombre, il n'y a déjà que le
gouvernement qui puisse assurer l'ordre public : le
peuple n'a peur que de la maréchaussée ; les propriétaires n'ont quelque confiance qu'en elle. Pour les uns
et pour les autres, le cavalier de la maréchaussée n'est
pas seulement le principal défenseur de l'ordre, c'est
l'ordre lui-même. « Il n'est personne, dit l'assemblée

provinciale de Guyenne, qui n'ait remarqué combien
la vue d'un cavalier de la maréchaussée est propre à
contenir les hommes les plus ennemis de toute subordination. » Aussi chacun veut-il en avoir à sa porte
une escouade. Les archives d'une intendance sont remplies de demandes de cette nature ; personne ne semble
soupçonner que sous le protecteur pourrait bien se cacher le maître.

Ce qui frappe le plus les émigrés qui arrivent d'Angleterre, c'est l'absence de cette milice. Cela les remplit
de surprise, et quelquefois de mépris pour les Anglais.
L'un deux, homme de mérite, mais que son éducation
n'avait pas préparé à ce qu'il allait voir, écrit : « Il est
exactement vrai que tel Anglais se félicite d'avoir été
volé, en se disant qu'au moins son pays n'a pas de maréchaussée. Tel qui est fâché de tout ce qui trouble la
tranquillité se console cependant de voir rentrer dans
le sein de la société des séditieux, en pensant que le
texte de la loi est plus fort que toutes les considérations.
Ces idées fausses, ajoute-t-il, ne sont pas absolument
dans toutes les têtes ; il y a des gens sages qui en ont
de contraires, et c'est la sagesse qui doit prévaloir à la
longue. »

Que ces bizarreries des Anglais pussent avoir quelques rapports avec leurs libertés, c'est ce qui ne lui
tombe point dans l'esprit. Il aime mieux expliquer ce
phénomène par des raisons plus scientifiques. « Dans un
pays où l'humidité du climat et le défaut de ressort
dans l'air qui circule, dit-il, impriment au tempérament
une teinte sombre, le peuple est disposé à se livrer de
préférence aux objets graves. Le peuple anglais est
donc porté par sa nature à s'occuper de matières de
gouvernement ; le peuple français en est éloigné. »

Le gouvernement ayant pris ainsi la place de la Providence, il est naturel que chacun l'invoque dans ses nécessités particulières. Aussi rencontre-t-on un nombre immense de requêtes qui, se fondant toujours sur l'intérêt public, n'ont trait néanmoins qu'à de petits intérêts privés. Les cartons qui les renferment sont peut-être les seuls endroits où toutes les classes qui composaient la société de l'ancien régime se trouvent mêlées. La lecture en est mélancolique : des paysans demandent qu'on les indemnise de la perte de leurs bestiaux ou de leur maison ; des propriétaires aisés, qu'on les aide à faire valoir plus avantageusement leurs terres ; des industriels sollicitent de l'intendant des privilèges qui les garantissent d'une concurrence incommode. Il est très fréquent de voir des manufacturiers qui confient à l'intendant le mauvais état de leurs affaires, et le prient d'obtenir du contrôleur général un secours ou un prêt. Un fonds était ouvert, à ce qu'il semble, pour cet objet.

Les gentilshommes eux-mêmes sont quelquefois de grands solliciteurs ; leur condition ne se reconnaît guère alors qu'en ce qu'ils mendient d'un ton fort haut. C'est l'impôt du vingtième qui, pour beaucoup d'entre eux, est le principal anneau de leur dépendance. Leur part dans cet impôt étant fixée chaque année par le conseil sur le rapport de l'intendant, c'est à celui-ci qu'ils s'adressent d'ordinaire pour obtenir des délais et des décharges. J'ai lu une foule de demandes de cette espèce que faisaient des nobles, presque tous titrés et souvent grands seigneurs, vu, disaient-ils, l'insuffisance de leurs revenus ou le mauvais état de leurs affaires. En général, les gentilshommes n'appelaient jamais l'intendant que Monsieur ; mais j'ai remarqué que dans ces circons-

tances ils l'appellent toujours Monseigneur, comme les
bourgeois.

Parfois la misère et l'orgueil se mêlent dans ces pla-
cets d'une façon plaisante. L'un deux écrit à l'intendant:
« Votre cœur sensible ne consentira jamais à ce qu'un
père de mon état fût taxé à des vingtièmes stricts,
comme le serait un père du commun. »

Dans les temps de disette, si fréquents au xviiie siècle,
la population de chaque généralité se tourne tout
entière vers l'intendant et semble n'attendre que de
lui seul sa nourriture. Il est vrai que chacun s'en prend
déjà au gouvernement de toutes ses misères. Les plus
inévitables sont de son fait ; on lui reproche jusqu'à
l'intempérie des saisons.

Ne nous étonnons plus en voyant avec quelle facilité
merveilleuse la centralisation à été rétabli en France
au commencement de ce siècle. Les hommes de 89
avaient renversé l'édifice, mais ses fondements étaient
restés dans l'âme même de ses destructeurs, et sur ces
fondements on a pu le relever tout à coup à nouveau
et le bâtir plus solidement qu'il ne l'avait jamais été.

CHAPITRE VII

Comment la France était déjà,
de tous les pays de l'Europe, celui où la capitale
avait acquis le plus de prépondérance
sur les provinces
et absorbait le mieux tout l'empire

Ce n'est ni la situation, ni la grandeur, ni la richesse
des capitales qui causent leur prépondance politique
sur le reste de l'empire, mais la nature du gouvernement.

Londres, qui est aussi peuplé qu'un royaume, n'a pas
exercé jusqu'à présent d'influence souveraine sur les
destinées de la Grande-Bretagne.

Aucun citoyen des États-Unis n'imagine que le peuple
de New York puisse décider du sort de l'Union
américaine. Bien plus, personne, dans l'État même de
New York, ne se figure que la volonté particulière de
cette ville puisse diriger seule les affaires. Cependant
New York renferme aujourd'hui autant d'habitants
que Paris en contenait au moment où la Révolution a
éclaté.

Paris même, à l'époque des guerres de religion, était,
comparativement au reste du royaume, aussi peuplé
qu'il pouvait l'être en 1789. Néanmoins il ne put rien
décider. Du temps de la Fronde, Paris n'est encore que
la plus grande ville de France. En 1789, il est déjà la
France même.

Dès 1740 Montesquieu écrivait à un de ses amis : Il
n'y a en France que Paris et les provinces éloignées,
parce que Paris n'a pas encore eu le temps de les dévorer. En 1750, le marquis de Mirabeau, esprit chimé-
rique, mais parfois profond, dit, parlant de Paris sans
le nommer : « Les capitales sont nécessaires ; mais si la
tête devient trop grosse, le corps devient apoplectique
et tout périt. Que sera-ce donc si, en abandonnant les
provinces à une sorte de dépendance directe et en n'en
regardant les habitants que comme des régnicoles de
second ordre, pour ainsi dire, si, en n'y laissant aucun
moyen de considération et aucune carrière à l'ambition,
on attire tout ce qui a quelque talent dans cette capitale ! » Il appelle cela une espèce de révolution sourde
qui dépeuple les provinces de leurs notables, gens d'affaires, et de ce que l'on nomme gens d'esprit.

Le lecteur qui a lu attentivement les précédents chapitres connaît déjà les causes de ce phénomène ; ce
serait abuser de sa patience que de les indiquer de
nouveau ici.

Cette révolution n'échappait pas au gouvernement,
mais elle ne le frappait que sous sa forme la plus matérielle, l'accroissement de la ville. Il voyait Paris s'é-
tendre journellement, et il craignait qu'il ne devînt
difficile de bien administrer une si grande ville. On rencontre un grand nombre d'ordonnances de nos rois,
principalement dans le xviie et le xviiie siècle, qui ont
pour objet d'arrêter cette croissance. Ces princes con-
centraient de plus en plus dans Paris ou à ses portes
toute la vie publique de la France, et ils voulaient que
Paris restât petit. On défend de bâtir de nouvelles maisons, ou l'on oblige de ne les bâtir que de la manière
la plus coûteuse et dans les lieux peu attrayants qu'on

indique à l'avance. Chacune de ces ordonnances cons-
tate, il est vrai, que, malgré la précédente, Paris n'a
cessé de s'étendre. Six fois pendant son règne, Louis XVI,
en sa toute-puissance, tente d'arrêter Paris et y échoue :
la ville grandit sans cesse, en dépit des édits. Mais sa
prépondérance s'augmente plus vite encore que ses
murailles ; ce qui la lui assure, c'est moins ce qui
se passe dans son enceinte que ce qui arrive au
dehors.

Dans le même temps, en effet, on voyait partout les
libertés locales disparaître de plus en plus. Partout les
symptômes d'une vie indépendante cessaient ; les traits
mêmes de la physionomie des différentes provinces devenaient confus ; la dernière trace de l'ancienne vie
publique était effacée. Ce n'était pas pourtant que la
nation tombât en langueur : le mouvement y était
au contraire partout ; seulement le moteur n'était plus
qu'à Paris. Je ne donnerai qu'un exemple de ceci entre
mille. Je trouve dans les rapports fait au ministre sur
l'état de la librairie qu'au xvie siècle et au commencement du xviie, il y avait des imprimeries considérables
dans des villes de province qui n'ont plus d'imprimeurs ou dont les imprimeurs ne font plus rien. On ne
saurait douter pourtant qu'il ne se publiât infiniment
plus d'écrits de toute sorte à la fin du xviiie siècle qu'au
xvie ; mais le mouvement de la pensée ne partait plus
que du centre. Paris avait achevé de dévorer les provinces.

Au moment où la révolution française éclate, cette
première révolution est entièrement accomplie.

Le célèbre voyageur Arthur Young quitte Paris peu
après la réunion des états généraux et peu de jours avant
la prise de la Bastille ; le contraste qu'il aperçoit entre

ce qu'il vient de voir dans la ville et ce qu'il trouve au
dehors le frappe de surprise. Dans Paris, tout était
activité et bruit ; chaque moment produisait un pam-
phlet politique : il s'en publiait jusqu'à quatre-vingt-
douze par semaine. Jamais, dit-il, je n'ai vu un mouvement de publicité semblable, même à Londres. Hors de
Paris, tout lui semble inertie et silence ; on imprime peu
de brochures et point de journaux. Les provinces,
cependant, sont émues et prêtes à s'ébranler, mais im-
mobiles ; si les citoyens s'assemblent quelquefois, c'est
pour apprendre les nouvelles qu'on attend de Paris.
Dans chaque ville, Young demande aux habitants ce
qu'ils vont faire. « La réponse est partout la même,
dit-il, Nous ne sommes qu'une ville de province ; il
faut voir ce qu'on fera à Paris. » Ces gens n'osent pas
même avoir une opinion, ajoute-t-il, jusqu'à ce qu'ils
sachent ce qu'on pense à Paris. »

On s'étonne de la facilité surprenante avec laquelle
l'assemblée constituante a pu détruire d'un seul coup
toutes les anciennes provinces de la France, dont plusieurs étaient plus anciennes que la monarchie, et diviser méthodiquement le royaume en quatre-vingt-trois
parties distinctes, comme s'il s'était agi du sol vierge
du nouveau monde. Rien n'a plus surpris et même épouvanté le reste de l'Europe, qui n'était pas préparée à
un pareil spectacle. « C'est la première fois, disait
Burke, qu'on voit des hommes mettre en morceaux
leur patrie d'une manière aussi barbare. » Il semblait,
en effet, qu'on déchirât des corps vivants : on ne faisait
que dépecer des morts.

Dans le temps même où Paris achevait d'acquérir
ainsi au dehors la toute-puissance, on voyait s'accomplir dans son sein même un autre changement qui ne

mérite pas moins de fixer l'attention de l'histoire. Au
lieu de n'être qu'une ville d'échanges, d'affaires, de
consommation et de plaisir, Paris achevait de devenir
une ville de fabriques et de manufactures ; second fait
qui donnait au premier un caractère nouveau et plus
formidable.

L'événement venait de très loin ; il semble que dès
le moyen âge Paris fût déjà la ville la plus industrieuse
du royaume, comme il en était la plus grande. Ceci
devient évident en approchant des temps modernes.
A mesure que toutes les affaires administratives sont
attirées à Paris, les affaires industrielles y accourent.
Paris devenant de plus en plus le modèle et l'arbitre
du goût, le centre unique de la puissance et des arts, le
principal foyer de l'activité nationale, la vie industrielle
de la nation s'y retire et s'y concentre davantage.

Quoique les documents statistiques de l'ancien régime méritent le plus souvent peu de créance, je crois
qu'on peut affirmer sans crainte que, pendant les
soixante ans qui ont précédé la révolution française, le
nombre des ouvriers a plus que doublé à Paris, tandis
que, dans la même période, la population générale de
la ville n'augmentait guère que d'un tiers.

Indépendamment des causes générales que je viens
de dire, il y en avait de très particulières qui, de tous
les points de la France, attiraient les ouvriers vers
Paris, et les aggloméraient peu à peu dans certains
quartiers qu'ils finissaient par occuper presque seuls.
On avait rendu moins gênantes à Paris que partout
ailleurs en France les entraves que la législation fiscale
du temps imposait à l'industrie ; nulle part on n'échappait plus aisément au joug des maîtrises. Certains fau-
bourgs tels que le faubourg Saint-Antoine et celui du

Temple, jouissaient surtout, sous ce rapport, de très
grands privilèges. Louis XVI étendit encore beaucoup
ces prérogatives du faubourg Saint-Antoine, et travailla de son mieux à accumuler là une immense population ouvrière, « voulant, dit ce malheureux prince
dans un de ses édits, donner aux ouvriers du faubourg
Saint-Antoine une nouvelle marque de notre protection, et les délivrer des gênes qui sont préjudiciables à leurs intérêts aussi bien qu'à la liberté du
commerce ».

Le nombre des usines, manufactures, hauts four-
neaux, s'était tellement accru dans Paris, aux appro-
ches de la Révolution, que le gouvernement finit par
s'en alarmer. La vue de ce progrès le remplissait de
plusieurs craintes fort imaginaires. On trouve entre
autres un arrêt du conseil de 1782, où il est dit que
« le Roy, appréhendant que la multiplication rapide
des manufactures n'amenât une consommation de bois
qui devînt préjudiciable à l'approvisionnement de la
ville, prohibe désormais la création d'établissements
de cette espèce dans un rayon de quinze lieues autour
d'elle ». Quant au danger véritable qu'une pareille
agglomération pouvait faire naître, personne ne l'ap-
préhendait.

Ainsi Paris était devenu le maître de la France, et
déjà s'assemblait l'armée qui devait se rendre maîtresse de Paris.

On tombe assez d'accord aujourd'hui, ce me semble,
que la centralisation administrative et l'omnipotence
de Paris sont pour beaucoup dans la chute de tous les
gouvernements que nous avons vus se succéder depuis
quarante ans. Je ferai voir sans peine qu'il faut attribuer au même fait une grande part dans la ruine

soudaine et violente de l'ancienne monarchie, et qu'on doit le ranger parmi les principales causes de cette révolution première qui a enfanté toutes les autres.

CHAPITRE VIII

Que la France était le pays où les hommes étaient devenus le plus semblables entre eux

Celui qui considère attentivement la France de l'ancien régime rencontre deux vues bien contraires.

Il semble que tous les hommes qui y vivent, particulièrement ceux qui y occupent les régions moyennes et hautes de la société, les seuls qui se fassent voir, soient tous exactement semblables les uns aux autres.

Cependant, au milieu de cette foule uniforme s'élèvent encore une multitude prodigieuse de petites barrières qui la divisent en un grand nombre de parties, et dans chacune de ces petites enceintes apparaît comme une société particulière, qui ne s'occupe que de ses intérêts propres, sans prendre part à la vie de tous.

Je songe à cette division presque infinie, et je comprends que, nulle part les citoyens n'étant moins préparés à agir en commun et à se prêter un mutuel appui en temps de crise, une grande révolution a pu bouleverser de fond en comble une pareille société en un moment. J'imagine toutes ces petites barrières renversées par ce grand ébranlement lui-même; j'aperçois aussitôt un corps glacial plus compact et plus homogène qu'aucun de ceux qu'on avait peut-être jamais vus dans le monde.

J'ai dit comment, dans presque tout le royaume, la

vie particulière des provinces était depuis longtemps
éteinte ; cela avait beaucoup contribué à rendre tous
les Français fort semblables entre eux. A travers les
diversités qui existent encore, l'unité de la nation est
déjà transparente ; l'uniformité de la législation la découvre. A mesure qu'on descend le cours du XVIIIe siècle,
on voit s'accroître le nombre des édits, déclarations
du roi, arrêts du conseil, qui appliquent les mêmes
règles, de la même manière, dans toutes les parties de
l'empire. Ce ne sont pas seulement les gouvernants,
mais les gouvernés, qui conçoivent l'idée d'une législation si générale et si uniforme, partout la même, la
même pour tous ; cette idée se montre dans tous les projets de réforme qui se succèdent pendant trente ans
avant que la Révolution n'éclate. Deux siècles auparavant, la matière de pareilles idées, si l'on peut parler
ainsi, eût manqué.

Non seulement les provinces se ressemblent de plus
en plus, mais dans chaque province les hommes des différentes classes, du moins tous ceux qui sont placés
en dehors du peuple, deviennent de plus en plus semblables, en dépit des particularités de la condition.

Il n'y a rien qui mette ceci plus en lumière que la
lecture des cahiers présentés par les différents ordres
en 1789. On voit que ceux qui les rédigent diffèrent
profondément par les intérêts, mais que dans tout le
reste ils se montrent pareils.

Si vous étudiez comment les choses se passaient aux
premiers états généraux, vous aurez un spectacle tout
contraire : le bourgeois et le noble ont alors plus d'intérêts communs, plus d'affaires communes ; ils font voir
bien moins d'animosité réciproque ; mais ils semblent
encore appartenir à deux races distinctes.

Le temps, qui avait maintenu, et sous beaucoup de rapports aggravé les privilèges qui séparaient ces deux hommes, avait singulièrement travaillé à les rendre en tout le reste pareils.

Depuis plusieurs siècles les nobles français n'avaient cessé de s'appauvrir. « Malgré ses privilèges, la noblesse se ruine et s'anéantit tous les jours et le tiers état s'empare des fortunes », écrit tristement un gentilhomme en 1755. Les lois qui protégeaient la propriété des nobles étaient pourtant toujours les mêmes ; rien dans leur condition économique ne paraissait changé. Néanmoins ils s'appauvrissaient partout dans la proportion exacte où ils perdaient leur pouvoir.

On dirait que, dans les institutions humaines comme dans l'homme même, indépendamment des organes que l'on voit remplir les diverses fonctions de l'existence, se trouve une force centrale et invisible qui est le principe même de la vie. En vain les organes semblent agir comme auparavant, tout languit à la fois et meurt quand cette flamme vivifiante vient à s'éteindre. Les nobles français avaient encore les substitutions, Burke remarque même que les substitutions étaient de son temps plus fréquentes et plus obligatoires en France qu'en Angleterre, le droit d'aînesse, les redevances foncières et perpétuelles, et tout ce qu'on nommait les droits utiles ; on les avait soustraits à l'obligation si onéreuse de faire la guerre à leurs dépens, et pourtant on leur avait conservé, en l'augmentant beaucoup, l'immunité d'impôt ; c'est-à-dire qu'ils gardaient l'indemnité en perdant la charge. Ils jouissaient, en outre, de plusieurs autres avantages pécuniaires que leurs pères n'avaient jamais eus ; cependant ils s'appauvrissaient graduellement à mesure que l'usage et l'esprit du gou-

vernement leur manquaient. C'est même à cet appauvrissement graduel qu'il faut attribuer, en partie, cette
grande division de la propriété foncière que nous avons
remarquée précédemment. Le gentilhomme avait cédé
morceau par morceau sa terre aux paysans, ne se réser-
vant que les rentes seigneuriales, qui lui conservaient
l'apparence plutôt que la réalité de son ancien état.
Plusieurs provinces de France, comme celle du Limou-
sin, dont parle Turgot, n'étaient remplies que par une
petite noblesse pauvre, qui ne possédait presque plus
de terres et ne vivait guère que de droits seigneuriaux
et de rentes foncières.

« Dans cette généralité, dit un intendant dès le
commencement du siècle, le nombre des familles nobles
s'élève encore à plusieurs milliers, mais il n'y en a pas
quinze qui aient vingt mille livres de rente. » Je lis dans
une sorte d'instruction qu'un autre intendant (celui de
Franche-Comté) adresse à son successeur en 1750 : « La
noblesse de ce pays est assez bonne, mais fort pauvre,
et elle est autant fière qu'elle est pauvre. Elle est très
humiliée en proportion de ce qu'elle était autrefois. La
politique n'est pas mauvaise de l'entretenir dans cet
état de pauvreté, pour la mettre dans la nécessité de
servir et d'avoir besoin de nous. Elle forme, ajoute-t-il,
une confrérie où l'on n'admet que les personnes qui
peuvent faire preuve de quatre quartiers. Cette confrérie
n'est point patentée, mais seulement tolérée, et elle
ne s'assemble tous les ans qu'une fois, et en présence
de l'intendant. Après avoir dîné et entendu la messe
ensemble, ces nobles s'en retournent chacun chez eux,
les uns sur leurs rossinantes, les autres à pied. Vous
verrez le comique de cette assemblée. »

Cet appauvrissement graduel de la noblesse se

voyait plus ou moins, non seulement en France, mais
dans toutes les parties du continent, où le système féodal achevait, comme en France, de disparaître, sans être
remplacé par une nouvelle forme de l'aristocratie. Chez
les peuples allemands qui bordent le Rhin, cette décadence était surtout visible et très remarquée. Le contraire ne se rencontrait que chez les Anglais. Là, les
anciennes familles nobles qui existaient encore avaient
non seulement conservé, mais fort accru leur fortune ;
elles étaient restées les premières en richesse aussi bien
qu'en pouvoir. Les familles nouvelles qui s'étaient élevées à côté d'elles n'avaient fait qu'imiter leur opulence
sans la surpasser.

En France, les roturiers seuls semblaient hériter de
tout le bien que la noblesse perdait ; on eût dit qu'ils ne
s'accroissaient que de sa substance. Aucune loi cependant n'empêchait le bourgeois de se ruiner ni ne l'aidait
à s'enrichir ; il s'enrichissait néanmoins sans cesse ;
dans bien des cas il était devenu aussi riche et quelquefois plus riche que le gentilhomme. Bien plus, sa richesse était souvent de la même espèce : quoiqu'il vécût d'ordinaire à la ville, il était souvent propriétaire aux
champs ; quelquefois même il acquérait des seigneuries.

L'éducation et la manière de vivre avaient déjà mis
entre ces deux hommes mille autres ressemblances. Le
bourgeois avait autant de lumières que le noble, et, ce
qu'il faut bien remarquer, ses lumières avaient été puisées
précisément au même foyer. Tous deux étaient éclairés
par le même jour. Pour l'un comme pour l'autre, l'éducation avait été également théorique et littéraire. Paris, devenu de plus en plus le seul précepteur de la France,
achevait de donner à tous les esprits une même forme
et une allure commune.

A la fin du xviiie siècle, on pouvait encore apercevoir, sans doute, entre les manières de la noblesse et celles de la bourgeoisie, une différence ; car il n'y a rien qui s'égalise plus lentement que cette superficie de mœurs qu'on nomme les manières ; mais, au fond, tous les hommes placés au-dessus du peuple se ressemblaient ; ils avaient les mêmes idées, les mêmes habitudes, suivaient les mêmes goûts, se livraient aux mêmes plaisirs, lisaient les mêmes livres, parlaient le même langage. Ils ne différaient plus entre eux que par les droits.

Je doute que cela se vît alors au même degré nulle part ailleurs, pas même en Angleterre, où les différentes classes, quoique attachées solidement les unes aux autres par des intérêts communs, différaient encore souvent par l'esprit et les mœurs ; car la liberté politique qui possède cette admirable puissance, de créer entre tous les citoyens des rapports nécessaires et des liens mutuels de dépendance, ne les rend pas toujours pour cela pareils ; c'est le gouvernement d'un seul qui, à la longue, a toujours pour effet inévitable de rendre les hommes semblables entre eux et mutuellement indifférents à leur sort.

CHAPITRE IX

Comment ces hommes si semblables
étaient plus séparés qu'ils ne l'avaient jamais été
en petits groupes étrangers
et indifférents les uns aux autres

Considérons maintenant l'autre côté du tableau, et voyons comment ces mêmes Français, qui avaient entre eux tant de traits de ressemblance, étaient cependant plus isolés les uns des autres que cela ne se voyait peut-être nulle part ailleurs, et que cela même ne s'était jamais vu en France auparavant.

Il y a bien de l'apparence qu'à l'époque où le système féodal s'établit en Europe, ce qu'on a appelé depuis la noblesse ne forma point sur-le-champ une *caste*, mais se composa, dans l'origine, de tous les principaux d'entre la nation, et ne fut ainsi, d'abord, qu'une aristocratie. C'est là une question que je n'ai point envie de discuter ici ; il me suffit de remarquer que, dès le moyen âge, la noblesse est devenue une caste, c'est-à-dire que sa marque distincte est la naissance.

Elle conserve bien ce caractère propre à l'aristocratie, d'être un corps de citoyens qui gouvernent ; mais c'est la naissance seulement qui décide de ceux qui seront à la tête de ce corps. Tout ce qui n'est point né noble est en dehors de cette classe particulière et fermée, et n'occupe qu'une situation plus ou moins élevée, mais toujours subordonnée, dans l'État.

Partout où le système féodal s'est établi sur le continent de l'Europe, il a abouti à la caste ; en Angleterre
seulement il est retourné à l'aristocratie.

Je me suis toujours étonné qu'un fait qui singularise à
ce point l'Angleterre au milieu de toutes les nations
modernes, et qui seul peut faire comprendre les particularités de ses lois, de son esprit et de son histoire, n'ait
pas fixé plus encore qu'il ne l'a fait l'attention des philosophes et des hommes d'État, et que l'habitude ait fini
par le rendre comme invisible aux Anglais eux-mêmes.
On l'a souvent à demi aperçu, à demi décrit ; jamais, ce me
semble, on n'en a eu la vue complète et claire. Montesquieu, visitant la Grande-Bretagne en 1739, écrit bien :
« Je suis ici dans un pays qui ne ressemble guère au
reste de l'Europe » ; mais il n'ajoute rien.

C'était bien moins son parlement, sa liberté, sa publicité, son jury, qui rendaient dès lors, en effet, l'Angleterre
si dissemblable du reste de l'Europe, que quelque
chose de plus particulier encore et de plus efficace.
L'Angleterre était le seul pays où l'on eût, non pas altéré,
mais effectivement détruit le système de la caste.
Les nobles et les roturiers y suivaient ensemble les
mêmes affaires, y embrassaient les mêmes professions,
et, ce qui est bien plus significatif, s'y mariaient entre
eux. La fille du plus grand seigneur y pouvait déjà
épouser sans honte un homme nouveau.

Voulez-vous savoir si la caste, les idées, les habitudes,
les barrières qu'elle avait créées chez un peuple y sont
définitivement anéanties : considérez-y les mariages.
Là seulement vous trouverez le trait décisif qui vous
manque. Même de nos jours, en France, après soixante
ans de démocratie, vous l'y chercheriez souvent en vain.
Les familles anciennes et les nouvelles, qui semblent

confondues en toutes choses, y évitent encore le plus
qu'elles le peuvent de se mêler par le mariage.

On a souvent remarqué que la noblesse anglaise
avait été plus prudente, plus habile, plus ouverte que
nulle autre. Ce qu'il fallait dire, c'est que depuis longtemps il n'existe plus en Angleterre, à proprement parler,
de noblesse, si on prend le mot dans le sens ancien et
circonscrit qu'il avait conservé partout ailleurs.

Cette révolution se perd dans la nuit des temps, mais
il en reste encore un témoin vivant : c'est l'idiome.
Depuis plusieurs siècles le mot de *gentilhomme* a entièrement changé de sens en Angleterre, et le mot de *roturier*
n'existe plus. Il eût déjà été impossible de traduire
littéralement en anglais ce vers de *Tartuffe*, quand
Molière l'écrivait en 1664 :

Et, tel que l'on le voit, il est bon gentilhomme.

Voulez-vous faire une autre application encore de la
science des langues à la science de l'histoire : suivez à
travers le temps et l'espace la destinée de ce mot de
gentleman, dont notre mot de gentilhomme était le père.
Vous verrez sa signification s'étendre en Angleterre à
mesure que les conditions se rapprochent et se mêlent.
A chaque siècle on l'applique à des hommes placés un
peu plus bas dans l'échelle sociale. Il passe enfin en
Amérique avec les Anglais. Là on s'en sert pour désigner
indistinctement tous les citoyens. Son histoire est celle
même de la démocratie.

En France, le mot de gentilhomme est toujours resté
étroitement resserré dans son sens primitif ; depuis la
Révolution, il est à peu près sorti de l'usage, mais il ne
s'est jamais altéré. On avait conservé intact le mot qui

servait à désigner les membres de la caste, parce qu'on avait conservé la caste elle-même, aussi séparée de toutes les autres qu'elle l'avait jamais été.

Mais je vais bien plus loin, et j'avance qu'elle l'était devenue beaucoup plus qu'au moment où le mot avait pris naissance, et qu'il s'était fait parmi nous un mouvement en sens inverse de celui qu'on avait vu chez les Anglais.

Si le bourgeois et le noble étaient plus semblables, ils s'étaient en même temps de plus en plus isolés l'un de l'autre ; deux choses qu'on doit si peu confondre que l'une, au lieu d'atténuer l'autre, l'aggrave souvent.

Dans le moyen âge et tant que la féodalité conserva son empire, tous ceux qui tenaient des terres du seigneur (ceux que la langue féodale nommait proprement des vassaux), et beaucoup d'entre eux n'étaient pas nobles, étaient constamment associés à celui-ci pour le gouvernement de la seigneurie ; c'était même la principale condition de leurs tenures. Non seulement ils devaient suivre le seigneur à la guerre, mais ils devaient, en vertu de leur concession, passer un certain temps de l'année à sa cour, c'est-à-dire l'aider à rendre la justice et à administrer les habitants. La cour du seigneur était le grand rouage du gouvernement féodal ; on la voit paraître dans toutes les vieilles lois de l'Europe, et j'en ai retrouvé encore de nos jours des vestiges très visibles dans plusieurs parties de l'Allemagne. Le savant feudiste Edme de Fréminville, qui, trente ans avant la révolution française, s'avisa d'écrire un gros livre sur les droits féodaux et sur la rénovation des terriers, nous apprend qu'il a vu dans les « titres de nombre de seigneuries, que les vassaux étaient obligés de se

rendre tous les quinze jours à la cour du seigneur, où,
étant assemblés, ils jugeaient, conjointement avec le
seigneur ou son juge ordinaire, les assises et différends qui
étaient survenus entre les habitants ». Il ajoute « qu'il a
trouvé quelquefois quatre-vingts, cent cinquante, et jusqu'à deux cents de ces vassaux dans une seigneurie. Un
grand nombre d'entre eux étaient roturiers. » J'ai cité
ceci, non comme une preuve, il y en a mille autres, mais
comme un exemple de la manière dont, à l'origine et
pendant longtemps, la classe des campagnes se rappro-
chait des gentilshommes et se mêlait chaque jour avec
eux dans la conduite des mêmes affaires. Ce que la
cour du seigneur faisait pour les petits propriétaires
ruraux, les états provinciaux, et plus tard les états généraux, le firent pour les bourgeois des villes.

On ne saurait étudier ce qui nous reste des états
généraux du xive siècle, et surtout des états provinciaux du même temps, sans s'étonner de la place
que le tiers état occupait dans ces assemblées et de la
puissance qu'il y exerçait.

Comme homme, le bourgeois du xive siècle est
sans doute fort inférieur au bourgeois du xviiie;
mais la bourgeoisie en corps occupe dans la société
politique alors un rang mieux assuré et plus haut.
Son droit de prendre part au gouvernement est incontesté ; le rôle qu'elle joue dans les assemblées politiques
est toujours considérable, souvent prépondérant. Les
autres classes sentent chaque jour le besoin de compter
avec elle.

Mais ce qui frappe surtout, c'est de voir comme la
noblesse et le tiers état trouvent alors plus de facilités
pour administrer les affaires ensemble ou pour résister
en commun, qu'ils n'en ont eu depuis. Cela ne se

remarque pas seulement dans les états généraux du
xive siècle, dont plusieurs ont eu un caractère irré-
gulier et révolutionnaire que les malheurs du temps
leur donnèrent, mais dans les états particuliers du même
temps où rien n'indique que les affaires ne suivissent pas
la marche régulière et habituelle. C'est ainsi qu'on
voit, en Auvergne, les trois ordres prendre en commun
les plus importantes mesures et en surveiller l'exécution
par des commissaires choisis également dans tous les
trois. Le même spectacle se retrouve à la même époque
en Champagne. Tout le monde connaît cet acte célèbre,
par lequel les nobles et les bourgeois d'un grand nombre
de villes s'associèrent, au commencement du même
siècle, pour défendre les franchises de la nation et les
privilèges de leurs provinces contre les atteintes du
pouvoir royal. On rencontre à ce moment-là, dans notre
histoire, plusieurs de ces épisodes qui semblent tirés de
l'histoire d'Angleterre. De pareils spectacles ne se
revoient plus dans les siècles suivants.

A mesure, en effet, que le gouvernement de la seigneurie se désorganise, que les états généraux deviennent plus
rares ou cessent, et que les libertés générales achèvent
de succomber, entraînant les libertés locales dans leur
ruine, le bourgeois et le gentilhomme n'ont plus de
contact dans la vie publique. Ils ne sentent plus jamais
le besoin de se rapprocher l'un de l'autre et de s'entendre ;
ils sont chaque jour plus indépendants l'un de l'autre,
mais aussi plus étrangers l'un à l'autre. Au xviiie siècle
cette révolution est accomplie : ces deux hommes
ne se rencontrent plus que par hasard dans la vie privée.
Les deux classes ne sont plus seulement rivales, elles
sont ennemies.

Et ce qui semble bien particulier à la France, dans le

même temps que l'ordre de la noblesse perd ainsi ses
pouvoirs politiques, le gentilhomme acquiert individuellement plusieurs privilèges qu'il n'avait jamais
possédés ou accroît ceux qu'il possédait déjà. On dirait
que les membres s'enrichissent des dépouilles du corps.
La noblesse a de moins en moins le droit de commander,
mais les nobles ont de plus en plus la prérogative exclusive d'être les premiers serviteurs du maître ; il était
plus facile à un roturier de devenir officier sous Louis XIV
que sous Louis XVI. Cela se voyait souvent en Prusse,
quand le fait était presque sans exemple en France.
Chacun de ces privilèges, une fois obtenu, adhère au
sang, il en est inséparable. Plus cette noblesse cesse
d'être une aristocratie, plus elle semble devenir une
caste.

Prenons le plus odieux de tous ces privilèges, celui de
l'exemption d'impôt : il est facile de voir que, depuis
le xve siècle jusqu'à la révolution française, celui-ci
n'a cessé de croître. Il croissait par le progrès rapide
des charges publiques. Quand on ne prélevait que
1 200 000 livres de taille sous Charles VII, le privilège
d'en être exempt était petit ; quand on en prélevait
80 millions sous Louis XVI, c'était beaucoup. Lorsque
la taille était le seul impôt de roture, l'exemption du
noble était peu visible ; mais quand les impôts de cette
espèce se furent multipliés sous mille noms et sous mille
formes, qu'à la taille eurent été assimilées quatre
autres taxes, que des charges inconnues au moyen âge,
telles que la corvée royale appliquée à tous les travaux
ou services publics, la milice, etc., eurent été ajoutées
à la taille et à ses accessoires, et aussi inégalement
imposées, l'exemption du gentilhomme parut immense,
l'inégalité, quoique grande, était, il est vrai, plus

apparente encore que réelle ; car le noble était souvent atteint dans son fermier par l'impôt auquel il échappait lui-même ; mais en cette matière l'inégalité qu'on voit nuit plus que celle qu'on ressent.

Louis XIV, pressé par les nécessités financières qui l'accablèrent à la fin de son règne, avait établi deux taxes communes, la capitation et les vingtièmes. Mais, comme si l'exemption d'impôts avait été en soi un privilège si respectable qu'il fallût le consacrer dans le fait même qui lui portait atteinte, on eut soin de rendre la perception différente là où la taxe était commune. Pour les uns, elle resta dégradante et dure ; pour les autres, indulgente et honorable.

Quoique l'inégalité, en fait d'impôts, se fût établie sur tout le continent de l'Europe, il y avait très peu de pays où elle fût devenue aussi visible et aussi constamment sentie qu'en France. Dans une grande partie de l'Allemagne, la plupart des taxes étaient indirectes. Dans l'impôt direct lui-même, le privilège du gentilhomme consistait souvent dans une participation moins grande à une charge commune. Il y avait, de plus, certaines taxes qui ne frappaient que sur la noblesse, et qui étaient destinées à tenir la place du service militaire gratuit qu'on n'exigeait plus.

Or, de toutes les manières de distinguer les hommes et de marquer les classes, l'inégalité d'impôt est la plus pernicieuse et la plus propre à ajouter l'isolement à l'inégalité, et à rendre en quelque sorte l'un et l'autre incurables. Car, voyez ses effets : quand le bourgeois et le gentilhomme ne sont plus assujettis à payer la même taxe, chaque année l'assiette et la levée de l'impôt tracent à nouveau entre eux, d'un trait net et précis, la limite des classes. Tous les ans, chacun des privilégiés ressent un intérêt actuel et pressant à ne point se laisser confondre avec la masse, et fait un nouvel effort pour se ranger à l'écart.

Comme il n'y a presque pas d'affaires publiques qui ne naissent d'une taxe ou qui n'aboutissent à une taxe, du moment où les deux classes ne sont pas également assujetties à l'impôt, elles n'ont presque plus de raisons pour délibérer jamais ensemble, plus de causes pour ressentir des besoins et des sentiments communs ; on n'a plus affaire de les tenir séparées : on leur a ôté en quelque sorte l'occasion et l'envie d'agir ensemble.

Burke, dans le portrait flatté qu'il trace de l'ancienne constitution de la France, fait valoir en faveur de l'institution de notre noblesse la facilité que les bourgeois avaient d'obtenir l'anoblissement en se procurant quelque office : cela lui paraît avoir de l'analogie avec l'aristocratie ouverte de l'Angleterre. Louis XI avait, en effet, multiplié les anoblissements : c'était un moyen d'abaisser la noblesse ; ses successeurs les prodiguèrent pour avoir de l'argent. Necker nous apprend que, de son temps, le nombre des offices qui procuraient la noblesse s'élevait à quatre mille. Rien de pareil ne se voyait nulle part en Europe ; mais l'analogie que voulait établir Burke entre la France et l'Angleterre n'en était que plus fausse.

Si les classes moyennes d'Angleterre, loin de faire la guerre à l'aristocratie, lui sont restées si intimement unies, cela n'est pas venu surtout de ce que cette aristocratie était ouverte, mais plutôt, comme on l'a dit, de ce que sa forme était indistincte et sa limite inconnue ; moins de ce qu'on pouvait y entrer que de ce qu'on ne savait jamais quand on y était ; de telle

sorte que tout ce qui l'approchait pouvait encore en faire
partie, s'associer à son gouvernement et tirer quelque
éclat ou quelque profit de sa puissance.

Mais la barrière qui séparait la noblesse de France des
autres classes, quoique très facilement franchissable,
était toujours fixe et visible, toujours reconnaissable
à des signes éclatants et odieux à qui restait dehors.
Une fois qu'on l'avait franchie, on était séparé de tous
ceux du milieu desquels on venait de sortir par des privilèges qui leur étaient onéreux et humiliants.

Le système des anoblissements, loin de diminuer la
haine du roturier contre le gentilhomme, l'accroissait
donc au contraire sans mesure ; elle s'aigrissait de toute
l'envie que le nouveau noble inspirait à ses anciens
égaux. C'est ce qui fait que le tiers état dans ses doléances
montre toujours plus d'irritation contre les anoblis que
contre les nobles, et que, loin de demander qu'on élargisse
la porte qui peut le conduire hors de la route, il demande
sans cesse qu'elle soit rétrécie.

A aucune époque de notre histoire la noblesse n'avait
été aussi facilement acquise qu'en 89, et jamais le
bourgeois et le gentilhomme n'avaient été aussi séparés l'un de l'autre. Non seulement les nobles ne veulent souffrir dans leurs collèges électoraux rien qui
sente la bourgeoisie, mais les bourgeois écartent avec
le même soin tous ceux qui peuvent avoir l'apparence
de gentilhomme. Dans certaines provinces, les nouveaux anoblis sont repoussés d'un côté parce qu'on
ne les juge pas assez nobles, et de l'autre parce qu'on
trouve qu'ils le sont déjà trop. Ce fut, dit-on, le cas
du célèbre Lavoisier.

Que si, laissant de côté la noblesse, nous considérons maintenant cette bourgeoisie, nous allons voir

un spectacle tout semblable, et le bourgeois presque
aussi à part du peuple que le gentilhomme était à part
du bourgeois.

La presque totalité de la classe moyenne dans
l'ancien régime habitait les villes. Deux causes avaient
surtout produit cet effet : les privilèges des gentilshommes et la taille. Le seigneur qui résidait dans ses
terres montrait d'ordinaire une certaine bonhomie
familière envers les paysans ; mais son insolence
vis-à-vis des bourgeois, ses voisins, était presque
infinie. Elle n'avait cessé de croître à mesure que
son pouvoir politique avait diminué, et par cette
raison même ; car, d'une part, cessant de gouverner,
il n'avait plus d'intérêt à ménager ceux qui pouvaient l'aider dans cette tâche, et, de l'autre, comme
on l'a remarqué souvent, il aimait à se consoler par
l'usage immodéré de ses droits apparents de la perte
de sa puissance réelle. Son absence même de ses terres,
au lieu de soulager ses voisins, augmentait leur gêne.
L'absentéisme ne servait pas même à cela ; car des
privilèges exercés par procureur n'en étaient que plus
insupportables à endurer.

Je ne sais néanmoins si la taille, et tous les impôts
qu'on avait assimilés à celui-là, ne furent pas des
causes plus efficaces.

Je pourrais expliquer, je pense, et en assez peu de
mots, pourquoi la taille et ses accessoires pesaient
beaucoup plus lourdement sur les campagnes que sur
les villes ; mais cela paraîtra peut-être inutile au lecteur. Il me suffira donc de dire que les bourgeois réunis
dans les villes avaient mille moyens d'atténuer le
poids de la taille, et souvent de s'y soustraire entièrement, qu'aucun d'eux n'eût eus isolément, s'il

était resté sur son domaine. Ils échappaient surtout
de cette manière à l'obligation de lever la taille, ce
qu'ils craignaient bien plus encore que l'obligation
de la payer, et avec raison ; car il n'y eut jamais, dans
l'ancien régime, ni même, je pense, dans aucun régime,
de pire condition que celle du collecteur paroissial
de la taille. J'aurai occasion de le montrer plus loin.
Personne cependant dans le village, excepté les gentilshommes, ne pouvait échapper à cette charge :
plutôt que de s'y soumettre, le roturier riche louait
son bien et se retirait à la ville prochaine. Turgot
est d'accord avec tous les documents secrets que
j'ai eu l'occasion de consulter, quand il nous dit « que
la collecte de la taille change en bourgeois des villes
presque tous les propriétaires roturiers des campagnes ». Ceci est, pour le dire en passant, l'une des raisons qui firent que la France était plus remplie de
villes, et surtout de petites villes, que la plupart des
autres pays d'Europe.

Cantonné ainsi dans des murailles, le roturier riche
perdait bientôt les goûts et l'esprit des champs ; il
devenait entièrement étranger aux travaux et aux
affaires de ceux de ses pareils qui y étaient restés.
Sa vie n'avait plus pour ainsi dire qu'un seul but :
il aspirait à devenir dans sa ville adoptive un fonctionnaire public.

C'est une très grande erreur de croire que la passion
de presque tous les Français de nos jours, et en particulier de ceux des classes moyennes, pour les places,
soit née depuis la Révolution ; elle a pris naissance
plusieurs siècles auparavant, et elle n'a cessé, depuis
ce temps, de s'accroître, grâce à mille aliments nouveaux qu'on a eu soin de lui donner.

Les places, sous l'ancien régime, ne ressemblaient pas toujours aux nôtres, mais il y en avait encore plus, je pense ; le nombre des petites n'avait presque pas de fin. De 1693 à 1709 seulement, on calcule qu'il en fut créé quarante mille, presque toutes à la portée des moindres bourgeois. J'ai compté en 1750, dans une ville de province de médiocre étendue, jusqu'à cent neuf personnes occupées à rendre la justice, et cent vingt-six chargées de faire exécuter les arrêts des premières, tous gens de la ville. L'ardeur des bourgeois à remplir ces places était réellement sans égale. Dès que l'un d'eux se sentait possesseur d'un petit capital, au lieu de l'employer dans le négoce, il s'en servait aussitôt pour acheter une place. Cette misérable ambition a plus nui aux progrès de l'agriculture et du commerce en France que les maîtrises et la taille même. Quand les places venaient à manquer, l'imagination des solliciteurs, se mettant à l'œuvre, en avait bientôt inventé de nouvelles. Un sieur Lemberville publie un mémoire pour prouver qu'il est tout à fait conforme à l'intérêt public de créer des inspecteurs pour une certaine industrie, et il termine en s'offrant lui-même pour l'emploi. Qui de nous n'a connu ce Lemberville? Un homme pourvu de quelques lettres et d'un peu d'aisance ne jugeait pas enfin qu'il fût séant de mourir sans avoir été fonctionnaire public. « Chacun, suivant son état, dit un contemporain, veut être quelque chose de par le roi. »

La plus grande différence qui se voie en cette matière entre les temps dont je parle ici et les nôtres, c'est qu'alors le gouvernement vendait les places, tandis qu'aujourd'hui il les donne ; pour les acquérir on ne fournit plus son argent ; on fait mieux, on se livre soi-même.

Séparé des paysans par la différence des lieux et
plus encore du genre de vie, le bourgeois l'était le plus
souvent aussi par l'intérêt. On se plaint avec beaucoup de justice du privilège des nobles en matière
d'impôts ; mais que dire de ceux des bourgeois ? On
compte par milliers les offices qui les exemptent de
tout ou partie des charges publiques : celui-ci de la
milice, cet autre de la corvée, ce dernier de la taille.
Quelle est la paroisse, dit-on dans un écrit du temps,
qui ne compte dans son sein, indépendamment des
gentilshommes et des ecclésiastiques, plusieurs habitants qui se sont procuré, à l'aide de charges ou de
commission, quelque exemption d'impôt ? L'une des
raisons qui font de temps à autre abolir un certain
nombre d'offices destinés aux bourgeois, c'est la dimi-
nution de recette qu'amène un si grand nombre d'individus soustraits à la taille. Je ne doute point que le
nombre des exempts ne fût aussi grand, et souvent
plus grand, dans la bourgeoisie que dans la noblesse.

Ces misérables prérogatives remplissaient d'envie
ceux qui en étaient privés, et du plus égoïste orgueil
ceux qui les possédaient. Il n'y a rien de plus visible,
pendant tout le XVIIIe siècle, que l'hostilité des bourgeois des villes contre les paysans de leur banlieue,
et la jalousie de la banlieue contre la ville. « Chacune
des villes, dit Turgot, occupée de son intérêt particulier, est disposée à y sacrifier les campagnes et
les villages de son arrondissement. » — « Vous avez
souvent été obligés, dit-il ailleurs en parlant à ses
subdélégués, de réprimer la tendance constamment
usurpatrice et envahissante qui caractérise la conduite
des villes à l'égard des campagnes et des villages
de leur arrondissement. »

Le peuple même qui vit avec les bourgeois dans
l'enceinte de la ville deur devient étranger, presque
ennemi. La plupart des charges locales qu'ils établis-
sent sont tournées de façon à porter particulièrement
sur les basses classes. J'ai eu plus d'une fois occasion
de vérifier ce que dit le même Turgot dans un autre
endroit de ses ouvrages, que les bourgeois des villes
avaient trouvé le moyen de régler les octrois de manière à ce qu'ils ne pesassent pas sur eux.

Mais ce qu'on aperçoit surtout dans tous les actes
de cette bourgeoisie, c'est la crainte de se voir con-
fondue avec le peuple, et le désir passionné d'échapper
par tous les moyens au contrôle de celui-ci.

« S'il plaisoit au roi, disent les bourgeois d'une ville
dans un mémoire au contrôleur général, que la place
de maire redevînt élective, il conviendroit d'obliger
les électeurs à ne choisir que parmi les principaux
notables, et même dans le présidial. »

Nous avons vu comment il avait été dans la politique de nos rois d'enlever successivement au peuple
des villes l'usage de ses droits politiques. De Louis XI
à Louis XV, toute leur législation révèle cette pensée.
Souvent les bourgeois de la ville s'y associent, quelquefois ils la suggèrent.

Lors de la réforme municipale de 1764, un intendant
consulte les officiers municipaux d'une petite ville
sur la question de savoir s'il faut conserver aux artisans et *autre menu peuple* le droit d'élire les magistrats. Ces officiers répondent qu'à la vérité « le peuple
n'a jamais abusé de ce droit, et qu'il serait doux sans
doute de lui conserver la consolation de choisir ceux qui
doivent le commander ; mais qu'il vaut mieux encore,
pour le maintien du bon ordre et la tranquilité pu-

blique, se reposer de ce fait sur l'assemblée des notables ». Le subdélégué mande de son côté qu'il a réuni
chez lui, en conférence secrète, les « six meilleurs
citoyens de la ville ». Ces six meilleurs citoyens sont
tombés unanimement d'accord que le mieux serait
de confier l'élection, non pas même à l'assemblée des
notables, comme le proposaient les officiers municipaux, mais à un certain nombre de députés choisis
dans les différents corps dont cette assemblée se compose. Le subdélégué, plus favorable aux libertés du
peuple que ces bourgeois mêmes, tout en faisant
connaître leur avis, ajoute « qu'il est cependant bien
dur à des artisans de payer, sans pouvoir en contrôler
l'emploi, des sommes qu'ont imposées ceux de leurs
concitoyens qui sont peut-être, à cause de leurs
privilèges d'impôts, le moins intéressés dans la
question ».

Mais achevons le tableau ; considérons maintenant
la bourgeoisie en elle-même, à part du peuple, comme
nous avons considéré la noblesse à part des bourgeois.
Nous remarquons dans cette petite portion de la nation, mise à l'écart du reste, des divisions infinies. Il
semble que le peuple français soit comme ces préten-
dus corps élémentaires dans lesquels la chimie moderne
rencontre de nouvelles particules séparables à mesure
qu'elle les regarde de plus près. Je n'ai pas trouvé
moins de trente-six corps différents parmi les notables
d'une petite ville. Ces différents corps, quoique fort
menus, travaillent sans cesse à s'amincir encore ; ils
vont tous les jours se purgeant des parties hétérogènes
qu'ils peuvent contenir, afin de se faire réduire aux
éléments simples. Il y en a que ce beau travail a réduits à trois ou quatre membres. Leur personnalité

n'en est que plus vive et leur humeur plus querelleuse.
Tous sont séparés les uns des autres par quelques
petits privilèges, les moins honnêtes étant encore
signes d'honneur. Entre eux, ce sont des luttes éter-
nelles de préséance. L'intendant et les tribunaux
sont étourdis du bruit de leurs querelles. « On vient
enfin de décider que l'eau bénite sera donnée au présidial avant de l'être au corps de ville. Le parlement
hésitait ; mais le roi a évoqué l'affaire en son conseil,
et a décidé lui-même. Il était temps ; cette affaire
faisait fermenter toute la ville. » Si l'on accorde à l'un
des corps le pas sur l'autre dans l'assemblée générale
des notables, celui-ci cesse d'y paraître ; il renonce
aux affaires publiques plutôt que de voir, dit-il, sa
dignité ravalée. Le corps des perruquiers de la ville
de la Flèche décide « qu'il témoignera de cette manière la juste douleur que lui cause la préséance accordée aux boulangers ». Une partie des notables d'une
ville refusent obstinément de remplir leur office « parce
que, dit l'intendant, il s'est introduit dans l'assemblée quelques artisans auxquels les principaux bourgeois se trouvent humiliés d'être associés ». — « Si
la place d'échevin, dit l'intendant d'une autre province, est donnée à un notaire, cela dégoûtera les autres
notables, les notaires étant ici des gens sans naissance, qui ne sont pas de familles de notables et ont
tous été clercs. » Les six meilleurs citoyens dont j'ai
déjà parlé, et qui décident si aisément que le peuple
doit être privé de ses droits politiques, se trouvent
dans une étrange perplexité quand il s'agit d'examiner quels seront les notables et quel ordre de préséance il convient d'établir entre eux. En pareille
matière ils n'expriment plus modestement que des

doutes ; ils craignent, disent-ils, « de faire à quelques-uns de leurs concitoyens une douleur trop sensible ». La vanité naturelle aux Français se fortifie et s'aiguise dans le frottement incessant de l'amour-propre de ces petits corps, et le légitime orgueil du citoyen s'y oublie. Au xvie siècle la plupart des corporations dont je viens de parler existe déjà ; mais leurs membres, après avoir réglé entre eux les affaires de leur association particulière, se réunissent sans cesse à tous les autres habitants pour s'occuper ensemble des intérêts généraux de la cité. Au xviiie ils sont presque entièrement repliés sur eux-mêmes, car les actes de la vie municipale sont devenus rares, et ils s'exécutent tous par mandataires. Chacune de ces petites sociétés ne vit donc que pour soi, ne s'occupe que de soi, n'a d'affaires que celles qui la touchent.

Nos pères n'avaient pas le mot d'*individualisme*, que nous avons forgé pour notre usage, parce que, de leur temps, il n'y avait pas en effet d'individu qui n'appartînt à un groupe et qui pût se considérer absolument seul ; mais chacun des mille petits groupes dont la société française se composait ne songeait qu'à lui-même. C'était, si je puis m'exprimer ainsi, une sorte d'individualisme collectif, qui préparait les âmes au véritable individualisme que nous connaissons.

Et ce qu'il y a de plus étrange, c'est que tous les hommes qui se tenaient si à l'écart les uns des autres étaient devenus tellement semblables entre eux qu'il eût suffi de les faire changer de place pour ne pouvoir plus les reconnaître. Bien plus, qui eût pu sonder leur esprit eût découvert que ces petites barrières qui divisaient des gens si pareils leur paraissaient à

eux-mêmes aussi contraires à l'intérêt public qu'au
bon sens, et qu'en théorie ils adoraient déjà l'unité.
Chacun d'eux ne tenait à sa condition particulière
que parce que d'autres se particularisaient par la
condition ; mais ils étaient tous prêts à se confondre
dans la même masse, pourvu que personne n'eût rien
à part et n'y dépassât le niveau commun.

*omment la destruction de la liberté politique
et la séparation des classes
ont causé presque toutes les maladies
dont l'ancien régime est mort*

De toutes les maladies qui attaquaient la constitution de l'ancien régime et le condamnaient à périr,
je viens de peindre la plus mortelle. Je veux revenir
encore sur la source d'un mal si dangereux et si étrange,
et montrer combien d'autres maux en sont sortis avec
lui.

Si les Anglais, à partir du moyen âge, avaient entièrement perdu comme nous la liberté politique et
toutes les franchises locales qui ne peuvent exister
longtemps sans elle, il est très probable que les différentes classes dont leur aristocratie se compose se
fussent mises chacune à part, ainsi que cela a eu lieu
en France, et, plus ou moins, sur le reste du continent,
et que toutes ensemble se fussent séparées du peuple.
Mais la liberté les força de se tenir toujours à portée
les uns des autres afin de pouvoir s'entendre au besoin.

Il est curieux de voir comment la noblesse anglaise,
poussée par son ambition même, a su, quand cela
lui paraissait nécessaire, se mêler familièrement à ses
inférieurs et feindre de les considérer comme ses égaux.
Arthur Young, que j'ai déjà cité, et dont le livre est
un des ouvrages les plus instructifs qui existent sur

l'ancienne France, raconte que, se trouvant un jour
à la campagne chez le duc de Liancourt, il témoigna
le désir d'interroger quelques-uns des plus habiles et
des plus riches cultivateurs des environs. Le duc chargea son intendant de les lui amener. Sur quoi l'Anglais
fait cette remarque : « Chez un seigneur anglais, on
aurait fait venir trois ou quatre cultivateurs (*farmers*),
qui auraient dîné avec la famille, et parmi les dames
du premier rang. J'ai vu cela au moins cent fois dans
nos îles. C'est une chose que l'on chercherait vainement en France depuis Calais jusqu'à Bayonne. »

Assurément, l'aristocratie d'Angleterre était de nature
plus altière que celle de France, et moins disposée à se familiariser avec tout ce qui vivait au-
dessous d'elle ; mais les nécessités de sa condition l'y
réduisaient. Elle était prête à tout pour commander.
On ne voit plus depuis des siècles chez les Anglais
d'autres inégalités d'impôts que celles qui furent
successivement introduites en faveur des classes
nécessiteuses. Considérez, je vous prie, où des principes
politiques différents peuvent conduire des peuples si
proches ! Au xviii⁰ siècle, c'est le pauvre qui jouit,
en Angleterre, du privilège d'impôt ; en France, c'est le
riche. Là, l'aristocratie a pris pour elle les charges
publiques les plus lourdes, afin qu'on lui permît de
gouverner ; ici, elle a retenu jusqu'à la fin l'immunité
d'impôt pour se consoler d'avoir perdu le gouvernement.

Au xiv⁰ siècle, la maxime : *N'impose qui ne veut*,
paraît aussi solidement établie en France qu'en Angleterre même. On la rappelle souvent : y contrevenir
semble toujours acte de tyrannie ; s'y conformer, rentrer dans le droit. A cette époque, on rencontre, ainsi

que je l'ai dit, une foule d'analogies entre nos institutions politiques et celles des Anglais ; mais alors
les destinées des deux peuples se séparent et vont toujours devenant plus dissemblables à mesure que le
temps marche. Elles ressemblent à deux lignes, qui
partant de points voisins, mais dans une inclinaison
un peu différente, s'écartent ensuite indéfiniment
à mesure qu'elles s'allongent.

J'ose affirmer que, du jour où la nation, fatiguée
des longs désordres qui avaient accompagné la cap-
tivité du roi Jean et la démence de Charles VI, permit aux rois d'établir un impôt général sans son concours, et où la noblesse eut la lâcheté de laisser taxer
le tiers état pourvu qu'on l'exceptât elle-même ; de
ce jour-là fut semé le germe de presque tous les vices
et de presque tous les abus qui ont travaillé l'ancien
régime pendant le reste de sa vie et ont fini par causer
violemment sa mort ; et j'admire la singulière sagacité de Commines quand il dit : « Charles VII, qui
gagna ce point d'imposer la taille à son plaisir, sans
le consentement des états, chargea fort son âme et celle
de ses successeurs, et fit à son royaume une plaie qui
longtemps saignera. »

Considérez comment la plaie s'est élargie en effet
avec le cours des ans ; suivez pas à pas le fait dans ses
conséquences.

Forbonnais dit avec raison, dans les savantes *Recherches sur les Finances de la France*, que dans le moyen
âge les rois vivaient généralement des revenus de leurs
domaines ; « et comme les besoins extraordinaires,
ajoute-t-il, étaient pourvus par des contributions
extraordinaires, elles portaient également sur le clergé,
la noblesse et le peuple. »

La plupart des impôts généraux votés par les trois
ordres, durant le XIVᵉ siècle, ont en effet ce caractère.
Presque toutes les taxes établies à cette époque sont
indirectes, c'est-à-dire qu'elles sont acquittées par
tous les consommateurs indistinctement. Parfois l'impôt est direct ; il porte alors, non sur la propriété, mais
sur le revenu. Les nobles, les ecclésistiques et les bourgeois sont tenus d'abandonner au roi, durant une
année, le dixième, par exemple, de tous leurs revenus.
Ce que je dis là des impôts votés par les états généraux doit s'entendre également de ceux qu'établis-
saient, à la même époque, les différents états provinciaux sur leurs territoires.

Il est vrai que, dès ce temps-là, l'impôt direct,
connu sous le nom de *taille*, ne pesait jamais sur le
gentilhomme. L'obligation du service militaire gratuit en dispensait celui-ci ; mais la taille, comme
impôt général, était alors d'un usage restreint, plutôt
applicable à la seigneurie qu'au royaume.

Quand le roi entreprit pour la première fois de lever
des taxes de sa propre autorité, il comprit qu'il fallait
d'abord en choisir une qui ne parût pas frapper directement sur les nobles ; car ceux-ci, qui formaient
alors pour la royauté de classe rivale et dangereuse,
n'eussent jamais souffert une nouveauté qui leur eût
été si préjudiciable ; il fit donc choix d'un impôt dont
ils étaient exempts ; il prit la taille.

A toutes les inégalités particulières qui existaient
déjà s'en joignit ainsi une plus générale, qui aggrava
et maintint toutes les autres. A partir de là, à mesure
que les besoins du trésor public croissent avec les
attributions du pouvoir central, la taille s'étend et se
diversifie ; bientôt elle est décuplée, et toutes les

nouvelles taxes deviennent des tailles. Chaque année
l'inégalité d'impôt sépare donc les classes et isole
les hommes plus profondément qu'ils n'avaient été
isolés jusque-là. Du moment où l'impôt avait pour
objet, non d'atteindre les plus capables de le payer,
mais les plus incapables de s'en défendre, on devait
être amené à cette conséquence monstrueuse de l'épar-
gner au riche et d'en charger le pauvre. On assure que
Mazarin, manquant d'argent, imagina d'établir une
taxe sur les principales maisons de Paris, mais qu'ayant
rencontré dans les intéressés quelque résistance, il se
borna à ajouter les cinq millions dont il avait besoin
au brevet général de la taille. Il voulait imposer les
citoyens les plus opulents ; il se trouva avoir imposé
les plus misérables ; mais le trésor n'y perdit rien.

Le produit de taxes si mal réparties avait des limites, et les besoins des princes n'en avaient plus.
Cependant ils ne voulaient ni convoquer les états
pour en obtenir des subsides, ni provoquer la noblesse,
en l'imposant, à réclamer la convocation de ces assemblées.

De là vint cette prodigieuse et malfaisante fécon-
dité de l'esprit financier, qui caractérise si singulièrement l'administration des deniers publics durant
les trois derniers siècles de la monarchie.

Il faut étudier dans ses détails l'histoire administrative et financière de l'ancien régime pour comprendre
à quelles pratiques violentes ou déshonnêtes le besoin
d'argent peut réduire un gouvernement doux, mais
sans publicité et sans contrôle, une fois que le temps a
consacré son pouvoir et l'a délivré de la peur des révolutions, cette dernière sauvegarde des peuples.

On rencontre à chaque pas, dans ces annales, des

biens royaux vendus, puis ressaisis comme inven-
dables ; des contrats violés, des droits acquis mé-
connus ; le créancier de l'état sacrifié à chaque crise,
la foi publique sans cesse faussée.

Des privilèges accordés à perpétuité sont perpétuellement repris. Si l'on pouvait compatir aux déplaisirs
qu'une sotte vanité cause, on plaindrait le sort de ces
malheureux anoblis auxquels, pendant tout le cours
des xviie et xviiie siècles, on fait racheter de temps
à autre ces vains honneurs ou ces injustes privilèges
qu'ils ont déjà payés plusieurs fois. C'est ainsi que
Louis XIV annula tous les titres de noblesse acquis
depuis quatre-vingt-douze ans, titres dont la plupart
avaient été donnés par lui-même ; on ne pouvait les
conserver qu'en fournissant une nouvelle finance,
tous ces titres ayant été obtenus par surprise, dit l'édit.
Exemple que ne manque point d'imiter Louis XV,
quatre-vingts ans plus tard.

On défend au milicien de se faire remplacer, de
peur, est-il dit, de faire renchérir pour l'État le prix
des recrues.

Des villes, des communautés, des hôpitaux sont
contraints de manquer à leurs engagements, afin
qu'ils soient en état de prêter au roi. On empêche des
paroisses d'entreprendre des travaux utiles, de peur
que,' divisant ainsi leurs ressources, elles ne payent
moins exactement la taille.

On raconte que M. Orry et M. de Trudaine, l'un
contrôleur général et l'autre directeur général des
ponts et chaussées, avaient conçu le projet de remplacer
la corvée des chemins par une prestation en argent
que devaient fournir les habitants de chaque canton
pour la réparation de leurs routes. La raison qui

fit renoncer ces habiles administrateurs à leur dessein
est instructive : ils craignirent, est-il dit, que, les
fonds étant ainsi faits, on ne pût empêcher le trésor
public de les détourner pour les appliquer à son usage
de façon à ce que bientôt les contribuables eussent
à supporter tout à la fois et l'imposition nouvelle et
les corvées. Je ne crains pas de dire qu'il n'y a pas
un particulier qui eût pu échapper aux arrêts de la justice, s'il avait conduit sa propre fortune comme le
grand roi, dans toute sa gloire, menait la fortune
publique.

Si vous rencontrez quelque ancien établissement
du moyen âge qui se soit maintenu en aggravant ses
vices au rebours de l'esprit du temps, ou quelque nouveauté pernicieuse, creusez jusqu'à la racine du mal :
vous y trouverez un expédient financier qui s'est tourné
en institution. Pour payer des dettes d'un jour vous
verrez fonder de nouveaux pouvoirs qui vont durer
des siècles.

Un impôt particulier, appelé le droit de franc-fief,
avait été établi à une époque très reculée sur les roturiers qui possédaient des biens nobles. Ce droit créait
entre les terres la même division qui existait entre
les hommes et accroissait sans cesse l'une par l'autre.
Je ne sais si le droit de franc-fief n'a pas plus servi
que tout le reste à tenir séparé le roturier du gentilhomme, parce qu'il les empêchait de se confondre
dans la chose qui assimile le plus vite et le mieux les
hommes les uns aux autres, la propriété foncière. Un
abîme était ainsi, de temps à autre, rouvert entre le
propriétaire noble et le propriétaire roturier, son
voisin. Rien, au contraire, n'a plus hâté la cohésion
de ces deux classes en Angleterre que l'abolition,

dès le xviie siècle, de tous les signes qui y distinguaient le fief de la terre tenue en roture.

Au xive siècle le droit féodal de franc-fief est léger et ne se prélève que de loin en loin ; mais au xviiie, lorsque la féodalité est presque détruite, on l'exige à la rigueur tous les vingt ans, et il représente une année entière du revenu. Le fils le paye en succédant au père. « Ce droit, dit la Société d'Agriculture de Tours en 1761, nuit infiniment au progrès de l'art agricole. De toutes les impositions des sujets du roi, il n'en est point, sans contredit, dont la vexation soit aussi onéreuse dans les campagnes. » — « Cette finance, dit un autre contemporain, qu'on n'imposait d'abord qu'une fois dans la vie, est devenue successivement depuis un impôt très cruel. » La noblesse elle-même aurait voulu qu'on l'abolît, car il empêchait les roturiers d'acheter ses terres ; mais les besoins du fisc demandaient qu'on le maintînt et qu'on l'accrût.

On charge à tort le moyen âge de tous les maux qu'ont pu produire les corporations industrielles. Tout annonce qu'à l'origine les maîtrises et les jurandes ne furent que des moyens de lier entre eux les membres d'une même profession, et d'établir au sein de chaque industrie un petit gouvernement libre, dont la mission était tout à la fois d'assister les ouvriers et de les contenir. Il ne paraît pas que saint Louis ait voulu plus.

Ce ne fut qu'au commencement du xvie siècle, en pleine renaissance, qu'on s'imagina, pour la première fois, de considérer le droit de travailler comme un privilège que le roi pouvait vendre. Alors seulement chaque corps d'état devint une petite aristocratie fermée, et l'on vit s'établir enfin ces monopoles si préjudiciables aux progrès des arts, et qui ont tant

révolté nos pères. Depuis Henri III, qui généralisa
le mal, s'il ne le fit pas naître, jusqu'à Louis XVI,
qui l'extirpa, on peut dire que les abus du système des
jurandes ne cessèrent jamais un moment de s'accroître
et de s'étendre, dans le temps même où les progrès
de la société les rendaient plus insupportables, et où
la raison publique les signalait mieux. Chaque année
de nouvelles professions cessèrent d'être libres ; chaque
année les privilèges des anciennes furent accrus. Jamais
le mal ne fut poussé plus loin que dans ce qu'on a
coutume d'appeler les belles années du règne de
Louis XIV, parce que jamais les besoins d'argent
n'avaient été plus grands, ni la résolution de ne point
s'adresser à la nation mieux arrêtée.

Letronne disait avec raison en 1775 : « L'État n'a
établi les communautés industrielles que pour y trouver des ressources, tantôt par des brevets qu'il vend,
tantôt par de nouveaux offices qu'il crée et que les
communautés sont forcées de racheter. L'édit de 1673
vint tirer les dernières conséquences des principes
de Henri III, en obligeant toutes les communautés à
prendre des lettres de confirmation moyennant finance ;
et l'on força tous les artisans qui n'étaient pas encore
en communauté de s'y réunir. Cette misérable affaire
produisit trois cent mille livres. »

Nous avons vu comment on bouleversa toute la
constitution des villes, non par vue politique, mais
dans l'espoir de procurer quelques ressources au trésor.

C'est à ce même besoin d'argent, joint à l'envie de
n'en point demander aux états, que la vénalité des
charges dut sa naissance, et devint peu à peu quelque
chose de si étrange qu'on n'avait jamais rien vu de
pareil dans le monde. Grâce à cette institution que

l'esprit de fiscalité avait fait naître, la vanité du tiers
état fut tenue pendant trois siècles en haleine et uniquement dirigée vers l'acquisition des fonctions publiques, et l'on fit pénétrer jusqu'aux entrailles de la
nation cette passion universelle des places, qui devint
la source commune des révolutions et de la servitude.

A mesure que les embarras financiers s'accroissaient,
on voyait naître de nouveaux emplois, tous rétri-
bués par des exemptions d'impôts ou des privilèges ;
et comme c'étaient les besoins du trésor, et non ceux
de l'administration, qui en décidaient, on arriva de
cette manière à instituer un nombre presque incroyable
de fonctions entièrement inutiles ou nuisibles. Dès
1664, lors de l'enquête faite par Colbert, il se trouva
que le capital engagé dans cette misérable propriété
s'élevait à près de cinq cents millions de livres. Richelieu détruisit, dit-on, cent mille offices. Ceux-ci renais-
saient aussitôt sous d'autres noms. Pour un peu d'argent on s'ôta le droit de diriger, de contrôler et de contraindre ses propres agents. Il se bâtit de cette manière
peu à peu une machine administrative si vaste, si
compliquée, si embarrassée et si improductive, qu'il
fallut la laisser en quelque façon marcher à vide, et
construire en dehors d'elle un instrument de gouvernement qui fût simple et mieux à la main, au moyen
duquel on fit en réalité ce que tous ces fonctionnaires
avaient l'air de faire.

On peut affirmer qu'aucune de ces institutions détestables n'aurait pu subsister vingt ans, s'il avait été permis
de les discuter. Aucune ne se fût établie ou aggravée si
on avait consulté les états, ou si on avait écouté leurs
plaintes quand par hasard on les réunissait encore.
Les rares états généraux des derniers siècles ne cessèrent

de réclamer contre elles. On voit à plusieurs reprises ces
assemblées indiquer comme l'origine de tous les abus le
pouvoir que s'est arrogé le roi de lever arbitrairement
des taxes, ou, pour reproduire les expressions mêmes
dont se servait la langue énergique du xve siècle, « le
droit de s'enrichir de la substance du peuple sans le
consentement et la délibération des trois états ». Ils ne
s'occupent pas seulement de leurs propres droits ; ils
demandent avec force et souvent ils obtiennent qu'on
respecte ceux des provinces et des villes. A chaque
session nouvelle, il y a des voix qui s'élèvent dans leur
sein contre l'inégalité des charges. Les états demandent
à plusieurs reprises l'abandon du système des jurandes ;
ils attaquent de siècle en siècle avec une vivacité croissante la vénalité des offices. « Qui vend office vend
justice, ce qui est chose infâme », disent-ils. Quand la
vénalité des charges est établie, ils continuent à se
plaindre de l'abus qu'on fait des offices. Ils s'élèvent
contre tant de places inutiles et de privilèges dangereux,
mais toujours en vain. Ces institutions étaient précisément établies contre eux ; elles naissaient du désir de ne
point les assembler et du besoin de travestir aux yeux
des Français l'impôt qu'on n'osait leur montrer sous
ses traits véritables.

Et remarquez que les meilleurs rois ont recours à ces
pratiques comme les pires. C'est Louis XII qui achève
de fonder la vénalité des offices ; c'est Henri IV qui en
vend l'hérédité : tant les vices du système sont plus forts
que la vertu des hommes qui le pratiquent !

Ce même désir d'échapper à la tutelle des états fit
confier aux parlements la plupart de leurs attributions
politiques ; ce qui enchevêtra le pouvoir judiciaire dans
le gouvernement d'une façon très préjudiciable au bon

ordre des affaires. Il fallait avoir l'air de fournir quelques garanties nouvelles à la place de celles qu'on enlevait ; car les Français, qui supportent assez patiemment le pouvoir absolu, tant qu'il n'est pas oppressif, n'en aiment jamais la vue, et il est toujours sage d'élever devant lui quelque apparence de barrières qui, sans pouvoir l'arrêter, le cachent du moins un peu.

Enfin ce fut ce désir d'empêcher que la nation, à laquelle on demandait son argent, ne redemandât sa liberté, qui fit veiller sans cesse à ce que les classes restassent à part les unes des autres, afin qu'elles ne pussent ni se rapprocher ni s'entendre dans une résistance commune, et que le gouvernement ne se trouvât jamais avoir affaire à la fois qu'à un très petit nombre d'hommes séparés de tous les autres. Pendant tout le cours de cette longue histoire, où l'on voit successivement paraître tant de princes remarquables, plusieurs par l'esprit, quelques-uns par le génie, presque tous par le courage, on n'en rencontre pas un seul qui fasse effort pour rapprocher les classes et les unir autrement qu'en les soumettant toutes à une égale dépendance. Je me trompe : un seul l'a voulu et s'y est même appliqué de tout son cœur ; et celui-là, qui pourrait sonder les jugements de Dieu ! ce fut Louis XVI.

La division des classes fut le crime de l'ancienne royauté, et devint plus tard son excuse ; car, quand tous ceux qui composent la partie riche et éclairée de la nation ne peuvent plus s'entendre et s'entraider dans le gouvernement, l'administration du pays par lui-même est comme impossible, et il faut qu'un maître intervienne.

« La nation, dit Turgot avec tristesse dans un rapport secret au roi, est une société composée de différents ordres mal unis et d'un peuple dont les membres n'ont entre eux que très peu de liens, et où, par conséquent, personne n'est occupé que de son intérêt particulier. Nulle part il n'y a d'intérêt commun visible. Les villages, les villes n'ont pas plus de rapports mutuels que les arrondissements auxquels ils sont attribués. Ils ne peuvent s'entendre entre eux pour mener des travaux publics qui leur sont nécessaires. Dans cette guerre perpétuelle de prétentions et d'entreprises, Votre Majesté est obligée de tout décider par elle-même ou par ses mandataires. On attend vos ordres spéciaux pour contribuer au bien public, pour respecter les droits d'autrui, quelquefois pour exercer les siens propres. »

Ce n'est pas une petite entreprise que de rapprocher des concitoyens qui ont ainsi vécu pendant des siècles en étrangers ou en ennemis, et de leur faire enseigner à conduire en commun leurs propres affaires. Il a été bien plus facile de les diviser qu'il ne l'est alors de les réunir. Nous en avons fourni au monde un mémorable exemple. Quand les différentes classes qui partageaient la société de l'ancienne France rentrèrent en contact, il y a soixante ans, après avoir été isolées si longtemps par tant de barrières, elles ne se touchèrent d'abord que par leurs endroits douloureux, et ne se retrouvèrent que pour s'entre-déchirer. Même de nos jours leurs jalousies et leurs haines leur survivent.

CHAPITRE XI

De l'espèce de liberté
qui se rencontrait sous l'ancien *régime*
et de son influence sur la *Révolution*

Si l'on s'arrêtait ici dans la lecture de ce livre, on n'aurait qu'une image très imparfaite du gouvernement de l'ancien régime, et l'on comprendrait mal la société qui a fait la Révolution.

En voyant des concitoyens si divisés et si contractés en eux-mêmes, un pouvoir royal si étendu et si puissant, on pourrait croire que l'esprit d'indépendance avait disparu avec les libertés publiques, et que tous les Français étaient également pliés à la sujétion. Mais il n'en était rien ; le gouvernement conduisait déjà seul et absolument toutes les affaires communes, qu'il était encore loin d'être le maître de tous les individus.

Au milieu de beaucoup d'institutions déjà préparées pour le pouvoir absolu, la liberté vivait ; mais c'était une sorte de liberté singulière, donc il est difficile aujourd'hui de se faire une idée, et qu'il faut examiner de très près pour pouvoir comprendre le bien et le mal qu'elle nous a pu faire.

Tandis que le gouvernement central se substituait à tous les pouvoirs locaux et remplissait de plus en plus toute la sphère de l'autorité publique, des institutions qu'il avait laissées vivre ou qu'il avait créées lui-même,

de vieux usages, d'anciennes mœurs, des abus même
gênaient ses mouvements, entretenaient encore au fond
de l'âme d'un grand nombre d'individus l'esprit de résistance, et conservaient à beaucoup de caractères leur
consistance et leur relief.

La centralisation avait déjà le même naturel, les
mêmes procédés, les mêmes visées que de nos jours,
mais non encore le même pouvoir. Le gouvernement,
dans son désir de faire de l'argent de tout, ayant mis en
vente la plupart des fonctions publiques, s'était ôté ainsi
à lui-même la faculté de les donner et de les retirer à son
arbitraire. L'une de ses passions avait ainsi grandement
nui au succès de l'autre : son avidité avait fait contrepoids à son ambition. Il en était donc réduit sans cesse
pour agir à employer des instruments qu'il n'avait pas
façonnés lui-même et qu'il ne pouvait briser. Il lui
arrivait souvent de voir ainsi ses volontés les plus absolues s'énerver dans l'exécution. Cette constitution
bizarre et vicieuse des fonctions publiques tenait lieu
d'une sorte de garantie politique contre l'omnipotence du pouvoir central. C'était comme une sorte de
digue irrégulière et mal construite qui divisait sa force
et ralentissait son choc.

Le gouvernement ne disposait pas encore non plus de
cette multitude infinie de faveurs, de secours, d'honneurs
et d'argent qu'il peut distribuer aujourd'hui ; il avait
donc bien moins de moyens de séduire aussi bien que de
contraindre.

Lui-même d'ailleurs connaissait mal les bornes exactes
de son pouvoir. Aucun de ses droits n'était régulièrement
reconnu ni solidement établi ; sa sphère d'action était
immense, mais il y marchait encore d'un pas incertain,
comme dans un lieu obscur et inconnu. Ces ténèbres

redoutables, qui cachaient alors les limites de tous les
pouvoirs et régnaient autour de tous les droits, favorables
aux entreprises des princes contre la liberté des sujets,
l'étaient souvent à sa défense.

L'administration, se sentant de date récente et de
petite naissance, était toujours timide dans ses démarches, pour peu qu'elle rencontrât un obstacle sur son
chemin. C'est un spectacle qui frappe, quand on lit la
correspondance des ministres et des intendants du
xviiie siècle, de voir comme ce gouvernement, si envahis-
sant et si absolu tant que l'obéissance n'est pas contestée,
demeure interdit à la vue de la moindre résistance,
comme la plus légère critique le trouble, comme le plus
petit bruit l'effarouche, et comme alors il s'arrête, il
hésite, parlemente, prend des tempéraments, et demeure
souvent bien en deçà des limites naturelles de sa puissance. Le mol égoïsme de Louis XV et la bonté de son
successeur s'y prêtaient. Ces princes, d'ailleurs, n'imaginaient jamais qu'on songeât à les détrôner. Ils n'avaient
rien de ce naturel inquiet et dur que la peur a souvent
donné, depuis, à ceux qui gouvernent. Ils ne foulaient
aux pieds que les gens qu'ils ne voyaient pas.

Plusieurs des privilèges, des préjugés, des idées fausses
qui s'opposaient le plus à l'établissement d'une liberté
régulière et bienfaisante, maintenaient, chez un grand
nombre de sujets, l'esprit d'indépendance, et disposaient
ceux-là à se roidir contre les abus de l'autorité.

Les nobles méprisaient fort l'administration proprement dite, quoiqu'ils s'adressassent de temps en temps
à elle. Ils gardaient jusque dans l'abandon de leur ancien
pouvoir quelque chose de cet orgueil de leurs pères,
aussi ennemi de la servitude que de la règle. Ils ne se
préoccupaient guère de la liberté générale des citoyens,

et souffraient volontiers que la main du pouvoir
s'appesantît tout autour d'eux ; mais ils n'entendaient
pas qu'elle pesât sur eux-mêmes, et pour l'obtenir ils
étaient prêts à se jeter au besoin dans de grands hasards.
Au moment où la Révolution commence, cette noblesse,
qui va tomber avec le trône, a encore vis-à-vis du roi,
et surtout de ses agents, une attitude infiniment plus
haute et un langage plus libre que le tiers état, qui
bientôt renversera la royauté. Presque toutes les garanties contre les abus du pouvoir que nous avons possédées
durant les trente-sept ans du régime représentatif
sont hautement revendiquées par elle. On sent, en
lisant ses cahiers, au milieu de ses préjugés et de ses
travers, l'esprit et quelques-unes des grandes qualités
de l'aristocratie. Il faudra regretter toujours qu'au
lieu de plier cette noblesse sous l'empire des lois, on
l'ait abattue et déracinée. En agissant ainsi, on a ôté
à la nation une portion nécessaire de sa substance et fait
à la liberté une blessure qui ne se guérira jamais. Une
classe qui a marché pendant des siècles la première a
contracté, dans ce long usage incontesté de la grandeur,
une certaine fierté de cœur, une confiance naturelle en ses
forces, une habitude d'être regardée qui fait d'elle le
point le plus résistant du corps social. Elle n'a pas seulement des mœurs viriles ; elle augmente, par exemple,
la virilité des autres classes. En l'extirpant on énerve
jusqu'à ses ennemis mêmes. Rien ne saurait la remplacer
complètement ; elle-même ne saurait jamais renaître :
elle peut retrouver les titres et les biens, mais non l'âme
de ses pères.

Les prêtres, qu'on a vus souvent depuis si servile-
ment soumis dans les choses civiles au souverain tem-
porel, quel qu'il fût, et ses plus audacieux flatteurs,

pour peu qu'il fît mine de favoriser l'Église, formaient alors l'un des corps les plus indépendants de la nation, et le seul dont on eût été obligé de respecter les libertés particulières.

Les provinces avaient perdu leurs franchises, les villes n'en possédaient plus que l'ombre. Dix nobles ne pouvaient se réunir pour délibérer ensemble sur une affaire quelconque sans une permission expresse du roi. L'Église de France conservait jusqu'au bout ses assemblées périodiques. Dans son sein, le pouvoir ecclésiastique lui-même avait des limites respectées. Le bas clergé y possédait des garanties sérieuses contre la tyrannie de ses supérieurs, et n'était pas préparé par l'arbitraire illimité de l'évêque à l'obéissance passive vis-à-vis du prince. Je n'entreprends point de juger cette ancienne constitution de l'Église ; je dis seulement qu'elle ne préparait point l'âme des prêtres à la servilité politique.

Beaucoup d'ecclésiastiques, d'ailleurs, étaient gentilshommes de sang, et transportaient dans l'Église la fierté et l'indocilité des gens de leur condition. Tous, de plus, avaient un rang élevé dans l'État et y possédaient des privilèges. L'usage de ces mêmes droits féodaux, si fatal à la puissance morale de l'Eglise, donnait à ses membres individuellement un esprit d'indépendance vis-à-vis du pouvoir civil.

Mais ce qui contribuait surtout à donner aux prêtres les idées, les besoins, les sentiments, souvent les passions du citoyen, c'était la propriété foncière. J'ai eu la patience de lire la plupart des rapports et des débats que nous ont laissés les anciens états provinciaux, et particulièrement ceux du Languedoc, où le clergé était plus mêlé encore qu'ailleurs aux

détails de l'administration publique, ainsi que les
procès-verbaux des assemblées provinciales qui furent
réunies en 1779 et 1787 ; et, apportant dans cette
lecture les idées de mon temps, je m'étonnais de voir
des évêques et des abbés, parmi lesquels plusieurs
ont été aussi éminents par leur sainteté que par leur
savoir, faire des rapports sur l'établissement d'un
chemin ou d'un canal, y traiter la matière en profonde connaissance de cause, discuter avec infiniment de science et d'art quels étaient les meilleurs
moyens d'accroître les produits de l'agriculture, d'assurer
le bien-être des habitants et de faire prospérer l'industrie,
toujours égaux et souvent supérieurs à tous les laïques
qui s'occupaient avec eux des mêmes affaires.

J'ose penser, contrairement à une opinion bien générale et fort solidement établie, que les peuples qui
ôtent au clergé catholique toute participation quelconque à la propriété foncière et transforment tous
ses revenus en salaires, ne servent que les intérêts
du saint-siège et ceux des princes temporels, et se
privent eux-mêmes d'un très grand élément de liberté.

Un homme qui, pour la meilleure partie de lui-
même, est soumis à une autorité étrangère, et qui dans
le pays qu'il habite ne peut avoir de famille, n'est
pour ainsi dire retenu au sol que par un seul lien solide,
la propriété foncière. Tranchez ce lien, il n'appartient
plus en particulier à aucun lieu. Dans celui où le
hasard l'a fait naître, il vit en étranger au milieu d'une
société civile dont presque aucun des intérêts ne peuvent le toucher directement. Pour sa conscience, il
ne dépend que du pape ; pour sa subsistance, que du
prince. Sa seule patrie est l'Église. Dans chaque événement politique il n'aperçoit guère que ce qui sert

à celle-ci ou lui peut nuire. Pourvu qu'elle soit libre
et prospère, qu'importe le reste ? Sa condition la plus
naturelle en politique est l'indifférence. Excellent
membre de la cité chrétienne, médiocre citoyen partout ailleurs. De pareils sentiments et de semblables
idées, dans un corps qui est le directeur de l'enfance
et le guide des mœurs, ne peuvent manquer d'énerver
l'âme de la nation tout entière en ce qui touche à la
vie publique.

Si l'on se veut faire une idée juste des révolutions
que peut subir l'esprit des hommes par suite des changements survenus dans leur condition, il faut relire
les cahiers de l'ordre du clergé en 1789.

Le clergé s'y montre souvent intolérant et parfois
opiniâtrément attaché à plusieurs de ses anciens
privilèges ; mais, du reste, aussi ennemi du despotisme,
aussi favorable à la liberté civile, et aussi amoureux
de la liberté politique que le tiers état ou la noblesse,
il proclame que la liberté individuelle doit être garantie,
non point par des promesses, mais par une procédure analogue à celle de l'*habeas corpus*. Il demande
la destruction des prisons d'État, l'abolition des tribunaux exceptionnels et des évocations, la publicité
de tous les débats, l'inamovibilité de tous les juges,
l'admissibilité de tous les citoyens aux emplois, lesquels ne doivent être ouverts qu'au seul mérite ; un
recrutement militaire moins oppressif et moins humi-
liant pour le peuple et dont personne ne sera exempt ;
le rachat des droits seigneuriaux, qui, sortis du régime
féodal, dit-il, sont contraires à la liberté ; la liberté
illimitée du travail, la destruction des douanes intérieures ; la multiplication des écoles privées : il en
faut une, suivant lui, dans chaque paroisse, et qu'elle

soit gratuite ; des établissements laïcs de bienfaisance dans toutes les campagnes, tels que des bureaux et des ateliers de charité ; toutes sortes d'encouragements pour l'agriculture.

Dans la politique proprement dite, il proclame, plus haut que personne, que la nation a le droit imprescriptible et inaliénable de s'assembler pour faire des lois et voter librement l'impôt. Nul Français, assure-t-il, ne peut être forcé à payer une taxe qu'il n'a pas votée lui-même ou par représentant. Le clergé demande encore que les états généraux, librement élus, soient réunis tous les ans ; qu'ils discutent en présence de la nation toutes les grandes affaires ; qu'ils fassent des lois générales auxquelles on ne puisse opposer aucun usage ou privilège particulier ; qu'ils dressent le budget et contrôlent jusqu'à la maison du roi ; que leurs députés soient inviolables et que les ministres leur demeurent toujours responsables. Il veut aussi que des assemblées d'états soient créées dans toutes les provinces et des municipalités dans toutes les villes. Du droit divin, pas le mot.

Je ne sais si, à tout prendre, et malgré les vices éclatants de quelques-uns de ses membres, il y eut jamais dans le monde un clergé plus remarquable que le clergé catholique de France au moment où la Révolution l'a surpris, plus éclairé, plus national, moins retranché dans les seules vertus privées, mieux pourvu de vertus publiques, et en même temps de plus de foi : la persécution l'a bien montré. J'ai commencé l'étude de l'ancienne société, plein de préjugés contre lui ; je l'ai finie, plein de respect. Il n'avait, à vrai dire, que les défauts qui sont inhérents à toutes les corporations, les politiques aussi bien que les reli-

gieuses, quand elles sont fortement liées et bien cons-
tituées, à savoir la tendance à envahir, l'humeur peu
tolérante, et l'attachement instinctif et parfois aveugle
aux droits particuliers du corps.

La bourgeoisie de l'ancien régime était également
bien mieux préparée que celle d'aujourd'hui à montrer un esprit d'indépendance. Plusieurs des vices
mêmes de sa conformation y aidaient. Nous avons
vu que les places qu'elle occupait étaient plus nombreuses encore dans ce temps-là que de nos jours,
et que les classes moyennes montraient autant d'ardeur
pour les acquérir. Mais voyez la différence des temps.
La plupart de ces places, n'étant ni données ni ôtées
par le gouvernement, augmentaient l'importance du
titulaire sans le mettre à la merci du pouvoir, c'est-à-
dire que ce qui aujourd'hui consomme la sujétion de tant
de gens était précisément ce qui leur servait le plus
puissamment alors à se faire respecter.

Les immunités de toutes sortes qui séparaient si
malheureusement la bourgeoisie du peuple en faisaient
d'ailleurs une fausse aristocratie qui montrait souvent
l'orgueil et l'esprit de résistance de la véritable. Dans
chacune de ces petites associations particulières qui
la divisaient en tant de parties, on oubliait volontiers
le bien général, mais on était sans cesse préoccupé de
l'intérêt et des droits du corps. On y avait une dignité
commune, des privilèges communs à défendre. Nul ne
pouvait jamais s'y perdre dans la foule et y aller
cacher de lâches complaisances. Chaque homme s'y
trouvait sur un théâtre fort petit, il est vrai, mais
très éclairé, et y avait un public toujours le même et
toujours prêt à l'applaudir ou à le siller.

L'art d'étouffer le bruit de toutes les résistances

était alors bien moins perfectionné qu'aujourd'hui.
La France n'était pas encore devenue le lieu sourd
où nous vivons ; elle était, au contraire, fort retentis-
sante, bien que la liberté politique ne s'y montrât pas,
et il suffisait d'y élever la voix pour être entendu au
loin.

Ce qui assurait surtout dans ce temps-là aux oppri-
més un moyen de se faire entendre était la constitution de la justice. Nous étions devenus un pays de
gouvernement absolu par nos institutions politiques
et administratives, mais nous étions restés un peuple
libre par nos institutions judiciaires. La justice de
l'ancien régime était compliquée, embarrassée, lente
et coûteuse ; c'étaient de grands défauts, sans doute,
mais on ne rencontrait jamais chez elle la servilité
vis-à-vis du pouvoir, qui n'est qu'une forme de la
vénalité, et la pire. Ce vice capital, qui non seulement
corrompt le juge, mais infecte bientôt tout le peuple,
lui était entièrement étranger. Le magistrat était
inamovible et ne cherchait pas à avancer, deux choses
aussi nécessaires l'une que l'autre à son indépendance ;
car qu'importe qu'on ne puisse pas le contraindre
si on a mille moyens de le gagner ?

Il est vrai que le pouvoir royal avait réussi à dérober aux tribunaux ordinaires la connaissance de presque toutes les affaires où l'autorité publique était
intéressée ; mais il les redoutait encore en les dépouillant.
S'il les empêchait de juger, il n'osait pas toujours
les empêcher de recevoir les plaintes et de dire leur
avis ; et comme la langue judiciaire conservait alors
les allures du vieux français, qui aime à donner le nom
propre aux choses, il arrivait souvent aux magistrats
d'appeler crûment actes despotiques et arbitraires

les procédés du gouvernement. L'intervention irrégulière des cours dans le gouvernement, qui troublait
souvent la bonne administration des affaires, servait
ainsi parfois de sauvegarde à la liberté des hommes :
c'était un grand mal qui en limitait un plus grand.

Au sein de ces corps judiciaires et tout autour d'eux
la vigueur des anciennes mœurs se conservait au
milieu des idées nouvelles. Les parlements étaient
sans doute plus préoccupés d'eux-mêmes que de la
chose publique ; mais il faut reconnaître que, dans la
défense de leur propre indépendance et de leur honneur,
ils se montraient toujours intrépides, et qu'ils commu-
niquaient leur âme à tout ce qui les approchait.

Lorsqu'en 1770 le parlement de Paris fut cassé,
les magistrats qui en faisaient partie subirent la perte
de leur état et de leur pouvoir sans qu'on en vît un
seul céder individuellement devant la volonté royale.
Bien plus, des cours d'une espèce différente, comme
la cour des aides, qui n'étaient ni atteintes ni mena-
cées, s'exposèrent volontairement aux mêmes rigueurs,
alors que ces rigueurs étaient devenues certaines.
Mais voici mieux encore : les principaux avocats qui
plaidaient devant le parlement s'associèrent de leur
plein gré à sa fortune ; ils renoncèrent à ce qui faisait leur gloire et leur richesse, et se condamnèrent
au silence plutôt que de paraître devant les magistrats déshonorés. Je ne connais rien de plus grand
dans l'histoire des peuples libres que ce qui arriva à
cette occasion, et pourtant cela se passait au XVIIIe
siècle, à côté de la cour de Louis XV.

Les habitudes judiciaires étaient devenues sur bien des
points des habitudes nationales. On avait également
pris aux tribunaux l'idée que toute affaire est sujette

à débat et toute décision à appel, l'usage de la publicité, le goût des formes, choses ennemies de la servitude : c'est la seule partie de l'éducation d'un peuple libre que l'ancien régime nous ait donnée. L'administration elle-même avait beaucoup emprunté au langage et aux usages de la justice. Le roi se croyait obligé de motiver toujours ses édits et d'exposer ses raisons avant de conclure ; le conseil rendait des arrêts précédés de longs préambules ; l'intendant signifiait par huissier ses ordonnances. Dans le sein de tous les corps administratifs d'origine ancienne, tels, par exemple, que le corps des trésoriers de France ou des élus, les affaires se discutaient publiquement et se décidaient après plaidoiries. Toutes ces habitudes, toutes ces formes étaient autant de barrières à l'arbitraire du prince.

Le peuple seul, surtout celui des campagnes, se trouvait presque toujours hors d'état de résister à l'oppression autrement que par la violence.

La plupart des moyens de défense que je viens d'indiquer étaient, en effet, hors de sa portée ; pour s'en aider, il fallait avoir dans la société une place d'où l'on pût être vu et une voix en état de se faire entendre. Mais en dehors du peuple il n'y avait point d'homme en France qui, s'il en avait le cœur, ne pût chicaner son obéissance et résister encore en pliant.

Le roi parlait à la nation en chef plutôt qu'en maître. « Nous nous faisons gloire », dit Louis XVI au commencement de son règne, dans le préambule d'un édit, « de commander à une nation libre et généreuse. » Un de ses aïeux avait déjà exprimé la même idée dans un plus vieux langage, lorsque, remerciant les états généraux de la hardiesse de leurs remontrances, il avait dit : « Nous aimons mieux parler à des francs qu'à des serfs. »

Les hommes du xviiie siècle ne connaissaient guère
cette espèce de passion du bien-être qui est comme la
mère de la servitude, passion molle, et pourtant tenace
et inaltérable, qui se mêle volontiers et pour ainsi dire
s'entrelace à plusieurs vertus privées, à l'amour de la
famille, à la régularité des mœurs, au respect des
croyances religieuses, et même à la pratique tiède et assi-
due du culte établi, qui permet l'honnêteté et défend
l'héroïsme, et excelle à faire des hommes rangés et de
lâches citoyens. Ils étaient meilleurs et pires.

Les Français d'alors aimaient la joie et adoraient le
plaisir ; ils étaient peut-être plus déréglés dans leurs
habitudes et plus désordonnés dans leurs passions et
dans leurs idées que ceux d'aujourd'hui ; mais ils igno-
raient ce sensualisme tempéré et décent que nous voyons.
Dans les hautes classes, on s'occupait bien plus à orner
sa vie qu'à la rendre commode, à s'illustrer qu'à s'enrichir. Dans les moyennes mêmes, on ne se laissait jamais
absorber tout entier dans la recherche du bien-être ;
souvent on en abandonnait la poursuite pour courir
après des jouissances plus délicates et plus hautes ;
partout on plaçait, en dehors de l'argent, quelque autre
bien. « Je connais ma nation, écrivait en un style bizarre, mais qui ne manque pas de fierté, un contemporain : habile à fondre et à dissiper les métaux, elle
n'est point faite pour les honorer d'un culte habituel,
et elle se trouverait toute prête à retourner vers ses
antiques idoles, la valeur, la gloire, et j'ose dire la ma-
gnanimité. »

Il faut bien se garder, d'ailleurs, d'évaluer la bassesse
des hommes par le degré de leur soumission envers le
souverain pouvoir : ce serait se servir d'une fausse mesure. Quelque soumis que fussent les hommes de l'an-

cien régime aux volontés du roi, il y avait une sorte
d'obéissance qui leur était inconnue : ils ne savaient
pas ce que c'était que se plier sous un pouvoir illégitime
ou contesté, qu'on honore peu, que souvent on méprise,
mais qu'on subit volontiers parce qu'il sert ou peut
nuire. Cette forme dégradante de la servitude leur fut
toujours étrangère. Le roi leur inspirait des sentiments
qu'aucun des princes les plus absolus qui ont paru
depuis dans le monde n'a pu faire naître, et qui sont
même devenus pour nous presque incompréhensibles,
tant la Révolution en a extirpé de nos cœurs jusqu'à
la racine. Ils avaient pour lui tout à la fois la tendresse
qu'on a pour un père et le respect qu'on ne doit qu'à
Dieu. En se soumettant à ses commandements les plus
arbitraires, ils cédaient moins encore à la contrainte
qu'à l'amour, et il leur arrivait souvent ainsi de conserver leur âme très libre jusque dans la plus extrême
dépendance. Pour eux, le plus grand mal de l'obéissance
était la contrainte ; pour nous, c'est le moindre. Le pire
est dans le sentiment servile qui fait obéir. Ne méprisons
pas nos pères, nous n'en avons pas le droit. Plût à Dieu
que nous pussions retrouver, avec leurs préjugés et
leurs défauts, un peu de leur grandeur !

On aurait donc bien tort de croire que l'ancien régime
fut un temps de servilité et de dépendance. Il y régnait
beaucoup plus de liberté que de nos jours ; mais c'était
une espèce de liberté irrégulière et intermittente, toujours contractée dans la limite des classes, toujours liée
à l'idée d'exception et de privilège, qui permettait
presque autant de braver la loi que l'arbitraire, et
n'allait presque jamais jusqu'à fournir à tous les citoyens
les garanties les plus naturelles et les plus nécessaires.
Ainsi réduite et déformée, la liberté était encore féconde.

C'est elle qui, dans le temps même où la centralisation travaillait de plus en plus à égaliser, à assouplir et à ternir tous les caractères, conserva dans un grand nombre de particuliers leur originalité native, leur coloris et leur relief, nourrit dans leur cœur l'orgueil de soi, et y fit souvent prédominer sur tous les goûts le goût de la gloire. Par elle se formèrent ces âmes vigoureuses, ces génies fiers et audacieux que nous allons voir paraître, et qui feront de la révolution française l'objet tout à la fois de l'admiration et de la terreur des générations qui la suivent. Il serait bien étrange que des vertus si mâles eussent pu croître sur un sol où la liberté n'était plus.

Mais si cette sorte de liberté déréglée et malsaine préparait les Français à renverser le despotisme, elle les rendait moins propres qu'aucun autre peuple, peut-être, à fonder à sa place l'empire paisible et libre des lois.

CHAPITRE XII

*Comment, malgré les progrès de la civilisation,
la condition du paysan français
était quelquefois pire au XVIIIᵉ siècle
qu'elle ne l'avait été au XIIIᵉ*

Au XVIIIᵉ siècle, le paysan français ne pouvait plus
être la proie de petits despotes féodaux ; il n'était que
rarement en butte à des violences de la part du gouvernement ; il jouissait de la liberté civile et possédait une
partie du sol ; mais tous les hommes des autres classes
s'étaient écartés de lui, et il vivait plus seul que cela ne
s'était vu nulle part peut-être dans le monde. Sorte
d'oppression nouvelle et singulière, dont les effets méritent d'être considérés très attentivement à part.

Dès le commencement du XVIIᵉ siècle, Henri IV se
plaignait, suivant Péréfix, que les nobles abandonnassent
les campagnes. Au milieu du XVIIIᵉ, cette désertion est
devenue presque générale ; tous les documents du
temps la signalent et la déplorent, les économistes dans
leurs livres, les intendants dans leur correspondance,
les sociétés d'agriculture dans leurs mémoires. On en
trouve la preuve authentique dans les registres de la
capitation. La capitation se percevait au lieu du domi-
cile réel : la perception de toute la grande noblesse et
d'une partie de la moyenne est levée à Paris.

Il ne restait guère dans les campagnes que le gentilhomme que la médiocrité de sa fortune empêchait

d'en sortir. Celui-là s'y trouvait vis-à-vis des paysans ses voisins dans une position où jamais propriétaire riche ne s'était vu, je pense. N'étant plus leur chef, il n'avait plus l'intérêt qu'il avait eu autrefois à les ménager, à les aider, à les conduire ; et, d'une autre part, n'étant pas soumis lui-même aux mêmes charges publiques qu'eux, il ne pouvait éprouver de vive sympathie pour leur misère, qu'il ne partageait pas, ni s'associer à leurs griefs, qui lui étaient étrangers. Ces hommes n'étaient plus ses sujets, il n'était pas encore leur concitoyen : fait unique dans l'histoire.

Ceci amenait une sorte d'absentéisme de cœur, si je puis m'exprimer ainsi, plus fréquent encore et plus efficace que l'absentéisme proprement dit. De là vint que le gentilhomme résidant sur ses terres y montrait souvent les vues et les sentiments qu'aurait eus en son absence son intendant ; comme celui-ci, il ne voyait plus dans les tenanciers que des débiteurs, et il exigeait d'eux à la rigueur tout ce qui lui revenait encore d'après la loi ou la coutume, ce qui rendait parfois la perception de ce qui restait des droits féodaux plus dure qu'au temps de la féodalité même.

Souvent obéré et toujours besogneux, il vivait d'ordinaire fort chichement dans son château, ne songeant qu'à y amasser l'argent qu'il allait dépenser l'hiver à la ville. Le peuple, qui d'un mot va souvent droit à l'idée, avait donné à ce petit gentilhomme le nom du moins gros des oiseaux de proie : il l'avait nommé *le hobereau*.

On peut m'opposer sans doute des individus ; je parle des classes, elles seules doivent occuper l'histoire. Qu'il y eût dans ce temps-là beaucoup de pro-

priétaires riches qui, sans occasion nécessaire et sans
intérêt commun, s'occupassent du bien-être des paysans,
qui le nie ? Mais ceux-là luttaient heureusement contre
la loi de leur condition nouvelle, qui, en dépit d'eux-
mêmes, les poussait vers l'indifférence, comme leurs
anciens vassaux vers la haine.

On a souvent attribué cet abandon des campagnes
par la noblesse à l'influence particulière de certains
ministres et de certains rois : les uns à Richelieu, les
autres à Louis XIV. Ce fut, en effet, une pensée presque toujours suivie par les princes, durant les trois
derniers siècles de la monarchie, de séparer les gentilshommes du peuple, et de les attirer à la cour et
dans les emplois. Cela se voit surtout au XVIIe siècle,
où la noblesse était encore pour la royauté un objet
de crainte. Parmi les questions adressées aux intendants se trouve encore celle-ci : Les gentilshommes de
votre province aiment-ils à rester chez eux ou à en
sortir ?

On a la lettre d'un intendant répondant sur ce
sujet ; il se plaint de ce que les gentilshommes de sa
province se plaisent à rester avec leurs paysans, au
lieu de remplir leurs devoirs auprès du roi. Or, remarquez bien ceci : la province dont on parlait ainsi,
c'était l'Anjou ; ce fut depuis la Vendée. Ces gentilshommes qui refusaient, dit-on, de rendre leurs devoirs
au roi, sont les seuls qui aient défendu, les armes à la
main, la monarchie en France, et ont pu y mourir
en combattant pour elle ; et ils n'ont dû cette glo-
rieuse distinction qu'à ce qu'ils avaient su retenir
autour d'eux ces paysans, parmi lesquels on leur
reprochait d'aimer à vivre.

Il faut néanmoins se garder d'attribuer à l'influence

directe de quelques-uns de nos rois l'abandon des
campagnes par la classe qui formait alors la tête de
la nation. La cause principale et permanente de ce
fait ne fut pas dans la volonté de certains hommes,
mais dans l'action lente et incessante des institutions ;
et ce qui le prouve, c'est que, quand, au xviii⁰ siècle,
le gouvernement veut combattre le mal, il ne peut pas
même en suspendre le progrès. A mesure que la noblesse achève de perdre ses droits politiques sans en
acquérir d'autres, et que les libertés locales disparaissent, cette émigration des nobles s'accroît : on n'a
plus besoin de les attirer hors de chez eux ; ils n'ont
plus envie d'y rester : la vie des champs leur est devenue
insipide.

Ce que je dis ici des nobles doit s'entendre, en tout
pays, des propriétaires riches : pays de centralisation,
campagnes vides d'habitants riches et éclairés ; je
pourrais ajouter : pays de centralisation, pays de culture imparfaite et routinière, et commenter le mot
si profond de Montesquieu, en en déterminant le sens :
« Les terres produisent moins en raison de leur fertilité que de la liberté des habitants. » Mais je ne veux
pas sortir de mon sujet.

Nous avons vu ailleurs comment les bourgeois,
quittant de leur côté les campagnes, cherchaient de
toutes parts un asile dans les villes. Il n'y a pas un
point sur lequel tous les documents de l'ancien régime
soient mieux d'accord. On ne voit presque jamais dans
les campagnes, disent-ils, qu'une génération de paysans
riches. Un cultivateur parvient-il par son industrie à
acquérir enfin un peu de bien : il fait aussitôt quitter
à son fils la charrue, l'envoie à la ville et lui achète
un petit office. C'est de cette époque que date cette

sorte d'horreur singulière que manifeste souvent, même de nos jours, l'agriculteur français pour la profession qui l'a enrichi. L'effet a survécu à la cause.

A vrai dire, le seul homme bien élevé, ou, comme disent les Anglais, le seul *gentleman* qui résidât d'une manière permanente au milieu des paysans et restât en contact incessant avec eux était le curé ; aussi le curé fût-il devenu le maître des populations rurales, en dépit de Voltaire, s'il n'avait été rattaché lui-même d'une façon si étroite et si visible à la hiérarchie politique ; en possédant plusieurs des privilèges de celle-ci, il avait inspiré en partie la haine qu'elle faisait naître.

Voilà donc le paysan presque entièrement séparé des classes supérieures ; il est éloigné de ceux mêmes de ses pareils qui auraient pu l'aider et le conduire. A mesure que ceux-ci arrivent aux lumières ou à l'aisance, ils le fuient ; il demeure comme trié au milieu de toute la nation et mis à part.

Cela ne se voyait au même degré chez aucun des grands peuples civilisés de l'Europe, et en France même le fait était récent. Le paysan du xive siècle était tout à la fois plus opprimé et plus secouru. L'aristocratie le tyrannisait quelquefois, mais elle ne le délaissait jamais.

Au xviiie siècle, un village est une communauté dont tous les membres sont pauvres, ignorants et grossiers ; ses magistrats sont aussi incultes et aussi méprisés qu'elle ; son syndic ne sait pas lire ; son collecteur ne peut dresser de sa main les comptes dont dépend la fortune de ses voisins et la sienne propre. Non seulement son ancien seigneur n'a plus le droit de la gouverner, mais il est arrivé à considérer comme une sorte de dégradation de se mêler de son gouver-

nement. Asseoir les tailles, lever la milice, régler les
corvées, actes serviles, œuvres de syndic. Il n'y a plus
que le pouvoir central qui s'occupe d'elle, et comme
il est placé fort loin et n'a encore rien à craindre de
ceux qui l'habitent, il ne s'occupe guère d'elle que
pour en tirer profit.

Venez voir maintenant ce que devient une classe
délaissée, que personne n'a envie de tyranniser, mais
que nul ne cherche à éclairer et à servir.

Les plus lourdes charges que le système féodal
faisait peser sur l'habitant des campagnes sont reti-
rées et allégées, sans doute ; mais ce qu'on ne sait
point assez, c'est qu'à celles-là il s'en était substitué
d'autres, plus pesantes peut-être. Le paysan ne souffrait pas tous les maux qu'avaient soufferts ses pères,
mais il endurait beaucoup de misères que ses pères
n'avaient jamais connues.

On sait que c'est presque uniquement aux dépens
des paysans que la taille avait décuplé depuis deux
siècles. Il faut ici dire un mot de la manière dont on
la levait sur eux, pour montrer quelles lois barbares
peuvent se fonder ou se maintenir dans les siècles
civilisés, quand les hommes les plus éclairés de la
nation n'ont point d'intérêt personnel à les changer.

Je trouve dans une lettre confidentielle que le contrôleur général lui-même écrit, en 1772, aux intendants,
cette peinture de la taille, qui est un petit chef-d'œuvre
d'exactitude et de brièveté. « La taille, dit ce ministre,
arbitraire dans sa répartition, solidaire dans sa perception, personnelle, et non réelle, dans la plus grande
partie de la France, est sujette à des variations conti-
nuelles par suite de tous les changements qui arrivent
chaque année dans la fortune des contribuables. »

Tout est là en trois phrases ; on ne saurait décrire avec plus d'art le mal dont on profite.

La somme totale que devait la paroisse était fixée tous les ans. Elle variait sans cesse, comme dit le ministre, de façon qu'aucun cultivateur ne pouvait prévoir un an d'avance ce qu'il aurait à payer l'an d'après. Dans l'intérieur de la paroisse, c'était un paysan pris au hasard chaque année, et nommé le collecteur, qui devait diviser la charge de l'impôt sur tous les autres.

J'ai promis que je dirais quelle était la condition de ce collecteur. Laissons parler l'assemblée provinciale du Berry en 1779 ; elle n'est pas suspecte : elle est composée tout entière de privilégiés qui ne payent point la taille et qui sont choisis par le roi. « Comme tout le monde veut éviter la charge du collecteur, disait-elle en 1779, il faut que chacun la prenne à son tour. La levée de la taille est donc confiée tous les ans à un nouveau collecteur, sans égard à la capacité ou à l'honnêteté ; aussi la confection de chaque rôle se ressent du caractère de celui qui le fait. Le collecteur y imprime ses craintes, ses faiblesses ou ses vices. Comment, d'ailleurs, y réussirait-il bien ? il agit dans les ténèbres. Car qui sait au juste la richesse de son voisin et la proportion de cette richesse avec celle d'un autre ? Cependant l'opinion du collecteur seule doit former la décision, et il est responsable sur tous ses biens, et même par corps, de la recette. D'ordinaire il lui faut perdre pendant deux ans la moitié de ses journées à courir chez les contribuables. Ceux qui ne savent pas lire sont obligés d'aller chercher dans le voisinage quelqu'un qui les supplée. »

Turgot avait déjà dit d'une autre province, un peu

avant : « Cet emploi cause le désespoir et presque
toujours la ruine de ceux qu'on en charge ; on réduit
ainsi successivement à la misère toutes les familles
aisées d'un village. »

Ce malheureux était armé pourtant d'un arbitraire
immense ; il était presque autant tyran que martyr.
Pendant cet exercice, où il se ruinait lui-même, il
tenait dans ses mains la ruine de tout le monde. « La
préférence pour ses parents », c'est encore l'assemblée
provinciale qui parle, « pour ses amis et ses voisins,
la haine, la vengeance contre ses ennemis, le besoin
d'un protecteur, la crainte de déplaire à un citoyen
aisé qui donne de l'ouvrage, combattent dans son
cœur les sentiments de la justice. » La terreur rend
souvent le collecteur impitoyable ; il y a des paroisses
où le collecteur ne marche jamais qu'accompagné
de garnisaires et d'huissiers. « Lorsqu'il marche sans
huissiers, dit un intendant au ministre en 1764, les
taillables ne veulent pas payer. » — « Dans la seule élection de Villefranche, nous dit encore l'assemblée provinciale de la Guyenne, on compte cent six porteurs
de contraintes et autres recors toujours en chemin. »

Pour échapper à cette taxation violente et arbitraire, le paysan français, en plein xviiie siècle, agit
comme le Juif du moyen âge. Il se montre misérable
en apparence, quand par hasard il ne l'est pas en réalité ;
son aisance lui fait peur avec raison : j'en trouve une
preuve bien sensible dans un document que je ne
prends plus en Guyenne, mais à cent lieues de là. La
Société d'Agriculture du Maine annonce dans son
rapport de 1761 qu'elle avait eu l'idée de distribuer
des bestiaux en prix et encouragements. « Elle a été
arrêtée, dit-elle, par les suites dangereuses qu'une

basse jalousie pourrait attirer contre ceux qui remporteraient ces prix, et qui, à la faveur de la répartition arbitraire des impositions, leur occasionnerait une vexation dans les années suivantes. »

Dans ce système d'impôt, chaque contribuable avait, en effet, un intérêt direct et permanent à épier ses voisins et à dénoncer au collecteur les progrès de leur richesse ; on les y dressait tous, à l'envi, à la délation et à la haine. Ne dirait-on pas que ces choses se passent dans les domaines d'un rajah de l'Hindoustan ?

Il y avait pourtant dans le même temps en France des pays où l'impôt était levé avec régularité et avec douceur : c'étaient certains pays d'états. Il est vrai qu'on avait laissé à ceux-là le droit de le lever eux-mêmes. En Languedoc, par exemple, la taille n'est établie que sur la propriété foncière, et ne varie point suivant l'aisance du propriétaire ; elle a pour base fixe et visible un cadastre fait avec soin et renouvelé tous les trente ans, et dans lequel les terres sont divisées en trois classes, suivant leur fertilité. Chaque contribuable sait d'avance exactement ce que représente la part d'impôt qu'il doit payer. S'il ne paye point, lui seul, ou plutôt son champ seul en est responsable. Se croit-il lésé dans la répartition : il a toujours le droit d'exiger qu'on compare sa cote avec celle d'un autre habitant de la paroisse qu'il choisit lui-même. C'est ce que nous nommons aujourd'hui l'appel à l'égalité proportionnelle.

On voit que toutes ces règles sont précisément celles que nous suivons maintenant ; on ne les a guère améliorées depuis, on n'a fait que les généraliser ; car il est digne de remarque que, bien que nous ayons pris au gouvernement de l'ancien régime la forme même

de notre administration publique, nous nous sommes
gardés de l'imiter en tout le reste. C'est aux essemblées
provinciales, et non à lui, que nous avons emprunté nos
meilleures méthodes administratives. En adoptant
la machine, nous avons rejeté le produit.

La pauvreté habituelle du peuple des campagnes
avait donné naissance à des maximes qui n'étaient
pas propres à la faire cesser. « Si les peuples étaient
à l'aise, avait écrit Richelieu dans son testament politique, difficilement resteraient-ils dans les règles. »
Au xviiie siècle on ne va plus si loin, mais on croit encore que le paysan ne travaillerait point s'il n'était
constamment aiguillonné par la nécessité : la misère
y paraît la seule garantie contre la paresse. C'est précisément la théorie que j'ai entendu quelquefois pro-
fesser à l'occasion des nègres de nos colonies. Cette
opinion est si répandue parmi ceux qui gouvernent,
que presque tous les économistes se croient obligés
de la combattre en forme.

On sait que l'objet primitif de la taille avait été de
permettre au roi d'acheter des soldats qui dispensas-
sent les nobles et leurs vassaux du service militaire ;
mais au xviie siècle l'obligation du service militaire fut
de nouveau imposée, comme nous l'avons vu, sous
le nom de milice, et cette fois elle ne pesa plus que sur
le peuple seul, et presque uniquement sur le paysan.

Il suffit de considérer la multitude des procès-verbaux
de maréchaussée qui remplissent les cartons d'une
intendance, et qui tous se rapportent à la poursuite
de miliciens réfractaires ou déserteurs, pour juger
que la milice ne se levait pas sans obstacle. Il ne paraît
pas, en effet, qu'il y eut de charge publique qui fût
plus insupportable aux paysans que celle-là ; pour s'y

soustraire ils se sauvaient souvent dans les bois,
où il fallait les poursuivre à main armée. Cela étonne,
quand on songe à la facilité avec laquelle le recrutement forcé s'opère aujourd'hui.

Il faut attribuer cette extrême répugnance des paysans de l'ancien régime pour la milice moins au principe
même de la loi qu'à la manière dont elle était exécutée ;
on doit s'en prendre surtout à la longue incertitude
où elle tenait ceux qu'elle menaçait (on pouvait être
appelé jusqu'à quarante ans, à moins qu'on ne se mariât) ;
à l'arbitraire de la révision, qui rendait presque inutile
l'avantage d'un bon numéro ; à la défense de se faire
remplacer ; au dégoût d'un métier dur et périlleux,
où toute espérance d'avancement était interdite ; mais
surtout au sentiment qu'un si grand poids ne pesait
que sur eux seuls, et sur les plus misérables d'entre
eux, l'ignominie de la condition rendant ses rigueurs
plus amères.

J'ai eu dans les mains beaucoup de procès-verbaux
de tirage, dressés en l'année 1769, dans un grand nombre
de paroisses ; on y voit figurer les exempts de chacune
d'elles : celui-ci est domestique chez un gentilhomme ;
celui-là garde d'une abbaye ; un troisième n'est que
le valet d'un bourgeois, il est vrai, mais ce bourgeois
vit noblement. L'aisance seule exempte ; quand un cultivateur figure annuellement parmi les plus haut imposés,
ses fils ont le privilège d'être exempts de la milice :
c'est ce qu'on appelle encourager l'agriculture. Les
économistes, grands amateurs d'égalité en tout le reste,
ne sont point choqués de ce privilège ; ils demandent
seulement qu'on l'étende à d'autres cas, c'est-à-dire
que la charge des paysans les plus pauvres et les moins
patronnés devienne plus lourde. « La médiocrité de la

solde du soldat, dit l'un d'eux, la manière dont il est couché, habillé, nourri, son entière dépendance, rendraient trop cruel de prendre un autre homme qu'un homme du bas peuple. »

Jusqu'à la fin du règne de Louis XIV, les grands chemins ne furent point entretenus, ou le furent aux frais de tous ceux qui s'en servaient, c'est-à-dire de l'État ou de tous les propriétaires riverains ; mais, vers ce temps-là, on commença à les réparer à l'aide de la seule corvée, c'est-à-dire aux dépens des seuls paysans. Cet expédient pour avoir de bonnes routes sans les payer parut si heureusement imaginé qu'en 1737 une circulaire du contrôleur général Orry l'appliqua à toute la France. Les intendants furent armés du droit d'emprisonner à volonté les récalcitrants ou de leur envoyer des garnisaires.

A partir de là, toutes les fois que le commerce s'accroît, que le besoin et le goût des bonnes routes se répandent, la corvée s'étend à de nouveaux chemins et sa charge augmente. On trouve dans le rapport fait en 1779 à l'assemblée provinciale du Berry, que les travaux exécutés par la corvée dans cette pauvre province doivent être évalués par année à 700 000 livres. On les évaluait en 1787, en basse Normandie, à la même somme à peu près. Rien ne saurait mieux montrer le triste sort du peuple des campagnes : les progrès de la société, qui enrichissent toutes les autres classes, le désespèrent ; la civilisation tourne contre lui seul.

Je lis vers la même époque, dans les correspondances des intendants, qu'il convient de refuser aux paysans de faire emploi de la corvée sur les routes particulières de leurs villages, attendu qu'elle doit être réservée

aux seuls grands chemins ou, comme on disait alors,
aux chemins du Roi. L'idée étrange qu'il convient de
faire payer le prix des routes aux plus pauvres et à
ceux qui semblent le moins devoir voyager, cette
idée, bien que nouvelle, s'enracine si naturellement
dans l'esprit de ceux qui en profitent que bientôt ils
n'imaginent plus que la chose puisse avoir lieu autrement. En l'année 1776 on essaye de transformer la
corvée en une taxe locale ; l'inégalité se transforme
aussitôt avec elle et la suit dans le nouvel impôt.

De seigneuriale qu'elle était, la corvée, en devenant
royale, s'était étendue peu à peu à tous les travaux
publics. Je vois en 1719 la corvée servir à bâtir des
casernes ! *Les paroisses doivent envoyer leurs meilleurs
ouvriers,* dit l'ordonnance, *et tous les autres travaux doivent céder devant celui-ci.* La corvée transporte les forçats
dans les bagnes et les mendiants dans les dépôts de
charité ; elle charroie les effets militaires toutes les
fois que les troupes changent de place : charge fort
onéreuse dans un temps où chaque régiment menait
à sa suite un lourd bagage. Il fallait rassembler de très
loin un grand nombre de charrettes et de bœufs pour
le traîner. Cette sorte de corvée, qui avait peu d'importance dans l'origine, devint l'une des plus pesantes
quand les armées permanentes devinrent elles-mêmes
nombreuses. Je trouve des entrepreneurs de l'État
qui demandent à grands cris qu'on leur livre la corvée
pour transporter les bois de construction depuis les
forêts jusqu'aux arsenaux maritimes. Ces corvéables
recevaient d'ordinaire un salaire, mais toujours arbitrairement fixé et bas. Le poids d'une charge si mal
posée devient parfois si lourd que le receveur des tailles
s'en inquiète. « Les frais exigés des paysans pour le

rétablissement des chemins, écrit l'un d'eux en 1751, les mettront bientôt hors d'état de payer leur taille. »

Toutes ces oppressions nouvelles auraient-elles pu s'établir s'il s'était rencontré à côté du paysan des hommes riches et éclairés, qui eussent eu le goût et le pouvoir, sinon de le défendre, du moins d'intercéder pour lui auprès de ce commun maître qui tenait déjà dans ses mains la fortune du pauvre et celle du riche ?

J'ai lu la lettre qu'un grand propriétaire écrivait, en 1774, à l'intendant de sa province, pour l'engager à faire ouvrir un chemin. Ce chemin, suivant lui, devait faire la prospérité du village, et il en donnait les raisons ; puis il passait à l'établissement d'une foire, qui doublerait, assurait-il, le prix des denrées. Ce bon citoyen ajoutait qu'aidé d'un faible secours on pourrait établir une école qui procurerait au roi des sujets plus industrieux. Il n'avait point songé jusque-là à ces améliorations nécessaires ; il ne s'en était avisé que depuis deux ans qu'une lettre de cachet le retenait dans son château. « Mon exil depuis deux ans dans mes terres, dit-il ingénument, m'a convaincu de l'extrême utilité de toutes ces choses. »

Mais c'est surtout dans les temps de disette qu'on s'aperçoit que les liens de patronage et de dépendance qui reliaient autrefois le grand propriétaire rural aux paysans sont relâchés ou rompus. Dans ces moments de crise, le gouvernement central s'effraye de son isolement et de sa faiblesse ; il voudrait faire renaître pour l'occasion les influences individuelles ou les associations politiques qu'il a détruites ; il les appelle à son aide : personne ne vient, et il s'étonne d'ordinaire en trouvant morts les gens auxquels il a lui-même ôté la vie.

En cette extrémité, il y a des intendants, dans les provinces les plus pauvres, qui, comme Turgot par exemple, prennent illégalement des ordonnances pour obliger les propriétaires riches à nourrir leurs métayers jusqu'à la récolte prochaine. J'ai trouvé, à la date de 1770, les lettres de plusieurs curés qui proposent à l'intendant de taxer les grands propriétaires de leurs paroisses, tant ecclésiastiques que laïques, « lesquels y possèdent, disent-ils, de vastes propriétés qu'ils n'habitent point, et dont ils touchent de gros revenus qu'ils vont manger ailleurs ».

Même en temps ordinaire, les villages sont infestés de mendiants ; car, comme dit Letrone, les pauvres sont assistés dans les villes, mais à la campagne, pendant l'hiver, la mendicité est de nécessité absolue.

De temps à autre on procédait contre ces malheureux d'une façon très violente. En 1767, le duc de Choiseul voulut tout à coup détruire la mendicité en France. On peut voir dans la correspondance des intendants avec quelle rigueur il s'y prit. La maréchaussée eut ordre d'arrêter à la fois tous les mendiants qui se trouvaient dans le royaume ; on assure que plus de cinquante mille furent ainsi saisis. Les vagabonds valides devaient être envoyés aux galères ; quant aux autres, on ouvrit pour les recevoir plus de quarante dépôts de mendicité : il eût mieux valu rouvrir le cœur des riches.

Ce gouvernement de l'ancien régime, qui était, ainsi que je l'ai dit, si doux et parfois si timide, si ami des formes, de la lenteur et des égards, quand il s'agissait des hommes placés au-dessus du peuple, est souvent rude et toujours prompt quand il procède contre les basses classes, surtout contre les paysans. Parmi les

pièces qui me sont passées sous les yeux, je n'en ai
pas vu une seule qui fît connaître l'arrestation de bourgeois par l'ordre d'un intendant ; mais les paysans
sont arrêtés sans cesse, à l'occasion de la corvée, de
la milice, de la mendicité, de la police, et dans mille
autres circonstances. Pour les uns, des tribunaux
indépendants, de longs débats, une publicité tuté-
laire ; pour les autres, le prévôt, qui jugeait sommai-
rement et sans appel.

« La distance immense qui existe entre le peuple
et toutes les autres classes, écrit Necker en 1785, aide
à détourner les yeux de la manière avec laquelle on
peut manier l'autorité vis-à-vis de tous les gens
perdus dans la foule. Sans la douceur et l'humanité
qui caractérisent les Français et l'esprit du siècle,
ce serait un sujet continuel de tristesse pour ceux qui
savent compatir au joug dont ils sont exempts. »
Mais c'est moins encore au mal qu'on faisait à ces
malheureux qu'au bien qu'on les empêchait de se faire à
eux-mêmes que l'oppression se montrait. Ils étaient
libres et propriétaires, et ils restaient presque aussi
ignorants et souvent plus misérables que les serfs,
leurs aïeux. Ils demeuraient sans industrie au milieu
des prodiges des arts, et incivilisés dans un monde tout
brillant de lumières. En conservant l'intelligence et la
perspicacité particulières à leur race, ils n'avaient pas
appris à s'en servir ; ils ne pouvaient même réussir
dans la culture des terres, qui était leur seule affaire.
« Je vois sous mes yeux l'agriculture du xe siècle »,
dit un célèbre agronome anglais. Ils n'excellaient que
dans le métier des armes ; là, du moins, ils avaient un
contact naturel et nécessaire avec les autres classes.
C'est dans cet abîme d'isolement et de misère que le

paysan vivait ; il s'y tenait comme fermé et impénétrable. J'ai été surpris, et presque effrayé, en apercevant que, moins de vingt ans avant que le culte catholique ne fût aboli sans résistance et les églises profanées, la méthode quelquefois suivie par l'administration pour connaître la population d'un canton était celle-ci : les curés indiquaient le nombre de ceux qui s'étaient présentés à Pâques à la sainte table ; on y ajoutait le nombre présumé des enfants en bas âge et des malades : le tout formait le total des habitants. Cependant les idées du temps pénétraient déjà de toutes parts ces esprits grossiers ; elles y entraient par des voies détournées et souterraines, et prenaient dans ces lieux étroits et obscurs des formes étranges. Néanmoins rien ne paraissait encore changé au dehors. Les mœurs du paysan, ses habitudes, ses croyances semblaient toujours les mêmes ; il était soumis, il était même joyeux.

Il faut se défier de la gaieté que montre souvent le Français dans ses plus grands maux ; elle prouve seulement que, croyant sa mauvaise fortune inévitable, il cherche à s'en distraire en n'y pensant point, et non qu'il ne la sent pas. Ouvrez à cet homme une issue qui puisse le conduire hors de cette misère dont il semble si peu souffrir, il se portera aussitôt de ce côté avec tant de violence qu'il vous passera sur le corps sans vous voir, si vous êtes sur son chemin.

Nous apercevons clairement ces choses du point où nous sommes ; mais les contemporains ne les voyaient pas. Ce n'est jamais qu'à grand-peine que les hommes des classes élevées parviennent à discerner nettement ce qui se passe dans l'âme du peuple, et en particulier dans celle des paysans. L'éducation et le genre de vie

ouvrent à ceux-ci sur les choses humaines des jours
qui leur sont propres et qui demeurent fermés à tous les
autres. Mais quand le pauvre et le riche n'ont presque
plus d'intérêt commun, de communs griefs, ni d'affaires
communes, cette obscurité qui cache l'esprit de l'un à
l'esprit de l'autre devient insondable, et ces deux
hommes pourraient vivre éternellement côte à côte
sans se pénétrer jamais. Il est curieux de voir dans
quelle sécurité étrange vivaient tous ceux qui occupaient les étages supérieurs et moyens de l'édifice
social au moment même où la Révolution commençait,
et de les entendre discourant ingénieusement entre eux
sur les vertus du peuple, sur sa douceur, son dévouement,
ses innocents plaisirs, quand déjà 93 est sous leurs pieds :
spectacle ridicule et terrible !

Arrêtons-nous ici avant de passer outre, et considérons un moment, à travers tous ces petits faits que je
viens de décrire, l'une des plus grandes lois de Dieu
dans la conduite des sociétés.

La noblesse française s'obstine à demeurer à part
des autres classes ; les gentilshommes finissent par se
laisser exempter de la plupart des charges publiques
qui pèsent sur elles ; ils se figurent qu'ils conserveront
leur grandeur en se soustrayant à ces charges, et il paraît
d'abord en être ainsi. Mais bientôt une maladie interne
semble s'être attachée à leur condition, qui se réduit
peu à peu sans que personne les touche, ils s'appau-
vrissent à mesure que leurs immunités s'accroissent.
La bourgeoisie, avec laquelle ils avaient tant craint de
se confondre, s'enrichit au contraire et s'éclaire à côté
d'eux, sans eux et contre eux ; ils n'avaient pas voulu
avoir les bourgeois comme associés ni comme concitoyens, ils vont trouver en eux des rivaux, bientôt des

ennemis, et enfin des maîtres. Un pouvoir étranger les
a déchargés du soin de conduire, de protéger, d'assister
leurs vassaux ; mais comme en·même temps il leur a
laissé leurs droits pécuniaires et leurs privilèges honorifiques, ils estiment n'avoir rien perdu. Comme ils
continuent à marcher les premiers, ils croient qu'ils
conduisent encore, et, en effet, ils continuent à avoir
autour d'eux des hommes que, dans les actes notariés,
ils appellent leurs *sujets;* d'autres se nomment leurs
vassaux, leurs tenanciers, leurs fermiers. En réalité,
personne ne les suit, ils sont seuls, et, quand on va se
présenter enfin pour les accabler, il ne leur restera qu'à
fuir.

Quoique la destinée de la noblesse et celle de la bourgeoisie aient été fort différentes entre elles, elles se sont
ressemblé en un point : le bourgeois a fini par vivre
aussi à part du peuple que le gentilhomme lui-même.
Loin de se rapprocher des paysans, il avait fui le contact
de leurs misères ; au lieu de s'unir étroitement à eux
pour lutter en commun contre l'inégalité commune, il
n'avait cherché qu'à créer de nouvelles injustices à son
usage : on l'avait vu aussi ardent à se procurer des exceptions que le gentilhomme à maintenir ses privilèges.
Ces paysans, dont il était sorti, lui étaient devenus non
seulement étrangers, mais pour ainsi dire inconnus, et
ce n'est qu'après qu'il leur eut mis les armes à la main
qu'il s'aperçut qu'il avait excité des passions dont il
n'avait pas même d'idée, qu'il était aussi impuissant
à contenir qu'à conduire, et dont il allait devenir la
victime après en avoir été le promoteur.

On s'étonnera dans tous les âges en voyant les ruines
de cette grande maison de France qui avait paru devoir
s'étendre sur toute l'Europe ; mais ceux qui liront atten-

tivement son histoire comprendront sans peine sa chute.
Presque tous les vices, presque toutes les erreurs, presque tous les préjugés funestes que je viens de peindre
ont dû, en effet, soit leur naissance, soit leur durée, soit
leur développement, à l'art qu'ont eu la plupart de nos
rois pour diviser les hommes, afin de les gouverner plus
absolument.

Mais quand le bourgeois eut été ainsi bien isolé du
gentilhomme, et le paysan du gentilhomme et du bourgeois ; lorsque, un travail analogue se continuant au
sein de chaque classe, il se fut fait dans l'intérieur de
chacune d'elles de petites agrégations particulières
presque aussi isolées les unes des autres que les classes
l'étaient entre elles, il se trouva que le tout ne composait
plus qu'une masse homogène, mais dont les parties
n'étaient plus liées. Rien n'était plus organisé pour
gêner le gouvernement, rien, non plus, pour l'aider. De
telle sorte que l'édifice entier de la grandeur de ces
princes put s'écrouler tout ensemble et en un moment,
dès que la société qui lui servait de base s'agita.

Et ce peuple enfin, qui semble seul avoir tiré profit
des fautes et des erreurs de tous ses maîtres, s'il a
échappé, en effet, à leur empire, il n'a pu se soustraire
au joug des idées fausses, des habitudes vicieuses, des
mauvais penchants qu'ils lui avaient donnés ou laissé
prendre. On l'a vu parfois transporter les goûts d'un
esclave jusque dans l'usage même de sa liberté, aussi
incapable de se conduire lui-même qu'il s'était montré
dur pour ses précepteurs.

LIVRE III

CHAPITRE PREMIER

Comment, vers le milieu du XVIIIe siècle,
les hommes de lettres devinrent
les principaux hommes politiques du pays,
et des effets qui en résultèrent

Je perds maintenant de vue les faits anciens et généraux qui ont préparé la grande Révolution que je veux peindre. J'arrive aux faits particuliers et plus récents qui ont achevé de déterminer sa place, sa naissance et son caractère.

La France était depuis longtemps, parmi toutes les nations de l'Europe, la plus littéraire ; néanmoins les gens de lettres n'y avaient jamais montré l'esprit qu'ils y firent voir vers le milieu du XVIIIe siècle, ni occupé la place qu'ils y prirent alors. Cela ne s'était jamais vu parmi nous, ni, je pense, nulle part ailleurs.

Ils n'étaient point mêlés journellement aux affaires, comme en Angleterre : jamais, au contraire, ils n'avaient vécu plus loin d'elles ; ils n'étaient revêtus d'aucune autorité quelconque, et ne remplissaient aucune fonction publique dans une société déjà toute remplie de fonctionnaires.

Cependant ils ne demeuraient pas, comme la plupart de leurs pareils en Allemagne, entièrement étrangers à la politique, et retirés dans le domaine de la philosophie pure et des belles-lettres. Ils s'occupaient sans cesse des matières qui ont trait au gouvernement ;

c'était là même, à vrai dire, leur occupation propre. On les entendait tous les jours discourir sur l'origine des sociétés et sur leurs formes primitives, sur les droits primordiaux des citoyens et sur ceux de l'autorité, sur les rapports naturels et artificiels des hommes entre eux, sur l'erreur ou la légitimité de la coutume, et sur les principes mêmes des lois. Pénétrant ainsi chaque jour jusqu'aux bases de la constitution de leur temps, ils en examinaient curieusement la structure et en critiquaient le plan général. Tous ne faisaient pas, il est vrai, de ces grands problèmes, l'objet d'une étude particulière et approfondie ; la plupart même ne les touchaient qu'en passant et comme en se jouant ; mais tous les rencontraient. Cette sorte de politique abstraite et littéraire était répandue à doses inégales dans toutes les œuvres de ce temps-là, et il n'y en a aucune, depuis le lourd traité jusqu'à la chanson, qui n'en contienne un peu.

Quant aux systèmes politiques de ces écrivains, ils variaient tellement entre eux que celui qui voudrait les concilier et en former une seule théorie de gouvernement ne viendrait jamais à bout d'un pareil travail.

Néanmoins, quand on écarte les détails pour arriver aux idées mères, on découvre aisément que les auteurs de ces systèmes différents s'accordent au moins sur une notion très générale que chacun d'eux paraît avoir également conçue, qui semble préexister dans son esprit à toutes les idées particulières et en être la source commune. Quelque séparés qu'ils soient dans le reste de leur course, ils se tiennent tous à ce point de départ : tous pensent qu'il convient de substituer des règles simples et élémentaires, puisées dans la raison et dans la loi naturelle, aux coutumes compliquées et traditionnelles qui régissent la société de leur temps.

En y regardant bien, l'on verra que ce qu'on pourrait
appeler la philosophie politique du xviiie siècle consiste
à proprement parler dans cette seule notion-là.

Une pareille pensée n'était point nouvelle : elle passait et repassait sans cesse depuis trois mille ans à travers l'imagination des hommes sans pouvoir s'y fixer.
Comment parvint-elle à s'emparer cette fois de l'esprit
de tous les écrivains ? Pourquoi, au lieu de s'arrêter,
ainsi qu'elle l'avait déjà fait souvent, dans la tête de
quelques philosophes, était-elle descendue jusqu'à la
foule, et y avait-elle pris la consistance et la chaleur
d'une passion politique, de telle façon qu'on pût voir
des théories générales et abstraites sur la nature des
sociétés devenir le sujet des entretiens journaliers des
oisifs, et enflammer jusqu'à l'imagination des femmes
et des paysans ? Comment des hommes de lettres qui
ne possédaient ni rangs, ni honneurs, ni richesses, ni
responsabilité, ni pouvoir, devinrent-ils, en fait, les
principaux hommes politiques du temps, et même les
seuls, puisque, tandis que d'autres exerçaient le gouvernement, eux seuls tenaient l'autorité ? Je voudrais
l'indiquer en peu de mots, et faire voir quelle influence
extraordinaire et terrible ces faits, qui ne semblent
appartenir qu'à l'histoire de notre littérature, ont eue
sur la Révolution et jusqu'à nos jours.

Ce n'est pas par hasard que les philosophes du xviiie
siècle avaient généralement conçu des notions si opposées
à celles qui servaient encore de base à la société de leur
temps ; ces idées leur avaient été naturellement suggérées
par la vue de cette société même qu'ils avaient tous
sous les yeux. Le spectacle de tant de privilèges abusifs
ou ridicules, dont on sentait de plus en plus le poids et
dont on apercevait de moins en moins la cause, pous-

sait, ou plutôt précipitait simultanément l'esprit de
chacun d'eux vers l'idée de l'égalité naturelle des conditions. En voyant tant d'institutions irrégulières et
bizarres, filles d'autres temps, que personne n'avait
essayé de faire concorder entre elles ni d'accommoder
aux besoins nouveaux, et qui semblaient devoir éter-
niser leur existence après avoir perdu leur vertu, ils
prenaient aisément en dégoût les choses anciennes et la
tradition, et ils étaient naturellement conduits à vouloir
rebâtir la société de leur temps d'après un plan entièrement nouveau, que chacun d'eux traçait à la seule
lumière de sa raison.

La condition même de ces écrivains les préparait à
goûter les théories générales et abstraites en matière
de gouvernement et à s'y confier aveuglément. Dans
l'éloignement presque infini où ils vivaient de la pratique, aucune expérience ne venait tempérer les ardeurs
de leur naturel ; rien ne les avertissait des obstacles que
les faits existants pouvaient apporter aux réformes
même les plus désirables ; ils n'avaient nulle idée des
périls qui accompagnent toujours les révolutions les
plus nécessaires. Ils ne les pressentaient même point ;
car l'absence complète de toute liberté politique faisait
que le monde des affaires ne leur était pas seulement
mal connu, mais invisible. Ils n'y faisaient rien et ne
pouvaient même voir ce que d'autres y faisaient. Ils
manquaient donc de cette instruction superficielle que
la vue d'une société libre, et le bruit de tout ce qui s'y
dit, donnent à ceux mêmes qui s'y mêlent le moins du
gouvernement. Ils devinrent ainsi beaucoup plus hardis
dans leurs nouveautés, plus amoureux d'idées générales
et de systèmes, plus contempteurs de la sagesse antique
et plus confiants encore dans leur raison individuelle

que cela ne se voit communément chez les auteurs qui écrivent des livres spéculatifs sur la politique.

La même ignorance leur livrait l'oreille et le cœur de la foule. Si les Français avaient encore pris part, comme autrefois, au gouvernement dans les états généraux, si même ils avaient continué à s'occuper journellement de l'administration du pays dans les assemblées de leurs provinces, on peut affirmer qu'ils ne se seraient jamais laissé enflammer, comme ils le firent alors, par les idées des écrivains ; ils eussent retenu un certain usage des affaires qui les eût prévenus contre la théorie pure.

Si, comme les Anglais, ils avaient pu, sans détruire leurs anciennes institutions, en changer graduellement l'esprit par la pratique, peut-être n'en auraient-ils pas imaginé si volontiers de toutes nouvelles. Mais chacun d'eux se sentait tous les jours gêné dans sa fortune, dans sa personne, dans son bien-être ou dans son orgueil par quelque vieille loi, quelque ancien usage politique, quelque débris des anciens pouvoirs, et il n'apercevait à sa portée aucun remède qu'il pût appliquer lui-même à ce mal particulier. Il semblait qu'il fallût tout supporter ou tout détruire dans la constitution du pays.

Nous avions pourtant conservé une liberté dans la ruine de toutes les autres : nous pouvions philosopher presque sans contrainte sur l'origine des sociétés, sur la nature essentielle des gouvernements et sur les droits primordiaux du genre humain.

Tous ceux que la pratique journalière de la législation gênait s'éprirent bientôt de cette politique littéraire. Le goût en pénétra jusqu'à ceux que la nature ou la condition éloignait naturellement le plus des spéculations abstraites. Il n'y eut pas de contribuable lésé

par l'inégale répartition des tailles qui ne s'échauffât
à l'idée que tous les hommes doivent être égaux ; pas
de petit propriétaire dévasté par les lapins du gentilhomme son voisin qui ne se plût à entendre dire que
tous les privilèges indistinctement étaient condamnés
par la raison. Chaque passion publique se déguisa ainsi
en philosophie ; la vie politique fut violemment refoulé
dans la littérature, et les écrivains, prenant en main la
direction de l'opinion, se trouvèrent un moment tenir
la place que les chefs de parti occupent d'ordinaire
dans les pays libres.

Personne n'était plus en état de leur disputer ce rôle.

Une aristocratie dans sa vigueur ne mène pas seulement les affaires ; elle dirige encore les opinions, donne
le ton aux écrivains et l'autorité aux idées. Au xviiie siècle, la noblesse française avait entièrement perdu cette
partie de son empire ; son crédit avait suivi la fortune
de son pouvoir : la place qu'elle avait occupée dans le
gouvernement des esprits était vide, et les écrivains
pouvaient s'y étendre à leur aise et la remplir seuls.

Bien plus, cette aristocratie elle-même, dont ils prenaient la place, favorisait leur entreprise ; elle avait si
bien oublié comment des théories générales, une fois
admises, arrivent inévitablement à se transformer en
passions politiques et en actes, que les doctrines les plus
opposées à ses droits particuliers, et même à son existence, lui paraissaient des jeux fort ingénieux de l'esprit ; elle s'y mêlait elle-même volontiers pour passer
le temps, et jouissait paisiblement de ses immunités et
de ses privilèges, en dissertant avec sérénité sur l'absur-
dité de toutes les coutumes établies.

On s'est étonné souvent en voyant l'étrange aveuglement avec lequel les hautes classes de l'ancien

régime ont aidé ainsi elles-mêmes à leur ruine ; mais
où auraient-elles pris leurs lumières? Les institutions
libres ne sont pas moins nécessaires aux principaux
citoyens, pour leur apprendre leurs périls, qu'aux
moindres, pour assurer leurs droits. Depuis plus d'un
siècle que les dernières traces de la vie publique avaient
disparu parmi nous, les gens les plus directement
intéressés au maintien de l'ancienne constitution
n'avaient été avertis par aucun choc ni par aucun bruit
de la décadence de cet antique édifice. Comme rien
n'avait extérieurement changé, ils se figuraient que
tout était resté précisément de même. Leur esprit
était donc arrêté au point de vue où avait été placé
celui de leurs pères. La noblesse se montre aussi pré-
occupée des empiétements du pouvoir royal dans les
cahiers de 1789 qu'elle eût pu l'être dans ceux du
xve siècle. De son côté, l'infortuné Louis XVI, un moment avant de périr dans le débordement de la démocratie, Burke le remarque avec raison, continuait à voir
dans l'aristocratie la principale rivale du pouvoir royal ;
il s'en défiait comme si l'on eût été encore au temps
de la Fronde. La bourgeoisie et le peuple lui paraissaient au contraire, comme à ses aïeux, l'appui le plus
sûr du trône.

Mais ce qui nous paraîtra plus étrange, à nous qui
avons sous les yeux les débris de tant de révolutions,
c'est que la notion même d'une révolution violente
était absente de l'esprit de nos pères. On ne la discutait
pas, on ne l'avait pas conçue. Les petits ébranlements
que la liberté publique imprime sans cesse aux sociétés
les mieux assises rappellent tous les jours la possibilité
des renversements et tiennent la prudence publique en
éveil ; mais dans cette société française du xviiie siècle,

qui allait tomber dans l'abîme, rien n'avait encore averti
qu'on penchât.

Je lis attentivement les cahiers que dressèrent les
trois ordres avant de se réunir en 1789 ; je dis les
trois ordres, ceux de la noblesse et du clergé, aussi bien
que celui du tiers. Je vois qu'ici on demande le changement d'une loi, là d'un usage, et j'en tiens note. Je
continue ainsi jusqu'au bout cet immense travail, et,
quand je viens à réunir ensemble tous ces vœux particuliers, je m'aperçois avec une sorte de terreur que ce
qu'on réclame est l'abolition simultanée et systématique
de toutes les lois et de tous les usages ayant cours dans
le pays ; je vois sur-le-champ qu'il va s'agir d'une des
plus vastes et des plus dangereuses révolutions qui aient
jamais paru dans le monde. Ceux qui en seront demain
les victimes n'en savent rien ; ils croient que la transformation totale et soudaine d'une société si compliquée
et si vieille peut s'opérer sans secousse, à l'aide de la
raison, et par sa seule efficace. Les malheureux ! ils
ont oublié jusqu'à cette maxime que leurs pères avaient
ainsi exprimée, quatre cents ans auparavant, dans le
français naïf et énergique de ce temps-là : « *Par requierre
de trop grande franchise et libertés chet-on en trop grand
servaige.* »

Il n'est pas surprenant que la noblesse et la bourgeoisie, exclues depuis si longtemps de toute vie publique, montrassent cette singulière inexpérience ; mais
ce qui étonne davantage, c'est que ceux mêmes qui
conduisaient les affaires, les ministres, les magistrats,
les intendants, ne font guère voir plus de prévoyance.
Plusieurs étaient cependant de très habiles gens dans
leur métier ; ils possédaient à fond tous les détails de
l'administration publique de leur temps ; mais quant

à cette grande science du gouvernement, qui apprend à comprendre le mouvement général de la société, à juger ce qui se passe dans l'esprit des masses et à prévoir ce qui va en résulter, ils y étaient tout aussi neufs que le peuple lui-même. Il n'y a, en effet, que le jeu des institutions libres qui puisse enseigner complètement aux hommes d'État cette partie principale de leur art.

Cela se voit bien dans le mémoire que Turgot adressait au roi en 1775, où il lui conseillait, entre autres choses, de faire librement élire par toute la nation et de réunir chaque année autour de sa personne, pendant six semaines, une assemblée représentative, mais de ne lui accorder aucune puisssance effective. Elle ne s'occuperait que d'administration et jamais de gouvernement, aurait plutôt des avis à donner que des volontés à exprimer, et, à vrai dire, ne serait chargée que de discourir sur les lois sans les faire. « De cette façon, le pouvoir royal serait éclairé et non gêné, disait-il, et l'opinion publique satisfaite sans péril. Car ces assemblées n'auraient nulle autorité pour s'opposer aux opérations indispensables, et si, par impossible, elles ne s'y portaient pas, Sa Majesté resterait toujours la maîtresse. » On ne pouvait méconnaître davantage la portée d'une mesure et l'esprit de son temps. Il est souvent arrivé, il est vrai, vers la fin des révolutions, qu'on a pu faire impunément ce que Turgot proposait, et, sans accorder de libertés réelles, en donner l'ombre. Auguste l'a tenté avec succès. Une nation fatiguée de longs débats consent volontiers qu'on la dupe, pourvu qu'on la repose, et l'histoire nous apprend qu'il suffit alors pour la contenter de ramasser dans tout le pays un certain nombre d'hommes obscurs ou dépendants, et de leur faire jouer devant elle le rôle d'une assemblée

politique, moyennant salaire. Il y a eu de cela plusieurs
exemples. Mais au début d'une révolution ces entreprises
échouent toujours et ne font jamais qu'enflammer
le peuple sans le contenter. Le moindre citoyen d'un
pays libre sait cela ; Turgot, tout grand administrateur
qu'il était, l'ignorait.

Si l'on songe maintenant que cette même nation
française, si étrangère à ses propres affaires et si dépour-
vue d'expérience, si gênée par ses institutions et si
impuissante à les amender, était en même temps alors,
de toutes les nations de la terre, la plus lettrée et la
plus amoureuse du bel esprit, on comprendra sans
peine comment les écrivains y devinrent une puissance
politique et finirent par y être la première.

Tandis qu'en Angleterre ceux qui écrivaient sur le
gouvernement et ceux qui gouvernaient étaient mêlés,
les uns introduisant les idées nouvelles dans la pratique,
les autres redressant et circonscrivant les théories
à l'aide des faits, en France, le monde politique resta
comme divisé en deux provinces séparées et sans commerce entre elles. Dans la première on administrait ;
dans la seconde on établissait les principes abstraits
sur lesquels toute administration eût dû se fonder.
Ici on prenait des mesures particulières que la routine
indiquait ; là on proclamait des lois générales, sans
jamais songer aux moyens de les appliquer : aux uns,
la conduite des affaires ; aux autres, la direction des
intelligences.

Au-dessus de la société réelle, dont la constitution
était encore traditionnelle, confuse et irrégulière, où
les lois demeuraient diverses et contradictoires, les
rangs tranchés, les conditions fixes et les charges
inégales, il se bâtissait ainsi peu à peu une société

imaginaire, dans laquelle tout paraissait simple et
coordonné, uniforme, équitable et conforme à la raison.

Graduellement l'imagination de la foule déserta la
première pour se retirer dans la seconde. On se désin-
téressa de ce qui était, pour songer à ce qui pouvait
être, et l'on vécut enfin par l'esprit dans cette cité
idéale qu'avaient construite les écrivains.

On a souvent attribué notre révolution à celle d'Amérique : celle-ci eut en effet beaucoup d'influence sur la
révolution française, mais elle la dut moins à ce qu'on
fit alors aux États-Unis qu'à ce qu'on pensait au même
moment en France. Tandis que dans le reste de l'Europe
la révolution d'Amérique n'était encore qu'un fait
nouveau et singulier, chez nous elle rendait seulement
plus sensible et plus frappant ce qu'on croyait connaître
déjà. Là elle étonnait, ici elle achevait de convaincre.
Les Américains semblaient ne faire qu'exécuter ce que
nos écrivains avaient conçu ; ils donnaient la substance
de la réalité à ce que nous étions en train de rêver.
C'est comme si Fénelon se fût trouvé tout à coup dans
Salente.

Cette circonstance, si nouvelle dans l'histoire, de
toute l'éducation politique d'un grand peuple entièrement faite par des gens de lettres, fut ce qui contribua
le plus peut-être à donner à la révolution française son
génie propre et à faire sortir d'elle ce que nous voyons.

Les écrivains ne fournirent pas seulement leurs idées
au peuple qui la fit ; ils lui donnèrent leur tempérament
et leur humeur. Sous leur longue discipline, en absence
de tous autres conducteurs, au milieu de l'ignorance
profonde où l'on vivait de la pratique, toute la nation,
en les lisant, finit par contracter les instincts, le tour
d'esprit, les goûts et jusqu'aux travers naturels à ceux

qui écrivent ; de telle sorte que, quand elle eut enfin
à agir, elle transporta dans la politique toutes les
habitudes de la littérature.

Quand on étudie l'histoire de notre révolution, on
voit qu'elle a été menée précisément dans le même
esprit qui a fait écrire tant de livres abstraits sur le
gouvernement. Même attrait pour les théories générales, les systèmes complets de législation et l'exacte
symétrie dans les lois ; même mépris des faits existants ;
même confiance dans la théorie ; même goût de l'original, de l'ingénieux et du nouveau dans les institutions ;
même envie de refaire à la fois la constitution tout
entière suivant les règles de la logique et d'après un
plan unique, au lieu de chercher à l'amender dans ses
parties. Effrayant spectacle ! car ce qui est qualité dans
l'écrivain est parfois vice dans l'homme d'État, et
les mêmes choses qui souvent ont fait faire de beaux
livres peuvent mener à de grandes révolutions.

La langue de la politique elle-même prit alors quelque
chose de celle que parlaient les auteurs ; elle se remplit
d'expressions générales, de termes abstraits, de mots
ambitieux, de tournures littéraires. Ce style, aidé par
les passions politiques qui l'employaient, pénétra
dans toutes les classes et descendit avec une singulière facilité jusqu'aux dernières. Bien avant la Révolution, les édits du roi Louis XVI parlent souvent de la
loi naturelle et des droits de l'homme. Je trouve des
paysans qui, dans leurs requêtes, appellent leurs voisins
des concitoyens ; l'intendant, un respectable magistrat ;
le curé de la paroisse, le ministre des autels, et le bon
Dieu, l'Être suprême, et auxquels il ne manque guère,
pour devenir d'assez méchants écrivains, que de savoir
l'orthographe.

Ces qualités nouvelles se sont si bien incorporées à
l'ancien fonds du caractère français que souvent on a
attribué à notre naturel ce qui ne provenait que de cette
éducation singulière. J'ai entendu affirmer que le goût
ou plutôt la passion que nous avons montrée depuis
soixante ans pour les idées générales, les systèmes
et les grands mots en matière politique, tenait à je ne
sais quel attribut particulier à notre race, à ce qu'on
appelait un peu emphatiquement *l'esprit français* :
comme si ce prétendu attribut eût pu apparaître tout
à coup vers la fin du siècle dernier, après s'être caché
pendant tout le reste de notre histoire.

Ce qui est singulier, c'est que nous avons gardé les
habitudes que nous avions prises à la littérature en
perdant presque complètement notre ancien amour
des lettres. Je me suis souvent étonné, dans le cours de
ma vie publique, en voyant des gens qui ne lisaient guère
les livres du xviiie siècle, non plus que ceux d'aucun
autre, et qui méprisaient fort les auteurs, retenir si
fidèlement quelques-uns des principaux défauts qu'avait
fait voir, avant leur naissance, l'esprit littéraire.

CHAPITRE II

*Comment l'irréligion avait pu devenir une passion
générale et dominante chez les Français
du xviiie siècle, et quelle sorte d'influence
cela eut sur le caractère de la Révolution*

Depuis la grande révolution du xvie siècle, où l'esprit
d'examen avait entrepris de démêler entre les diverses
traditions chrétiennes quelles étaient les fausses et les
véritables, il n'avait jamais cessé de se produire des
génies plus curieux ou plus hardis qui les avaient
contestées ou rejetées toutes. Le même esprit qui,
au temps de Luther, avait fait sortir à la fois du catholicisme plusieurs millions de catholiques, poussait
isolément chaque année quelques chrétiens hors du
christianisme lui-même : à l'hérésie avait succédé
l'incrédulité.

On peut dire d'une manière générale qu'au xviiie siècle
le christianisme avait perdu sur tout le continent de
l'Europe une grande partie de sa puissance ; mais, dans
la plupart des pays, il était plutôt délaissé que violemment combattu ; ceux mêmes qui l'abandonnaient le
quittaient comme à regret. L'irréligion était répandue
parmi les princes et les beaux esprits ; elle ne pénétrait
guère encore dans le sein des classes moyennes et du
peuple ; elle restait le caprice de certains esprits, non

une opinion commune. « C'est un préjugé répandu
généralement en Allemagne, dit Mirabeau en 1787,
que les provinces prussiennes sont remplies d'athées.
La vérité est que, s'il s'y rencontre quelques libres
penseurs, le peuple y est aussi attaché à la religion que
dans les contrées les plus dévotes, et qu'on y compte
même un grand nombre de fanatiques. » Il ajoute
qu'il est bien à regretter que Frédéric II n'autorise
point le mariage des prêtres catholiques, et surtout
refuse de laisser à ceux qui se marient les revenus de leur
bénéfice ecclésiastique, « mesure, dit-il que nous oserions
croire digne de ce grand homme ». Nulle part l'irréligion n'était encore devenue une passion générale,
ardente, intolérante ni oppressive, si ce n'est en
France.

Là il se passait une chose qui ne s'était pas encore
rencontrée. On avait attaqué avec violence en d'autres
temps des religions établies, mais l'ardeur qu'on montrait contre elles avait toujours pris naissance dans
le zèle que des religions nouvelles inspiraient. Les religions fausses et détestables de l'antiquité n'avaient
eu elles-mêmes d'adversaires nombreux et passionnés
que quand le christianisme s'était présenté pour les
supplanter ; jusque-là elles s'éteignaient doucement
et sans bruit dans le doute et l'indifférence : c'est la
mort sénile des religions. En France, on attaqua avec
une sorte de fureur la religion chrétienne, sans essayer
même de mettre une autre religion à sa place. On
travailla ardemment et continûment à ôter des âmes
la foi qui les avait remplies, et on les laissa vides. Une
multitude d'hommes s'enflammèrent dans cette in-
grate entreprise. L'incrédulité absolue en matière de
religion, qui est si contraire aux instincts naturels de

l'homme et met son âme dans une assiette si doulou-
reuse, parut attrayante à la foule. Ce qui n'avait produit jusque-là qu'une sorte de langueur maladive
engendra cette fois le fanatisme et l'esprit de propagande.

La rencontre de plusieurs grands écrivains disposés
à nier les vérités de la religion chrétienne ne paraît pas
suffisante pour rendre raison d'un événement si
extraordinaire ; car pourquoi tous ces écrivains, tous,
ont-ils porté leur esprit de ce côté plutôt que d'un autre ?
Pourquoi parmi eux n'en a-t-on vu aucun qui se soit
imaginé de choisir la thèse contraire ? Et enfin, pourquoi ont-ils trouvé, plus que tous leurs prédécesseurs,
l'oreille de la foule tout ouverte pour les entendre et
son esprit si enclin à les croire ? Il n'y a que des causes
très particulières au temps et au pays de ces écrivains
qui puissent expliquer et leur entreprise, et surtout
son succès. L'esprit de Voltaire était depuis longtemps
dans le monde ; mais Voltaire lui-même ne pouvait
guère en effet régner qu'au xviiie siècle et en
France.

Reconnaissons d'abord que l'Église n'avait rien de
plus attaquable chez nous qu'ailleurs ; les vices et les
abus qu'on y avait mêlés étaient au contraire moindres que dans la plupart des pays catholiques ; elle
était infiniment plus tolérante qu'elle ne l'avait été
jusque-là et qu'elle ne l'était encore chez d'autres
peuples. Aussi est-ce bien moins dans l'état de la religion que dans celui de la société qu'il faut chercher
les causes particulières du phénomène.

Pour le comprendre, il ne faut jamais perdre de vue
ce que j'ai dit au chapitre précédent, à savoir : que
tout l'esprit d'opposition politique que faisaient naître

les vices du gouvernement, ne pouvant se produire
dans les affaires, s'était réfugié dans la littérature,
et que les écrivains étaient devenus les véritables
chefs du grand parti qui tendait à renverser toutes
les institutions sociales et politiques du pays.

Ceci bien saisi, la question change d'objet. Il ne s'agit
plus de savoir en quoi l'Église de ce temps-là pouvait
pécher comme institution religieuse, mais en quoi
elle faisait obstacle à la révolution politique qui se
préparait, et devait être particulièrement gênante
aux écrivains qui en étaient les principaux promo-
teurs.

L'Église faisait obstacle, par les principes mêmes
de son gouvernement, à ceux qu'ils voulaient faire
prévaloir dans le gouvernement civil. Elle s'appuyait
principalement sur la tradition : ils professaient un
grand mépris pour toutes les institutions qui se fondent sur le respect du passé ; elle reconnaissait une
autorité supérieure à la raison individuelle : ils n'e
appelaient qu'à cette même raison ; elle se fondai
sur une hiérarchie : ils tendaient à la confusion des
rangs. Pour pouvoir s'entendre avec elle, il eût fallu
que de part et d'autre on eût reconnu que la société
politique et la société religieuse, étant par nature
essentiellement différentes, ne peuvent se régler
par des principes semblables ; mais on était bien loin
de là alors, et il semblait que, pour arriver à attaquer
les institutions de l'État, il fût nécessaire de détruire
celles de l'Église, qui leur servaient de fondement et de
modèle.

L'Église d'ailleurs était elle-même alors le premier
des pouvoirs politiques, et le plus détesté de tous,
quoiqu'il n'en fût pas le plus oppressif ; car elle était

venue se mêler à eux sans y être appelée par sa voca-
tion et par sa nature, consacrait souvent chez eux des
vices qu'elle blâmait ailleurs, les couvrait de son
inviolabilité sacrée, et semblait vouloir les rendre
immortels comme elle-même. En l'attaquant, on
était sûr d'entrer tout d'abord dans la passion du
public.

Mais, outre ces raisons générales, les écrivains en
avaient de plus particulières, et pour ainsi dire de
personnelles, pour s'en prendre d'abord à elle. L'Église
représentait précisément cette partie du gouvernement
qui leur était la plus proche et la plus directement
opposée. Les autres pouvoirs ne se faisaient sentir à
eux que de temps en temps ; mais celui-là, étant
spécialement chargé de surveiller les démarches de la
pensée et de censurer les écrits, les incommodait
tous les jours. En défendant contre elle les libertés
générales de l'esprit humain, ils combattaient dans
leur cause propre et commençaient par briser
l'entrave qui les serrait eux-mêmes le plus étroitement.

L'Église, de plus, leur paraissait être, de tout le
vaste édifice qu'ils attaquaient, et était, en effet, le
côté le plus ouvert et le moins défendu. Sa puissance
s'était affaiblie en même temps que le pouvoir des
princes temporels s'affermissait. Après avoir été leur
supérieure, puis leur égale, elle s'était réduite à devenir
leur cliente ; entre eux et elle s'était établi une sorte
d'échange : ils lui prêtaient leur force matérielle, elle
leur prêtait son autorité morale ; ils faisaient obéir
à ses préceptes, elle faisait respecter leur volonté.
Commerce dangereux, quand les temps de révolution
approchent, et toujours désavantageux à une puissance

qui ne se fonde pas sur la contrainte, mais sur la croyance.

Quoique nos rois s'appellent encore les fils aînés de l'Église, ils s'acquittaient fort négligemment de leurs obligations envers elle ; ils montraient bien moins d'ardeur à la protéger qu'ils n'en mettaient à défendre leur propre gouvernement. Ils ne permettaient pas, il est vrai, qu'on portât la main sur elle ; mais ils souffraient qu'on la perçât de loin de mille traits.

Cette demi-contrainte qu'on imposait alors aux ennemis de l'Église, au lieu de diminuer leur pouvoir, l'augmentait. Il y a des moments où l'oppression des écrivains parvient à arrêter le mouvement de la pensée, dans d'autres elle le précipite ; mais il n'est jamais arrivé qu'une sorte de police semblable à celle qu'on exerçait alors sur la presse n'ait pas centuplé son pouvoir.

Les auteurs n'étaient persécutés que dans la mesure qui fait plaindre, et non dans celle qui fait trembler ; ils souffraient cette espèce de gêne qui anime la lutte, et non ce joug pesant qui accable. Les poursuites dont ils étaient l'objet, presque toujours lentes, bruyantes et vaines, semblaient avoir pour but moins de les détourner d'écrire que de les y exciter. Une complète liberté de la presse eût été moins dommageable à l'Église.

« Vous croyez notre intolérance, écrivait Diderot à David Hume en 1768, plus favorable au progrès de l'esprit que votre liberté illimitée ; d'Holbach, Helvétius, Morellet et Suard ne sont pas de votre avis. » C'était pourtant l'Écossais qui avait raison. Habitant d'un pays libre, il en possédait l'expérience ; Diderot jugeait la chose en homme de lettres, Hume la jugeait en politique.

J'arrête le premier Américain que je rencontre, soit dans son pays, soit ailleurs, et je lui demande s'il croit la religion utile à la stabilité des lois et au bon ordre de la société ; il me répond sans hésiter qu'une société civilisée, mais surtout une société libre, ne peut subsister sans religion. Le respect de la religion y est, à ses yeux, le plus grande garantie de la stabilité de l'État et de la sûreté des particuliers. Les moins versés dans la science du gouvernement savent au moins cela. Cependant il n'y a pas de pays au monde où les doctrines les plus hardies des philosophes du xviiie siècle, en matière de politique, soient plus appliquées qu'en Amérique ; leurs seules doctrines antireligieuses n'ont jamais pu s'y faire jour, même à la faveur de la liberté illimitée de la presse.

J'en dirai autant des Anglais. Notre philosophie irréligieuse leur fut prêchée avant même que la plupart de nos philosophes ne vinssent au monde : ce fut Bolingbroke qui acheva de dresser Voltaire. Pendant tout le cours du xviiie siècle, l'incrédulité eut des représentants célèbres en Angleterre. D'habiles écrivains, de profonds penseurs prirent en main sa cause ; ils ne purent jamais la faire triompher comme en France, parce que tous ceux qui avaient quelque chose à craindre dans les révolutions se hâtèrent de venir au secours des croyances établies. Ceux mêmes d'entre eux qui étaient le plus mêlés à la société française de ce temps-là, et qui ne jugeaient pas les doctrines de nos philosophies fausses, les repoussèrent comme dangereuses. De grands partis politiques, ainsi que cela arrive toujours chez les peuples libres, trouvèrent intérêt à

lier leur cause à celle de l'Église ; on vit Bolingbroke
lui-même devenir l'allié des évêques. Le clergé, animé
par ces exemples et ne se sentant jamais seul, com-
battait lui-même énergiquement pour sa propre cause.
L'Église d'Angleterre, malgré le vice de sa constitution
et les abus de toute sorte qui fourmillaient dans son sein,
soutint victorieusement le choc ; des écrivains, des
orateurs sortirent de ses rangs et se portèrent avec
ardeur à la défense du christianisme. Les théories qui
étaient hostiles à celui-ci, après avoir été discutées et
réfutées, furent enfin rejetées par l'effort de la société
elle-même, sans que le gouvernement s'en mêlât.

Mais pourquoi chercher des exemples ailleurs qu'en
France ? Quel Français s'aviserait aujourd'hui d'écrire
les livres de Diderot ou d'Helvétius ? Qui voudrait
les lire ? Je dirai presque, qui en sait les titres ? L'expérience incomplète que nous avons acquise depuis
soixante ans dans la vie publique a suffi pour nous
dégoûter de cette littérature dangereuse. Vous voyez
comme le respect de la religion a repris graduellement
son empire dans les différentes classes de la nation, à
mesure que chacune d'elles acquérait cette expérience
à la dure école des révolutions. L'ancienne noblesse,
qui était la classe la plus irréligieuse avant 89, devint
la plus fervente après 93 ; la première atteinte, elle
se convertit la première. Lorsque la bourgeoisie se
sentit frappée elle-même dans son triomphe, on la vit
se rapprocher à son tour des croyances. Peu à peu le
respect de la religion pénétra partout où les hommes
avaient quelque chose à perdre dans le désordre
populaire, et l'incrédulité disparut, ou du moins se
cacha, à mesure que la peur des révolutions se faisait
voir.

Il n'en était pas ainsi à la fin de l'ancien régime. Nous avions si complètement perdu la pratique des grandes affaires humaines, et nous ignorions si bien la part que prend la religion dans le gouvernement des empires, que l'incrédulité s'établit d'abord dans l'esprit de ceux-là mêmes qui avaient l'intérêt le plus personnel et le plus pressant à retenir l'État dans l'ordre et le peuple dans l'obéissance. Non seulement ils l'accueillirent, mais dans leur aveuglement ils la répandirent au-dessous d'eux ; ils firent de l'impiété une sorte de passe-temps de leur vie oisive.

L'Église de France, jusque-là si fertile en grands orateurs, se sentant ainsi désertée de tous ceux qu'un intérêt commun devait rattacher à sa cause, devint muette. On put croire un moment que, pourvu qu'on lui conservât ses richesses et son rang, elle était prête à passer condamnation sur sa croyance.

Ceux qui niaient le christianisme élevant la voix et ceux qui croyaient encore faisant silence, il arriva ce qui s'est vu si souvent depuis parmi nous, non seulement en fait de religion, mais en toute autre matière. Les hommes qui conservaient l'ancienne foi craignirent d'être les seuls à lui rester fidèles, et, redoutant plus l'isolement que l'erreur, ils se joignirent à la foule sans penser comme elle. Ce qui n'était encore que le sentiment d'une partie de la nation parut ainsi l'opinion de tous, et sembla dès lors irrésistible aux yeux mêmes de ceux qui lui donnaient cette fausse apparence.

Le discrédit universel dans lequel tombèrent toutes les croyances religieuses à la fin du siècle dernier a exercé sans aucun doute la plus grande influence sur

toute notre Révolution ; il en a marqué le caractère.
Rien n'a plus contribué à donner à sa physionomie
cette expression terrible qu'on lui a vue.

Quand je cherche à démêler les différents effets
que l'irréligion produisit alors en France, je trouve que
ce fut bien plus en déréglant les esprits qu'en dégra-
dant les cœurs, ou même en corrompant les mœurs,
qu'elle disposa les hommes de ce temps-là à se porter
à des extrémités si singulières.

Lorsque la religion déserta les âmes, elle ne les
laissa pas, ainsi que cela arrive souvent, vides et débi-
litées ; elles se trouvèrent momentanément remplies
par des sentiments et des idées qui tinrent pour un
temps sa place, et ne leur permirent pas d'abord de
s'affaisser.

Si les Français qui firent la Révolution étaient
plus incrédules que nous en fait de religion, il leur
restait du moins une croyance admirable qui nous
manque : ils croyaient en eux-mêmes. Ils ne doutaient
pas de la perfectibilité, de la puissance de l'homme ;
ils se passionnaient volontiers pour sa gloire, ils avaient
foi dans sa vertu. Ils mettaient dans leurs propres
forces cette confiance orgueilleuse qui mène souvent à
l'erreur, mais sans laquelle un peuple n'est capable
que de servir ; ils ne doutaient point qu'ils ne fussent
appelés à transformer la société et à régénérer notre
espèce. Ces sentiments et ces passions étaient devenus
pour eux comme une sorte de religion nouvelle, qui,
produisant quelques-uns des grands effets qu'on a
vu les religions produire, les arrachait à l'égoïsme
individuel, les poussait jusqu'à l'héroïsme et au dévouement, et les rendait souvent comme insensibles
à tous ces petits biens qui nous possèdent.

J'ai beaucoup étudié l'histoire, et j'ose affirmer
que je n'y ai jamais rencontré de révolution où l'on
ait pu voir au début, dans un aussi grand nombre
d'hommes, un patriotisme plus sincère, plus de désintéressement, plus de vraie grandeur. La nation y
montra le principal défaut, mais aussi la principale
qualité qu'a la jeunesse, l'inexpérience et la générosité.

Et pourtant l'irréligion produisit alors un mal public immense.

Dans la plupart des grandes révolutions politiques
qui avaient paru jusque-là dans le monde, ceux qui
attaquaient les lois établies avaient respecté les
croyances, et, dans la plupart des révolutions religieuses, ceux qui attaquaient la religion n'avaient
pas entrepris du même coup de changer la nature et
l'ordre de tous les pouvoirs et d'abolir le fond en comble
l'ancienne constitution du gouvernement. Il y avait
donc toujours eu dans les plus grands ébranlements
des sociétés un point qui restait solide.

Mais, dans la révolution française, les lois religieuses
ayant été abolies en même temps que les lois civiles
étaient renversées, l'esprit humain perdit entièrement
son assiette ; il ne sut plus à quoi se retenir ni où
s'arrêter, et l'on vit apparaître des révolutionnaires
d'une espèce inconnue, qui portèrent l'audace jusqu'à
la folie, qu'aucune nouveauté ne put surprendre,
aucun scrupule ralentir, et qui n'hésitèrent jamais
devant l'exécution d'un dessein. Et il ne faut pas
croire que ces êtres nouveaux aient été la création
isolée et éphémère d'un moment, destinée à passer
avec lui ; ils ont formé depuis une race qui s'est per-
pétuée et répandue dans toutes les parties civilisées

de la terre, qui partout a conservé la même physionomie, les mêmes passions, le même caractère. Nous
l'avons trouvée dans le monde en naissant ; elle est
encore sous nos yeux.

CHAPITRE III

*Comment les Français ont voulu des réformes
avant de vouloir des libertés*

Une chose digne de remarque, c'est que, parmi toutes les idées et tous les sentiments qui ont préparé la
Révolution, l'idée et le goût de la liberté publique proprement dite se soient présentés les derniers, comme
ils ont été les premiers à disparaître.

Depuis longtemps on avait commencé à ébranler le
vieil édifice du gouvernement; il chancelait déjà, et
il n'était pas encore question d'elle. Voltaire y songeait
à peine : trois ans de séjour en Angleterre la lui avaient
fait voir sans la lui faire aimer. La philosophie scep-
tique qu'on prêche librement chez les Anglais le ravit ;
leurs lois politiques le touchent peu : il en remarque
les vices plus que les vertus. Dans ses lettres sur l'Angleterre, qui sont un de ses chefs-d'œuvre, le parlement est ce dont il parle le moins ; en réalité, il envie
surtout aux Anglais leur liberté littéraire, mais ne
se soucie guère de leur liberté politique, comme si
la première pouvait jamais exister longtemps sans la
seconde.

Vers le milieu du siècle, on voit paraître un certain
nombre d'écrivains qui traitent spécialement des questions d'administration publique, et auxquels plusieurs

principes semblables ont fait donner le nom commun
d'*économistes* ou de *physiocrates*. Les économistes ont
eu moins d'éclat dans l'histoire que les philosophes ;
moins qu'eux ils ont contribué peut-être à l'avène-
ment de la Révolution ; je crois pourtant que c'est
surtout dans leurs écrits qu'on peut le mieux étudier
son vrai naturel. Les philosophes ne sont guère sortis
des idées très générales et très abstraites en matière
de gouvernement ; les économistes, sans se séparer des
théories, sont cependant descendus plus près des faits.
Les uns ont dit ce qu'on pouvait imaginer, les autres
ont indiqué parfois ce qu'il y avait à faire. Toutes les
institutions que la Révolution devait abolir sans
retour ont été l'objet particulier de leurs attaques ;
aucune n'a trouvé grâce à leurs yeux. Toutes celles,
au contraire, qui peuvent passer pour son œuvre propre ont été annoncées par eux à l'avance et préconisées
avec ardeur ; on en citerait à peine une seule dont le
germe n'ait été déposé dans quelques-uns de leurs
écrits ; on trouve en eux tout ce qu'il y a de plus substantiel en elle.

Bien plus, on reconnaît déjà dans leurs livres ce tempérament révolutionnaire et démocratique que nous
connaissons si bien ; ils n'ont pas seulement la haine
de certains privilèges, la diversité même leur est
odieuse : ils adoreraient l'égalité jusque dans la servitude. Ce qui les gêne dans leurs desseins n'est bon
qu'à briser. Les contrats leur inspirent peu de respect ;
les droits privés, nuls égards ; ou plutôt il n'y a déjà
plus à leurs yeux, à bien parler, de droits privés, mais
seulement une utilité publique. Ce sont pourtant, en
général, des hommes de mœurs douces et tranquilles,
des gens de bien, d'honnêtes magistrats, d'habiles

administrateurs ; mais le génie particulier à leur œuvre
les entraîne.

Le passé est pour les économistes l'objet d'un mépris
sans bornes. « La nation est gouvernée depuis des siècles par de faux principes ; tout semble y avoir été
fait au hasard », dit Letronne. Partant de cette idée, ils
se mettent à l'œuvre ; il n'y a pas d'institution si vieille
et qui paraisse si bien fondée dans notre histoire dont
ils ne demandent l'abolition, pour peu qu'elle les
incommode et nuise à la symétrie de leurs plans. L'un
d'eux propose d'effacer à la fois toutes les anciennes
divisions territoriales et de changer tous les noms des
provinces, quarante ans avant que l'Assemblée constituante ne l'exécute.

Ils ont déjà conçu la pensée de toutes les réformes
sociales et administratives que la Révolution a faites,
avant que l'idée des institutions libres ait commencé
à se faire jour dans leur esprit. Ils sont, il est vrai, très
favorables au libre échange des denrées, *au laisser
faire* ou *au laisser passer* dans le commerce et dans l'industrie ; mais quant aux libertés politiques proprement dites, ils n'y songent point, et même quand elles
se présentent par hasard à leur imagination, ils les
repoussent d'abord. La plupart commencent par se
montrer fort ennemis des assemblées délibérantes, des
pouvoirs locaux et secondaires, et, en général, de tous
ces contre poids qui ont été établis, dans différents
temps, chez tous les peuples libres, pour balancer la
puissance centrale. « Le système des contre forces, dit
Quesnay, dans un gouvernement est une idée funeste.
— « Les spéculations d'après lesquelles on a imaginé
le système des contre poids sont chimériques », dit un
ami de Quesnay.

La seule garantie qu'ils inventent contre l'abus du pouvoir, c'est l'éducation publique ; car, comme dit encore Quesnay, « le despotisme est impossible si la nation est éclairée ». — « Frappés des maux qu'entraînent les abus de l'autorité, dit un autre de ses disciples, les hommes ont inventé mille moyens totalement inutiles, et ont négligé le seul véritablement efficace, qui est l'enseignement public général, continuel, de la jutice par essence et de l'ordre naturel. » C'est à l'aide de ce petit galimatias littéraire qu'ils entendent suppléer à toutes les garanties politiques.

Letronne, qui déplore si amèrement l'abandon dans lequel le gouvernement laisse les campagnes, qui nous les montre sans chemins, sans industrie, sans lumières, n'imagine point que leurs affaires pourraient bien être mieux faites si on chargeait les habitants eux-mêmes de les faire.

Turgot lui-même, que la grandeur de son âme et les rares qualités de son génie doivent faire mettre à part de tous les autres, n'a pas beaucoup plus qu'eux le goût des libertés politiques, ou du moins le goût ne lui en vient que tard, et lorsque le sentiment public le lui suggère. Pour lui, comme pour la plupart des économistes, la première garantie politique est une certaine instruction publique donnée par l'État, d'après certains procédés et dans un certain esprit. La confiance qu'il montre en cette sorte de médication intellectuelle, ou, comme le dit un de ses contemporains, dans le *mécanisme d'une éducation conforme aux principes*, est sans bornes. « J'ose vous répondre, Sire, dit-il dans un mémoire où il propose au roi un plan de cette espèce, que dans dix ans votre nation ne sera plus reconnaissable, et que, par les lumières, les bonnes mœurs, par

le zèle éclairé pour votre service et pour celui de la
patrie, elle sera infiniment au-dessus de tous les autres
peuples. Les enfants qui ont maintenant dix ans se
trouveront alors des hommes préparés pour l'État,
affectionnés à leur pays, soumis, non par crainte, mais
par raison, à l'autorité, secourables envers leurs
concitoyens accoutumés à reconnaître et à respecter la
justice. »

Il y avait si longtemps que la liberté politique était
détruite en France qu'on y avait presque entièrement
oublié quelles étaient ses conditions et ses effets. Bien
plus, les débris informes qui en restaient encore, et les
institutions qui semblaient avoir été faites pour la suppléer, la rendaient suspecte et donnaient souvent des préjugés contre elle. La plupart des assemblées d'états
qui existaient encore gardaient, avec les formes surannées, l'esprit du moyen âge, et gênaient le progrès de
la société, loin d'y aider ; les parlements, chargés seuls
de tenir lieu de corps politiques, ne pouvaient empêcher le mal que le gouvernement faisait, et souvent
empêchaient le bien qu'il voulait faire.

L'idée d'accomplir la révolution qu'ils imaginaient
à l'aide de tous ces vieux instruments paraît aux économistes impraticable ; la pensée de confier l'exécution de leurs plans à la nation devenue sa maîtresse
leur agrée même fort peu ; car comment faire adopter
et suivre par tout un peuple un système de réforme si
vaste et si étroitement lié dans ses parties ? Il leur semble plus facile et plus opportun de faire servir à leurs
desseins l'administration royale elle-même.

Ce pouvoir nouveau n'est pas sorti des institutions
du moyen âge ; il n'en porte point l'empreinte ; au milieu
de ses erreurs, ils démêlent en lui certains bons pen-

chants. Comme eux il a un goût naturel pour l'égalité
des conditions et pour l'uniformité des règles ; autant
qu'eux-mêmes il hait au fond du cœur tous les anciens
pouvoirs qui sont nés de la féodalité ou qui tendent
vers l'aristocratie. On chercherait en vain dans le reste
de l'Europe une machine de gouvernement aussi bien
montée, aussi grande et aussi forte ; la rencontre d'un
tel gouvernement parmi nous leur semble une circonstance singulièrement heureuse : ils l'auraient appelée
providentielle, s'il avait été de mode, alors comme
aujourd'hui, de faire intervenir la Providence à tout
propos. « La situation de la France, dit Letronne, est
infiniment meilleure que celle de l'Angleterre ; car ici
on peut accomplir des réformes qui changent tout
l'état du pays en un moment, tandis que chez les
Anglais de telles réformes peuvent toujours être entra-
vées par les partis. »

Il ne s'agit donc pas de détruire ce pouvoir absolu,
mais de le convertir. « Il faut que l'État gouverne suivant les règles de l'ordre essentiel, dit Mercier de la
Rivière, et quand il en est ainsi, il faut qu'il soit tout-
puissant ». — « Que l'État comprenne bien son devoir,
dit un autre, et alors qu'on le laisse libre. » Allez de
Quesnay à l'abbé Bodeau, vous les trouverez tous de la
même humeur.

Ils ne comptent pas seulement sur l'administration
royale pour réformer la société de leur temps ; ils lui
empruntent, en partie, l'idée du gouvernement futur
qu'ils veulent fonder. C'est en regardant l'un qu'ils se
sont fait une image de l'autre.

L'État, suivant les économistes, n'a pas uniquement
à commander à la nation, mais à la façonner d'une
certaine manière ; c'est à lui de former l'esprit des

citoyens suivant un certain modèle qu'ils s'est proposé
à l'avance ; son devoir est de le remplir de certaines
idées et de fournir à leur cœur certains sentiments
qu'il juge nécessaires. En réalité, il n'y a pas de limites
à ses droits ni de bornes à ce qu'il peut faire ; il ne réforme pas seulement les hommes, il les transforme ;
il ne tiendrait peut-être qu'à lui d'en faire d'autres!
« L'État fait des hommes tout ce qu'il veut », dit
Bodeau. Ce mot résume toutes leurs théories.

Cet immense pouvoir social que les économistes imaginent n'est pas seulement plus grand qu'aucun de
ceux qu'ils ont sous les yeux ; il en diffère encore par
l'origine et le caractère. Il ne découle pas directement
de Dieu ; il ne se rattache point à la tradition ; il est
impersonnel : il ne s'appelle plus le roi, mais l'État ; il
n'est pas l'héritage d'une famille ; il est le produit et
le représentant de tous, et doit faire plier le droit de
chacun sous la volonté de tous.

Cette forme particulière de la tyrannie qu'on nomme
le despotisme démocratique, dont le moyen âge n'avait
pas eu l'idée, leur est déjà familière. Plus de hiérarchie
dans la société, plus de classes marquées, plus de rangs
fixes ; un peuple composé d'individus presque semblables et entièrement égaux, cette masse confuse reconnue
pour le seul souverain légitime, mais soigneusement
privée de toutes les facultés qui pourraient lui permettre de diriger et même de surveiller elle-même son
gouvernement. Au-dessus d'elle, un mandataire unique, chargé de tout faire en son nom sans la consulter.
Pour contrôler celui-ci, une raison publique sans
organes ; pour l'arrêter, des révolutions, et non des
lois : en droit, un agent subordonné ; en fait, un
maître.

Ne trouvant encore autour d'eux rien qui leur paraisse conforme à cet idéal, ils vont le chercher au fond de l'Asie. Je n'exagère pas en affirmant qu'il n'y en a pas un qui n'ait fait dans quelque partie de ses écrits l'éloge emphatique de la Chine. On est sûr en lisant leurs livres d'y rencontrer au moins cela ; et comme la Chine est encore très mal connue, il n'est sorte de billevesées dont ils ne nous entretiennent à propos d'elle. Ce gouvernement imbécile et barbare, qu'une poignée d'Européens maîtrise à son gré, leur semble le modèle le plus parfait que puissent copier toutes les nations du monde. Il est pour eux ce que devinrent plus tard l'Angleterre et enfin l'Amérique pour tous les Français. Ils se sentent émus et comme ravis à la vue d'un pays dont le souverain absolu, mais exempt de préjugés, laboure une fois l'an la terre de ses propres mains pour honorer les arts utiles ; où toutes les places sont obtenues dans des concours littéraires ; qui n'a pour religion qu'une philosophie, et pour aristocratie que des lettrés.

On croit que les théories destructives qui sont désignées de nos jours sous le nom de *socialisme* sont d'origine récente ; c'est une erreur : ces théories sont contemporaines des premiers économistes. Tandis que ceux-ci employaient le gouvernement tout-puissant qu'ils rêvaient à changer les formes de la société, les autres s'emparaient en imagination du même pouvoir pour en ruiner les bases.

Lisez le *Code de la Nature* par Morelly, vous y trouverez, avec toutes les doctrines des économistes sur la toute-puissance de l'État et sur ses droits illimités, plusieurs des théories politiques qui ont le plus effrayé la France dans ces derniers temps, et que nous nous figurions avoir vues naître : la communauté de biens, le droit au travail, l'égalité absolue, l'uniformité en toutes choses, la régularité mécanique dans tous les mouvements des individus, la tyrannie réglementaire et l'absorption complète de la personnalité des citoyens dans le corps social.

« Rien dans la société n'appartiendra singulièrement ni en propriété à personne, dit l'article 1er de ce Code. La propriété est détestable, et celui qui tentera de la rétablir sera renfermé pour toute sa vie, comme un fou furieux et ennemi de l'humanité. Chaque citoyen sera sustenté, entretenu et occupé aux dépens du public, dit l'article 2. Toutes les productions seront amassées dans des magasins publics, pour être distribuées à tous les citoyens et servir aux besoins de leur vie. Les villes seront bâties sur le même plan ; tous les édifices à l'usage des particuliers seront semblables. A cinq ans tous les enfants seront enlevés à leur famille et élevés en commun, aux frais de l'État, d'une façon uniforme. » Ce livre vous paraît écrit d'hier : il date de cent ans ; il paraissait en 1755, dans le même temps que Quesnay fondait son école : tant il est vrai que la centralisation et le socialisme sont des produits du même sol ; ils sont, relativement l'un à l'autre, ce que le fruit cultivé est au sauvageon.

De tous les hommes de leur temps, ce sont les économistes qui paraîtraient le moins dépaysés dans le nôtre ; leur passion pour l'égalité est si décidée et leur goût de la liberté si incertain qu'ils ont un faux air de contemporains. Quand je lis les discours et les écrits des hommes qui ont fait la Révolution, je me sens tout à coup transporté dans un lieu et au milieu d'une société que je ne connais pas ; mais quand je parcours les livres

des économistes, il me semble que j'ai vécu avec ces
gens-là et que je viens de discourir avec eux.

Vers 1750, la nation tout entière ne se fût pas montrée
plus exigeante en fait de liberté politique que les économistes eux-mêmes ; elle en avait perdu le goût, et
jusqu'à l'idée, en en perdant l'usage. Elle souhaitait
des réformes plus que des droits, et, s'il ne se fût trouvé
alors sur le trône un prince de la taille et de l'humeur
du grand Frédéric, je ne doute point qu'il n'eût accompli dans la société et dans le gouvernement plusieurs
des plus grands changements que la Révolution y a
faits, non seulement sans perdre sa couronne, mais en
augmentant beaucoup son pouvoir. On assure que l'un
des plus habiles ministres qu'ait eus Louis XV, M. de
Machault, entrevit cette idée et l'indiqua à son maître ;
mais de telles entreprises ne se conseillent point : on
n'est propre à les accomplir que quand on a été capable
de les concevoir.

Vingt ans après, il n'en était plus de même : l'image
de la liberté politique s'était offerte à l'esprit des Français et leur devenait chaque jour de plus en plus
attrayante. On s'en aperçoit à bien des signes. Les provinces commencent à concevoir le désir de s'administrer de nouveau elles-mêmes. L'idée que le peuple
tout entier a le droit de prendre part à son gouvernement pénètre dans les esprits et s'en empare. Le souvenir des anciens états généraux se ravive. La nation,
qui déteste sa propre histoire, n'en rappelle avec plaisir que cette partie. Le nouveau courant entraîne
les économistes eux-mêmes, et les force d'embar-
rasser leur système unitaire de quelques institutions
libres.

Lorsqu'en 1771 les parlements sont détruits, le même

public, qui avait eu si souvent à souffrir de leurs préjugés, s'émeut profondément en voyant leur chute. Il semblait qu'avec eux tombât la dernière barrière qui pouvait contenir encore l'arbitraire royal.

Cette opposition étonne et indigne Voltaire. « Presque tout le royaume est dans l'effervescence et la consternation, écrit-il à ses amis ; la fermentation est aussi forte dans les provinces qu'à Paris même. L'édit me semble pourtant rempli de réformes utiles. Détruire la vénalité des charges, rendre la justice gratuite, empêcher les plaideurs de venir à Paris des extrémités du royaume pour s'y ruiner, charger le roi de payer les frais de justices seigneuriales, ne sont-ce pas là de grands services rendus à la nation ? Ces parlements, d'ailleurs, n'ont ils pas été souvent persécuteurs et barbares ? En vérité, j'admire les Welches de prendre le parti de ces bourgeois insolents et indociles. Pour moi, je crois que le roi a raison, et, puisqu'il faut servir, je pense que mieux vaut le faire sous un lion de bonne maison, et qui est né beaucoup plus fort que moi, que sous deux cents rats de mon espèce. » Et il ajoute en manière d'excuse : « Songez que je dois apprécier infiniment la grâce qu'a faite le roi à tous les seigneurs de terres, de payer les frais de leurs justices. »

Voltaire, absent de Paris depuis longtemps, croyait que l'esprit public en était encore resté au point où il l'avait laissé. Il n'en était rien. Les Français ne se bornaient plus à désirer que leurs affaires fussent mieux faites ; ils commençaient à vouloir les faire eux-mêmes, et il était visible que la grande Révolution que tout préparait allait avoir lieu, non seulement avec l'assentiment du peuple, mais par ses mains.

Je pense qu'à partir de ce moment-là cette révolu-

tion radicale, qui devait confondre dans une même
ruine ce que l'ancien régime contenait de plus mauvais et ce qu'il renfermait de meilleur, était désormais
inévitable. Un peuple si mal préparé à agir par lui-
même ne pouvait entreprendre de tout réformer à la
fois sans tout détruire. Un prince absolu eût été un
novateur moins dangereux. Pour moi, quand je considère que cette même révolution, qui détruit tant d'institutions, d'idées, d'habitudes contraires à la liberté,
en a, d'autre part, aboli tant d'autres dont celle-ci
peut à peine se passer, j'incline à croire qu'accomplie
par un despote, elle nous eût peut-être laissés moins
impropres à devenir un jour une nation libre que
faite au nom de la souveraineté du peuple et par
lui.

Il ne faut jamais perdre de vue ce qui précède, si
l'on veut comprendre l'histoire de notre Révolution.

Quand l'amour des Français pour la liberté politique se réveilla, ils avaient déjà conçu en matière de
gouvernement un certain nombre de notions qui, non
seulement ne s'accordaient pas facilement avec l'existence d'institutions libres, mais y étaient presque contraires.

Ils avaient admis comme idéal d'une société un peuple sans autre aristocratie que celle des fonctionnaires
publics, une administration unique et toute-puissante,
directrice de l'État, tutrice des particuliers. En voulant
être libres, ils n'entendirent point se départir de cette
notion première ; ils essayèrent seulement de la concilier avec celle de la liberté.

Ils entreprirent donc de mêler ensemble une centralisation administrative sans bornes et un corps législatif prépondérant : l'administration de la buraucratie

et le gouvernement des électeurs. La nation en corps
eut tous les droits de la souveraineté, chaque citoyen
en particulier fut resserré dans la plus étroite dépendance : à l'une on demanda l'expérience et les vertus
d'un peuple libre ; à l'autre les qualités d'un bon serviteur.

C'est ce désir d'introduire la liberté politique au
milieu d'institutions et d'idées qui lui étaient étrangères ou contraires, mais dont nous avions déjà contracté l'habitude ou conçu par avance le goût, qui
depuis soixante ans a produit tant de vains essais de
gouvernements libres, suivis de si funestes révolutions,
jusqu'à ce qu'enfin, fatigués de tant d'efforts, rebutés
par un travail si laborieux et si stérile, abandonnant
leur seconde visée pour revenir à la première, beaucoup
de Français se réduisirent à penser que vivre égaux
sous un maître avait encore, après tout, une certaine
douceur. C'est ainsi que nous nous trouvons ressembler
infiniment plus aujourd'hui aux économistes de 1750
qu'à nos pères de 1789.

Je me suis souvent demandé où est la source de
cette passion de la liberté politique qui, dans tous les
temps, a fait faire aux hommes les plus grandes choses
que l'humanité ait accomplies, dans quels sentiments
elle s'enracine et se nourrit.

Je vois bien que, quand les peuples sont mal conduits,
ils conçoivent volontiers le désir de se gouverner eux-
mêmes ; mais cette sorte d'amour de l'indépendance,
qui ne prend naissance que dans certains maux particuliers et passagers que le despotisme amène, n'est
jamais durable : elle passe avec l'accident qui l'avait
fait naître ; on semblait aimer la liberté, il se trouve
qu'on ne faisait que haïr le maître. Ce que haïssent les

peuples faits pour être libres, c'est le mal même de la
dépendance.

Je ne crois pas non plus que le véritable amour de la
liberté soit jamais né de la seule vue des biens matériels
qu'elle procure ; car cette vue vient souvent à s'obscur-
cir. Il est bien vrai qu'à la longue la liberté amène
toujours, à ceux qui savent la retenir, l'aisance, le
bien-être, et souvent la richesse ; mais il y a des temps
où elle trouble momentanément l'usage de pareils
biens ; il y en a d'autres où le despotisme seul peut
en donner la jouissance passagère. Les hommes qui
ne prisent que ces biens-là en elle ne l'ont jamais conservée longtemps.

Ce qui, dans tous les temps, lui a attaché si fortement le cœur de certains hommes, ce sont ses attraits
mêmes, son charme propre, indépendant de ses bien-
faits ; c'est le plaisir de pouvoir parler, agir, respirer
sans contrainte, sous le seul gouvernement de Dieu et
des lois. Qui cherche dans la liberté autre chose qu'elle-
même est fait pour servir.

Certains peuples la poursuivent obstinément à travers
toutes sortes de périls et de misères. Ce ne sont pas les
biens matériels qu'elle leur donne que ceux-ci aiment
alors en elle ; ils la considèrent elle-même comme un
bien si précieux et si nécessaire qu'aucun autre ne
pourrait les consoler de sa perte et qu'ils se consolent
de tout en la goûtant. D'autres se fatiguent d'elle au
milieu de leurs prospérités ; ils se la laissent arracher
des mains sans résistance de peur de compromettre
par un effort ce même bien-être qu'ils lui doivent.
Que manque-t-il à ceux-là pour rester libres ? Quoi ?
le goût même de l'être. Ne me demandez pas d'analyser
ce goût sublime, il faut l'éprouver. Il entre de lui-même

dans les grands cœurs que Dieu a préparés pour le recevoir ; il les remplit, il les enflamme. On doit renoncer
à le faire comprendre aux âmes médiocres qui ne l'ont
jamais ressenti.

CHAPITRE IV

Que le règne de Louis XVI a été l'époque la plus
prospère de l'ancienne monarchie, et comment
cette prospérité même hâta la Révolution

On ne saurait douter que l'épuisement du royaume
sous Louis XIV n'ait commencé dans le temps même
où ce prince triomphait encore de toute l'Europe.
On en rencontre les premiers indices dans les années
les plus glorieuses du règne. La France était ruinée
bien avant qu'elle eût cessé de vaincre. Qui n'a lu
cet effrayant essai de statistique administrative que
Vauban nous a laissé ? Les intendants, dans les mémoires
qu'ils adressent au duc de Bourgogne à la fin du xviie
siècle et avant même que la guerre malheureuse de la
Succession ne soit commencée, font tous allusion à cette
décadence croissante de la nation et n'en parlent point
comme d'un fait très récent. La population a fort
diminué dans cette généralité depuis un certain nombre
d'années, dit l'un ; cette ville, qui était autrefois riche
et florissante, est aujourd'hui sans industrie, dit l'autre.
Celui-ci : Il y a eu des manufactures dans la province,
mais elles sont aujourd'hui abandonnées. Celui-là :
Les habitants tiraient autrefois beaucoup plus de leur
sol qu'à présent ; l'agriculture y était infiniment plus
florissante il y a vingt ans. La population et la production ont diminué d'un cinquième depuis environ trente

ans, disait un intendant d'Orléans dans le même temps. On devrait conseiller la lecture de ces mémoires aux particuliers qui prisent le gouvernement absolu et aux princes qui aiment la guerre.

Comme ces misères avaient principalement leur source dans les vices de la constitution, la mort de Louis XIV et la paix même ne firent pas renaître la prospérité publique. C'est une opinion commune à tous ceux qui écrivent sur l'administration ou sur l'économie sociale, dans la première moitié du xviiie siècle, que les provinces ne se rétablissent point ; beaucoup pensent même qu'elles continuent à se ruiner. Paris seul, disent-ils, s'enrichit et s'accroît. Des intendants, d'anciens ministres, des hommes d'affaires sont d'accord sur ce point avec des gens de lettres.

Pour moi, j'avoue que je ne crois point à cette décadence continue de la France durant la première moitié du xviiie siècle ; mais une opinion si générale, que partagent des gens si bien informés, prouve du moins qu'on ne faisait alors aucun progrès visible. Tous les documents administratifs qui se rapportent à cette époque de notre histoire et qui me sont tombés sous les yeux dénotent, en effet, dans la société, une sorte de léthargie. Le gouvernement ne fait guère que tourner dans le cercle des vieilles routines sans rien créer de nouveau ; les villes ne font presque aucun effort pour rendre la condition de leurs habitants plus commode et plus saine ; les particuliers même ne se livrent à aucune entreprise considérable.

Environ trente ou quarante ans avant que la Révolution n'éclate, le spectacle commence à changer ; on croit discerner alors dans toutes les parties du corps social une sorte de tressaillement intérieur qu'on n'avait

point remarqué jusque-là. Il n'y a qu'un examen
très attentif qui puisse d'abord le faire reconnaître ;
mais peu à peu il devient plus caractéristique et plus
distinct. Chaque année ce mouvement s'étend et
s'accélère : la nation se remue enfin tout entière et
semble renaître. Prenez-y garde ! ce n'est pas son
ancienne vie qui se ranime ; l'esprit qui meut ce grand
corps est un esprit nouveau ; il ne le ravive un moment
que pour le dissoudre.

Chacun s'inquiète et s'agite dans sa condition et
fait effort pour en changer : la recherche du mieux
est universelle ; mais c'est une recherche impatiente
et chagrine, qui fait maudire le passé et imaginer un état
de choses tout contraire à celui qu'on a sous les yeux.

Bientôt cet esprit pénètre jusqu'au sein du gouvernement lui-même ; il le transforme au dedans sans rien
altérer au dehors : on ne change pas les lois, mais on les
pratique autrement.

J'ai dit ailleurs que le contrôleur général et l'intendant de 1740 ne ressemblaient point à l'intendant et
au contrôleur général de 1780. La correspondance
administrative montre cette vérité dans les détails.
L'intendant de 1780 a cependant les mêmes pouvoirs,
les mêmes agents, le même arbitraire que son prédécesseur, mais non les mêmes visées : l'un ne s'occupait
guère que de maintenir sa province dans l'obéissance,
d'y lever la milice, et surtout d'y percevoir la taille ;
l'autre a bien d'autres soins : sa tête est remplie de
mille projets qui tendent à accroître la richesse publique.
Les routes, les canaux, les manufactures, le commerce
sont les principaux objets de sa pensée ; l'agriculture
surtout attire ses regards. Sully devient alors à la mode
parmi les administrateurs.

C'est dans ce temps qu'ils commencent à former les
sociétés d'agriculture dont j'ai déjà parlé, qu'ils éta-
blissent des concours, qu'ils distribuent des primes. Il y
a des circulaires du contrôleur général qui ressemblent
moins à des lettres d'affaires qu'à des traités sur l'art
agricole.

C'est principalement dans la perception de tous les
impôts qu'on peut le mieux voir le changement qui s'est
opéré dans l'esprit de ceux qui gouvernent. La législation est toujours aussi inégale, aussi arbitraire et
aussi dure que par le passé, mais tous ses vices se
tempèrent dans l'exécution.

« Lorsque je commençai à étudier les lois fiscales,
dit M. Mollien dans ses Mémoires, je fus effrayé de
ce que j'y trouvai : des amendes, des emprisonnements,
des punitions corporelles mises à la disposition de tribunaux spéciaux pour de simples omissions ; des commis
des fermes qui tenaient presque toutes les propriétés
et les personnes à la discrétion de leurs serments, etc.
Heureusement, je ne me bornai pas à la simple lecture
de ce code, et j'eus bientôt lieu de reconnaître qu'il y
avait entre le texte et son application la même différence
qu'entre les mœurs des anciens financiers et celles des
nouveaux. Les jurisconsultes étaient toujours portés
à l'atténuation des délits et à la modération des peines. »

« A combien d'abus et de vexations la perception des
impôts peut-elle donner lieu ! dit l'assemblée provinciale de basse Normandie en 1787 ; nous devons cependant rendre justice à la douceur et aux ménagements
dont on a usé depuis quelques années. »

L'examen des documents justifie pleinement cette
assertion. Le respect de la liberté et de la vie des hommes
s'y fait souvent voir. On y aperçoit surtout une préoccu-

pation véritable des maux des pauvres : on l'y eût
en vain cherchée jusque-là. Les violences du fisc envers
les misérables sont rares, les remises d'impôts plus
fréquentes, les secours plus nombreux. Le roi augmente
tous les fonds destinés à créer des ateliers de charité
dans les campagnes ou à venir en aide aux indigents,
et souvent il en établit de nouveaux. Je trouve plus de
80 000 livres distribuées par l'État de cette manière
dans la seule généralité de la haute Guyenne en 1779 ;
40 000 en 1784, dans celle de Tours ; 48 000 dans celle
de Normandie en 1787. Louis XVI ne voulait pas abandonner à ses seuls ministres cette partie du gouvernement ; il s'en chargeait parfois lui-même. Lorsqu'en
1776 un arrêt du conseil vint fixer les indemnités qui
seraient dues aux paysans dont le gibier du roi dévastait
les champs aux environs des capitaineries, et indiqua
des moyens simples et sûrs de se les faire payer, le roi
rédigea lui-même les considérants. Turgot nous raconte
que ce bon et malheureux prince les lui remit écrits de sa
main, en disant : « Vous voyez que je travaille aussi de
mon côté. » Si l'on peignait l'ancien régime tel qu'il
était dans les dernières années de son existence, on en
ferait un portrait très flatté et peu ressemblant.

A mesure que ces changements s'opèrent dans l'esprit
des gouvernés et des gouvernants, la prospérité publique
se développe avec une rapidité jusque-là sans exemple.
Tous les signes l'annoncent : la population augmente ;
les richesses s'accroissent plus vite encore. La guerre
d'Amérique ne ralentit pas cet essor ; l'État s'y obère,
mais les particuliers continuent à s'enrichir ; ils deviennent plus industrieux, plus entreprenants, plus inven-
tifs.

« Depuis 1774, dit un administrateur du temps, les

divers genres d'industrie, en se développant, avaient
agrandi la matière de toutes les taxes de consommation. » Quand on compare, en effet, les uns aux autres
les traités faits, aux différentes époques du règne de
Louis XVI, entre l'État et les compagnies financières
chargées de la levée des impôts, on voit que le prix des
fermages ne cesse de s'élever, à chaque renouvellement,
avec une rapidité croissante. Le bail de 1786 donne
14 millions de plus que celui de 1780. « On peut compter
que le produit de tous les droits des consommations
augmente de 2 millions par an », dit Necker dans le
compte rendu de 1781.

Arthur Young assure qu'en 1788 Bordeaux faisait
plus de commerce que Liverpool ; et il ajoute : « Dans
ces derniers temps, les progrès du commerce maritime
ont été plus rapides en France qu'en Angleterre même ;
ce commerce y a doublé depuis vingt ans. »

Si l'on veut faire attention à la différence des temps,
on se convaincra qu'à aucune des époques qui ont suivi
la Révolution la prospérité publique ne s'est développée
plus rapidement que pendant les vingt années qui la
précédèrent. Les trente-sept ans de monarchie consti-
tutionnelle, qui furent pour nous des temps de paix et
de progrès rapides, peuvent seuls se comparer, sous ce
rapport, au règne de Louis XVI.

La vue de cette prospérité déjà si grande et si croissante a lieu d'étonner, si l'on songe à tous les vices que
renfermait encore le gouvernement et à toutes les gênes
que rencontrait encore l'industrie ; il se peut même que
beaucoup de politiques nient le fait parce qu'ils ne
peuvent l'expliquer, jugeant, comme le médecin de
Molière, qu'un malade ne saurait guérir contre les
règles. Comment croire, en effet, que la France pût

prospérer et s'enrichir avec l'inégalité des charges,
la diversité des coutumes, les douanes intérieures, les
droits féodaux, les jurandes, les offices, etc. ? En dépit
de tout cela, elle commençait pourtant à s'enrichir et
à se développer de toutes parts, parce qu'en dehors de
tous ces rouages mal construits et mal engrenés, qui
semblaient destinés à ralentir la machine sociale plus
qu'à la pousser, se cachaient deux ressorts très simples
et très forts, qui suffisaient déjà pour tenir tout ensemble
et faire tout marcher vers le but de la prospérité publique : un gouvernement resté très puissant en cessant
d'être despotique, qui maintenait l'ordre partout ;
une nation qui, dans ses classes supérieures, était déjà
la plus éclairée et la plus libre du continent, et au sein
de laquelle chacun pouvait s'enrichir à sa guise et
garder sa fortune une fois acquise.

Le roi continuait à parler en maître, mais il obéissait
lui-même en réalité à une opinion publique qui l'inspirait
ou l'entraînait tous les jours, qu'il consultait, craignait,
flattait sans cesse ; absolu par la lettre des lois, limité
par leur pratique. Dès 1784, Necker disait dans un document public, comme un fait incontesté : « La plupart
des étrangers ont peine à se faire une idée de l'autorité
qu'exerce en France aujourd'hui l'opinion publique :
ils comprennent difficilement ce que c'est que cette
puissance invisible qui commande jusque dans le
palais du roi. Il en est pourtant ainsi. »

Rien n'est plus superficiel que d'attribuer la grandeur
et la puissance d'un peuple au seul mécanisme de ses
lois ; car, en cette matière, c'est moins la perfection
de l'instrument que la force des moteurs qui fait le
produit. Voyez l'Angleterre : combien aujourd'hui
encore ses lois administratives paraissent-elles plus

compliquées, plus diverses, plus irrégulières que les nôtres ! Y a-t-il pourtant un seul pays en Europe où la fortune publique soit plus grande, la propriété particulière plus étendue, plus sûre et plus variée, la société plus solide et plus riche ? Cela ne vient pas de la bonté de telles lois en particulier, mais de l'esprit qui anime la législation anglaise tout entière. L'imperfection de certains organes n'empêche rien, parce que la vie est puissante.

A mesure que se développe en France la prospérité que je viens de décrire, les esprits paraissent cependant plus mal assis et plus inquiets ; le mécontentement public s'aigrit ; la haine contre toutes les institutions anciennes va croissant. La nation marche visiblement vers une révolution.

Bien plus, les parties de la France qui devaient être le principal foyer de cette révolution sont précisément celles où les progrès se font le mieux voir. Si on étudie ce qui reste des archives de l'ancienne généralité de l'Ile-de-France, on s'assurera aisément que c'est dans les contrées qui avoisinent Paris que l'ancien régime s'était le plus tôt et le plus profondément réformé. Là, la liberté et la fortune des paysans sont déjà mieux garanties que dans aucun autre pays d'élection. La corvée personnelle a disparu longtemps avant 1789. La levée de la taille est devenue plus régulière, plus modérée, plus égale que dans le reste de la France. Il faut lire le règlement qui l'améliore, en 1772, si l'on veut comprendre ce que pouvait alors un intendant pour le bien-être comme pour la misère de toute une province. Vu dans ce règlement, l'impôt a déjà un tout autre aspect. Des commissaires du gouvernement se rendent tous les ans dans chaque paroisse ; la commu-

nauté s'assemble en leur présence ; la valeur des biens
est publiquement établie, les facultés de chacun contra-
dictoirement reconnues ; la taille s'assoit enfin avec le
concours de tous ceux qui doivent la payer. Plus d'arbitraire du syndic, plus de violences inutiles. La taille
conserve sans doute les vices qui lui sont inhérents,
quel que soit le système de la perception ; elle ne pèse
que sur une classe de contribuables, et y frappe l'industrie comme la propriété ; mais sur tout le reste elle
diffère profondément de ce qui porte encore son nom
dans les généralités voisines.

Nulle part, au contraire, l'ancien régime ne s'était
mieux conservé que le long de la Loire, vers son embou-
chure, dans les marécages du Poitou et dans les landes
de la Bretagne. C'est précisément là que s'alluma et
se nourrit le feu de la guerre civile et qu'on résista le
plus violemment et le plus longtemps à la Révolution ; de telle sorte qu'on dirait que les Français ont
trouvé leur position d'autant plus insupportable qu'elle
devenait meilleure.

Une telle vue étonne ; l'histoire est toute remplie
de pareils spectacles.

Ce n'est pas toujours en allant de mal en pis que
l'on tombe en révolution. Il arrive le plus souvent
qu'un peuple qui avait supporté sans se plaindre, et
comme s'il ne les sentait pas, les lois les plus acca-
blantes, les rejette violemment dès que le poids s'en
allège. Le régime qu'une révolution détruit vaut
presque toujours mieux que celui qui l'avait immédiatement précédé, et l'expérience apprend que le moment
le plus dangereux pour un mauvais gouvernement est
d'ordinaire celui où il commence à se réformer. Il n'y
a qu'un grand génie qui puisse sauver un prince qui

entreprend de soulager ses sujets après une oppression longue. Le mal qu'on souffrait patiemment comme
inévitable semble insupportable dès qu'on conçoit
l'idée de s'y soustraire. Tout ce qu'on ôte alors des
abus semble mieux découvrir ce qui en reste et en rend
le sentiment plus cuisant : le mal est devenu moindre,
il est vrai, mais la sensibilité est plus vive. La féodalité dans toute sa puissance n'avait pas inspiré aux
Français autant de haine qu'au moment où elle allait
disparaître. Les plus petits coups de l'arbitraire de
Louis XVI paraissaient plus difficiles à supporter que
tout le despotisme de Louis XIV. Le court empri-
sonnement de Beaumarchais produisit plus d'émotion dans Paris que les Dragonnades.

Personne ne prétend plus, en 1780, que la France
est en décadence ; on dirait, au contraire, qu'il n'y
a en ce moment plus de bornes à ses progrès. C'est
alors que la théorie de la perfectibilité continue et
indéfinie de l'homme prend naissance. Vingt ans
avant, on n'espérait rien de l'avenir ; maintenant on
n'en redoute rien. L'imagination, s'emparant d'avance
de cette félicité prochaine et inouïe, rend insensible
aux biens qu'on a déjà et précipite vers les choses
nouvelles.

Indépendamment de ces raisons générales, il y en
a d'autres plus particulières et non moins puissantes
du phénomène. Quoique l'administration des finances
se fût perfectionnée comme tout le reste, elle gardait
les vices qui tiennent au gouvernement absolu lui-
même. Comme elle était secrète et sans garantie, on
y suivait encore quelques-unes des plus mauvaises
pratiques qui avaient eu cours sous Louis XIV et sous
Louis XV. L'effort même que faisait le gouvernement

pour développer la prospérité publique, les secours et
les encouragements qu'il distribuait, les travaux publics
qu'il faisait exécuter augmentaient chaque jour les
dépenses sans accroître dans la même proportion
les recettes ; cela jetait chaque jour le roi dans des
embarras encore plus grands que ceux de ses devanciers. Comme ceux-ci, il laissait sans cesse ses créanciers en souffrance ; il empruntait comme eux de
toutes mains, sans publicité et sans concurrence, et ses
créanciers n'étaient jamais sûrs de toucher leurs
rentes ; leur capital même était toujours à la merci de
la seule bonne foi du prince.

Un témoin digne de confiance, car il avait vu de
ses propres yeux et était mieux qu'un autre en état
de bien voir, dit à cette occasion : « Les Français ne
trouvaient alors que hasards dans leurs rapports
avec leur propre gouvernement. Plaçaient-ils leurs
capitaux dans ses emprunts : ils ne pouvaient jamais
compter sur une époque fixe pour le payement des
intérêts ; construisaient-ils ses vaisseaux, réparaient-
ils ses routes, vêtissaient-ils ses soldats : ils restaient
sans garanties de leurs avances, sans échéance pour
le remboursement, réduits à calculer les chances d'un
contrat avec les ministres comme celles d'un prêt
fait à la grosse aventure. » Et il ajoute avec beaucoup
de sens : « Dans ce temps où l'industrie, prenant plus
d'essor, avait développé dans un plus grand nombre
d'hommes l'amour de la propriété, le goût et le besoin
de l'aisance, ceux qui avaient confié une partie de
leur propriété à l'État souffraient avec plus d'impa-
tience la violation de la loi des contrats par celui de
tous les débiteurs qui devait le plus la respecter. »

Les abus reprochés ici à l'administration française

n'étaient point, en effet, nouveaux ; ce qui l'était, c'était l'impression qu'ils faisaient naître. Les vices du système financier avaient même été bien plus criants dans les temps antérieurs ; mais il s'était fait depuis, dans le gouvernement et dans la société, des changements qui y rendaient infiniment plus sensible qu'autrefois.

Le gouvernement, depuis vingt ans qu'il était devenu plus actif et qu'il se livrait à toute sorte d'entreprises auxquelles il n'avait pas songé jusque-là, avait achevé de devenir le plus grand consommateur des produits de l'industrie et le plus grand entrepreneur de travaux qu'il y eût dans le royaume. Le nombre de ceux qui avaient avec lui des relations d'argent, qui étaient intéressés dans ses emprunts, vivaient de ses salaires et spéculaient dans ses marchés, s'était prodigieusement accru. Jamais la fortune de l'État et la fortune particulière n'avaient été autant entremêlées. La mauvaise gestion des finances, qui n'avait été longtemps qu'un mal public, devint alors, pour une multitude de familles, une calamité privée. En 1789, l'État devait ainsi près de 600 millions à des créanciers presque tous débiteurs eux-mêmes, et qui, comme l'a dit un financier du temps, associaient à leurs griefs contre le gouvernement tous ceux que son inexactitude associait à leurs souffrances. Et remarquez qu'à mesure que les mécontents de cette espèce devenaient plus nombreux, ils devenaient aussi plus irrités ; car l'envie de spéculer, l'ardeur de s'enrichir, le goût du bien-être, se répandant et s'accroissant avec les affaires, faisaient paraître de pareils maux insupportables à ceux mêmes qui, trente ans auparavant, les auraient peut-être endurés sans se plaindre.

De là vint que les rentiers, les commerçants, les industriels et autres gens de négoce ou hommes d'argent, qui forment d'ordinaire la classe la plus ennemie des nouveautés politiques, la plus amie du gouvernement existant, quel qu'il soit, et la mieux soumise aux lois mêmes qu'elle méprise ou qu'elle déteste, se montra cette fois la plus impatiente et la plus résolue en fait de réformes. Elle appelait surtout à grands cris une révolution complète dans tout le système des finances, sans penser qu'en remuant profondément cette partie du gouvernement on allait faire tomber tout le reste.

Comment aurait-on pu échapper à une catastrophe ? D'un côté, une nation dans le sein de laquelle le désir de faire fortune va se répandant tous les jours ; de l'autre, un gouvernement qui excite sans cesse cette passion nouvelle et la trouble sans cesse, l'enflamme et la désespère, poussant ainsi des deux parts vers sa propre ruine.

CHAPITRE V

Comment on souleva le peuple
en voulant le soulager

Comme le peuple n'avait pas paru un seul instant depuis cent quarante ans sur la scène des affaires publiques, on avait absolument cessé de croire qu'il pût jamais s'y montrer ; en le voyant si insensible, on le jugeait sourd ; de sorte que, lorsqu'on commença à s'intéresser à son sort, on se mit à parler devant lui de lui-même comme s'il n'avait pas été là. Il semblait qu'on ne dût être entendu que de ceux qui étaient placés au-dessus de lui, et que le seul danger qu'il y eût à craindre était de ne pas se faire bien comprendre d'eux.

Les gens qui avaient le plus à redouter sa colère s'entretenaient à haute voix en sa présence des injustices cruelles dont il avait toujours été victime ; ils se montraient les uns aux autres les vices monstrueux que renfermaient les institutions qui lui étaient le plus pesantes ; ils employaient leur rhétorique à peindre ses misères et son travail mal récompensé : ils le remplissaient de fureur en s'efforçant ainsi de le soulager. Je n'entends point parler des écrivains, mais du gouvernement, de ses principaux agents, des privilégiés eux-mêmes.

Quand le roi, treize ans avant la Révolution, essaye d'abolir la corvée, il dit dans son préambule : « A l'exception d'un petit nombre de provinces (les pays d'états), presque tous les chemins du royaume ont été faits gratuitement par la partie la plus pauvre de nos sujets. Tout le poids en est donc retombé sur ceux qui n'ont que leurs bras et ne sont intéressés que très secondairement aux chemins ; les véritables intéressés sont les propriétaires, presque tous privilégiés, dont les biens augmentent de valeur par l'établissement des routes. En forçant le pauvre à entretenir seul celles-ci, en l'obligeant à donner son temps et son travail sans salaire, on lui enlève l'unique ressource qu'il ait contre la misère et la faim pour le faire travailler au profit des riches. »

Quand on entreprend, dans le même temps, de faire disparaître les gênes que le système des corporations industrielles imposait aux ouvriers, on proclame au nom du roi « que le droit de travailler est la plus sacrée de toutes les propriétés ; que toute loi qui lui porte atteinte viole le droit naturel et doit être considérée comme nulle de soi ; que les corporations existantes sont, en outre, des institutions bizarres et tyranniques, produit de l'égoïsme, de la cupidité et de la violence ». De semblables paroles étaient périlleuses. Ce qui l'était plus encore était de les prononcer en vain. Quelques mois plus tard on rétablissait les corporations et la corvée.

C'était Turgot, dit-on, qui mettait un pareil langage dans la bouche du roi. La plupart de ses successeurs ne le font point parler autrement. Lorsqu'en 1780 le roi annonce à ses sujets que les accroissements de la taille seront désormais soumis à la publicité de

l'enregistrement, il a soin d'ajouter en forme de glose :
« Les taillables, déjà tourmentés par les vexations
de la perception des tailles, étaient encore exposés,
jusqu'à présent, à des augmentations inattendues, de
telle sorte que le tribut de la partie la plus pauvre de
nos sujets s'est accru dans une proportion bien supérieure à celle de tous les autres. » Quand le roi, n'osant
point encore rendre toutes les charges égales, entreprend du moins d'établir l'égalité de perception dans
celles qui sont déjà communes, il dit : « Sa Majesté
espère que les personnes riches ne se trouveront pas
lésées, lorsque, remises au niveau commun, elles ne
feront qu'acquitter la charge qu'elles auraient dû
depuis longtemps partager plus également. »

Mais c'est surtout dans les temps de disette qu'on
semble avoir en vue d'enflammer les passions du
peuple plus encore que de pourvoir à ses besoins. Un
intendant, pour stimuler la charité des riches, parle
alors « de l'injustice et de l'insensibilité de ces propriétaires qui doivent aux travaux du pauvre tout ce
qu'ils possèdent, et qui le laissent mourir de faim au
moment où celui-ci s'épuise pour mettre leurs biens
en valeur ». Le roi dit de son côté dans une occasion
analogue : « Sa Majesté veut défendre le peuple contre
les manœuvres qui l'exposent à manquer de l'aliment
de première nécessité en le forçant de livrer son travail
à tel salaire qu'il plaît aux riches de lui donner. Le
roi ne souffrira pas qu'une partie des hommes soit
livrée à l'avidité de l'autre. »

Jusqu'à la fin de la monarchie, la lutte qui existait
entre les différents pouvoirs administratifs donnait
lieu à toutes sortes de manifestations de cette espèce :
les deux contendants s'accusaient volontiers l'un

l'autre des misères du peuple. Cela se voit bien, notamment dans la querelle qui s'émut en 1772 entre le parlement de Toulouse et le roi, à propos de la circulation des grains. « Le gouvernement, par ses fausses mesures, risque de faire mourir le pauvre de faim », dit ce parlement. —« L'ambition du parlement et l'avidité des riches causent la détresse publique », repart le roi. Des deux côtés on travaille ainsi à introduire dans l'esprit du peuple l'idée que c'est aux supérieurs qu'il doit toujours s'en prendre de ses maux.

Ces choses ne se trouvent pas dans des correspondances secrètes, mais dans des documents publics, que le gouvernement et le parlement ont soin de faire imprimer et publier eux-mêmes à milliers. Chemin faisant, le roi adresse à ses prédécesseurs et à lui-même des vérités fort dures. « Le trésor de l'État, un jour, a été grevé par les profusions de plusieurs règnes. Beaucoup de nos domaines inaliénables ont été concédés à vil prix. » — « Les corporations industrielles, lui fait-on dire une autre fois avec plus de raison que de prudence, sont surtout le produit de l'avidité fiscale des rois. » — « S'il est arrivé souvent de faire des dépenses inutiles et si la taille s'est accrue outre mesure, remarque-t-il plus loin, cela est venu de ce que l'administration des finances, trouvant l'augmentation de la taille, à cause de sa clandestinité, la ressource la plus facile, y avait recours, quoique plusieurs autres eussent été moins onéreuses à nos peuples. »

Tout cela était adressé à la partie éclairée de la nation, pour la convaincre de l'utilité de certaines mesures que des intérêts particuliers faisaient blâmer. Quant au peuple, il était bien entendu qu'il écoutait sans comprendre.

Il faut reconnaître qu'il restait, jusque dans cette bienveillance, un grand fond de mépris pour ces misérables
dont on voulait si sincèrement soulager les maux, et que
ceci rappelle un peu le sentiment de madame Duchâtelet,
qui ne faisait pas difficulté, nous dit le secrétaire de
Voltaire, de se déshabiller devant ses gens, ne tenant
pas pour bien prouvé que des valets fussent des hommes.

Et qu'on ne croie point que ce fussent Louis XVI
seul ou ses ministres qui tinssent le langage dangereux
que je viens de reproduire ; ces privilégiés qui sont
l'objet le plus prochain de la colère du peuple ne s'expriment pas devant lui d'une autre manière. On doit
reconnaître qu'en France les classes supérieures de
la société commencèrent à se préoccuper du sort du
pauvre avant que celui-ci se fît craindre d'elles ; elles
s'intéressèrent à lui dans un temps où elles ne croyaient
pas encore que de ses maux pût sortir leur ruine. Cela
devient surtout visible pendant les dix années qui
précèdent 89 : on plaint souvent alors les paysans, on
parle d'eux sans cesse ; on recherche par quels procédés on pourrait les soulager ; on met en lumière les
principaux abus dont ils souffrent, et l'on censure
les lois fiscales qui leur nuisent particulièrement ; mais
on est d'ordinaire aussi imprévoyant dans l'expression de cette sympathie nouvelle qu'on l'avait été
longtemps dans l'insensibilité.

Lisez les procès-verbaux des assemblées provinciales
qui furent réunies dans quelques parties de la France
en 1779, et plus tard dans tout le royaume, étudiez les
autres documents publics qui nous restent d'elles,
vous serez touché des bons sentiments qu'on y rencontre et surpris de la singulière imprudence du langage qu'on y tient.

« On a vu trop souvent, dit l'assemblée provinciale
de basse Normandie en 1787, l'argent que le roi consacre aux routes ne servir qu'à l'aisance du riche
sans être utile au peuple. On l'a fréquemment employé à rendre plus agréable l'accession d'un château,
au lieu de s'en servir pour faciliter l'entrée d'un bourg
ou d'un village. » Dans cette même assemblée, l'ordre
de la noblesse et celui du clergé, après avoir décrit
les vices de la corvée, offrent spontanément de consacrer seuls 50 000 livres à l'amélioration des chemins,
afin, disent-ils, que les routes de la province deviennent praticables sans qu'il en coûte rien de plus au
peuple. Il eût peut-être été moins onéreux pour ces
privilégiés de substituer à la corvée une taxe générale et d'en payer leur part ; mais, en cédant volontiers le bénéfice de l'inégalité d'impôt, ils aimaient
à en conserver l'apparence. Abandonnant la part utile
de leur droit, ils en retenaient soigneusement la part
odieuse.

D'autres assemblées, composées tout entières de
propriétaires exempts de la taille, lesquels entendaient
bien continuer à l'être, n'en peignaient pas moins des
couleurs les plus noires les maux que cette taille infli-
geait aux pauvres. Ils composaient de tous ses abus
un tableau effroyable, dont ils avaient soin de multi-
plier à l'infini les copies. Et, ce qu'il y a de bien particulier, c'est qu'à ces témoignages éclatants de l'intérêt
que le peuple leur inspirait ils joignaient de temps en
temps des expressions publiques de mépris. Il était
déjà devenu l'objet de leur sympathie sans cesser encore
de l'être de leur dédain.

L'assemblée provinciale de la haute Guyenne, parlant de ces paysans dont elle plaide chaudement la

cause, les nomme des *êtres ignorants et grossiers, des êtres turbulents et des caractères rudes et indociles.* Turgot, qui a tant fait pour le peuple, ne parle guère autrement.

Ces dures expressions se rencontrent dans des actes destinés à la plus grande publicité, et faits pour passer sous les yeux des paysans eux-mêmes. Il semblait qu'on vécût dans ces contrées de l'Europe, telles que la Gallicie, où les hautes classes, parlant un autre langage que les classes inférieures, ne peuvent en être entendues. Les feudistes du xviiie siècle, qui montrent souvent, à l'égard des censitaires et autres débiteurs de droits féodaux, un esprit de douceur, de modération et de justice peu connu de leurs devanciers, parlent encore en certains endroits *des vils paysans.* Il paraît que ces injures étaient de style, comme disent les notaires.

A mesure qu'on approche de 1789, cette sympathie pour les misères du peuple devient plus vive et plus imprudente. J'ai tenu dans mes mains des circulaires que plusieurs assemblées provinciales adressaient, dans les premiers jours de 1788, aux habitants des différentes paroisses, afin d'apprendre d'eux-mêmes, dans le détail, tous les griefs dont ils pouvaient avoir à se plaindre.

L'une de ces circulaires est signée par un abbé, un grand seigneur, trois gentilshommes et un bourgeois, tous membres de l'assemblée et agissant en son nom. Cette commission ordonne au syndic de chaque paroisse de rassembler tous les paysans et de leur demander ce qu'ils ont à dire contre la manière dont sont assis et perçus les différents impôts qu'ils payent. « Nous savons, dit-elle, d'une manière générale que la plupart des impôts, spécialement la gabelle et la taille, ont des conséquences désastreuses pour le cultivateur, mais nous tenons en outre à connaître en particulier chaque abus. » La curiosité de l'assemblée provinciale ne s'arrête pas là ; elle veut savoir le nombre de gens qui jouissent de quelque privilège d'impôts dans la paroisse, nobles, ecclésiastiques ou roturiers, et quels sont précisément ces privilèges ; quelle est la valeur des propriétés de ces exempts ; s'ils résident ou non sur leurs terres ; s'il s'y trouve beaucoup de biens d'église, ou, comme on disait alors, de fonds de mainmorte, qui soient hors de commerce, et leur valeur. Tout cela ne suffit pas encore pour la satisfaire ; il faut lui dire à quelle somme on peut évaluer la part d'impôts, taille, accessoires, capitation, corvée, que devraient supporter les privilégiés, si l'égalité d'impôts existait.

C'était enflammer chaque homme en particulier par le récit de ses misères, lui en désigner du doigt les auteurs, l'enhardir par la vue de leur petit nombre, et pénétrer jusqu'au fond de son cœur pour y allumer la cupidité, l'envie et la haine. Il semblait qu'on eût entièrement oublié la Jacquerie, les Maillotins et les Seize, et qu'on ignorât que les Français, qui sont le peuple le plus doux et même le plus bienveillant de la terre tant qu'il demeure tranquille dans son naturel, en devient le plus barbare dès que de violentes passions l'en font sortir.

Je n'ai pu malheureusement me procurer tous les mémoires qui furent envoyés par les paysans en réponse à ces questions meurtrières ; mais j'en ai retrouvé quelques-uns, et cela suffit pour connaître l'esprit général qui les a dictés.

Dans ces factums, le nom de chaque privilégié, noble ou bourgeois, est soigneusement indiqué ; sa manière de vivre est parfois dépeinte et toujours critiquée. On y recherche curieusement la valeur de son bien ; on s'y étend sur le nombre et la nature de ses privilèges, et surtout sur le tort qu'ils font à tous les autres habitants du village. On énumère les boisseaux de blé qu'il faut lui donner en redevance ; on suppute ses revenus avec envie, revenus dont personne ne profite, dit-on. Le casuel du curé, *son salaire*, comme on l'appelle déjà, est excessif ; on remarque avec amertume que tout se paye à l'église, et que le pauvre ne saurait même se faire enterrer gratis. Quant aux impôts, ils sont tous mal assis et oppressifs ; on n'en rencontre pas un seul qui trouve grâce à leurs yeux, et ils parlent de tous dans un langage emporté qui sent la fureur.

« Les impôts indirects sont odieux, disent-ils ; il n'y a point de ménage dans lequel le commis des fermes ne vienne fouiller ; rien n'est sacré pour ses yeux ni pour ses mains. Les droits d'enregistrement sont écrasants. Le receveur des tailles est un tyran dont la cupidité se sert de tous les moyens pour vexer les pauvres gens. Les huissiers ne valent pas mieux que lui ; il n'y a pas d'honnête cultivateur qui soit à l'abri de leur férocité. Les collecteurs sont obligés de ruiner leurs voisins pour ne pas s'exposer eux-mêmes à la voracité de ces despotes. »

La Révolution n'annonce pas seulement son approche dans cette enquête ; elle y est présente, elle y parle déjà sa langue et y montre en plein sa face.

Parmi toutes les différences qui se rencontrent entre la révolution religieuse du xvie siècle et la révolution française, il y a en une qui frappe : au xvie siècle, la

plupart des grands se jetèrent dans le changement
de religion par calcul d'ambition ou par cupidité ;
le peuple l'embrassa, au contraire, par conviction et
sans attendre aucun profit. Au xviiie siècle, il n'en est
pas de même ; ce furent des croyances désintéressées
et des sympathies généreuses qui émurent alors les
classes éclairées et les mirent en révolution, tandis que
le sentiment amer de ses griefs et l'ardeur de changer
sa position agitaient le peuple. L'enthousiasme des
premières acheva d'allumer et d'armer les colères et
les convoitises du second

CHAPITRE VI

De quelques pratiques à l'aide desquelles
le gouvernement acheva l'éducation
révolutionnaire du peuple

Il y avait déjà longtemps que le gouvernement lui-même travaillait à faire entrer et à fixer dans l'esprit du peuple plusieurs des idées qu'on a nommées depuis révolutionnaires, idées hostiles à l'individu, contraires aux droits particuliers et amies de la violence.

Le roi fut le premier à montrer avec quel mépris on pouvait traiter les institutions les plus anciennes et en apparence les mieux établies. Louis XV a autant ébranlé la monarchie et hâté la Révolution par ses nouveautés que par ses vices, par son énergie que par sa mollesse. Lorsque le peuple vit tomber et disparaître ce parlement presque contemporain de la royauté et qui avait paru jusque-là aussi inébranlable qu'elle, il comprit vaguement qu'on approchait de ces temps de violence et de hasard où tout devient possible, où il n'y a guère de choses si anciennes qui soient respectables, ni de si nouvelles qu'elles ne se puissent essayer.

Louis XVI, pendant tout le cours de son règne, ne fit que parler de réformes à faire. Il y a peu d'institutions dont il n'ait fait prévoir la ruine prochaine, avant que la Révolution ne vînt les ruiner toutes en effet.

Après avoir ôté de la législation plusieurs des plus
mauvaises, il les y replaça bientôt : on eût dit qu'il
n'ait voulu que les déraciner, laissant à d'autres le
soin de les abattre.

Parmi les réformes qu'il avait faites lui-mêmes,
quelques-une changèrent brusquement et sans prépa-
rations suffisantes des habitudes anciennes et respectées
et violentèrent parfois des droits acquis. Elles prépa-
rèrent ainsi la Révolution bien moins encore en abat-
tant ce qui lui faisait obstacle qu'en montrant au
peuple comment on pouvait s'y prendre pour la faire.
Ce qui accrut le mal fut précisément l'intention pure
et désintéressée qui faisait agir le roi et ses ministres ;
car il n'y a pas de plus dangereux exemple que celui
de la violence exercée pour le bien et par les gens de
bien.

Longtemps auparavant, Louis XIV avait enseigné
publiquement dans ses édits cette théorie, que toutes
les terres du royaume avaient été originairement
concédées sous condition par l'État, qui devenait
ainsi le seul propriétaire véritable, tandis que tous
les autres n'étaient que des possesseurs dont le titre
restait contestable et le droit imparfait. Cette doctrine avait pris sa source dans la législation féodale ;
mais elle ne fut professée en France que dans le temps
où la féodalité mourait, et jamais les cours de justice
ne l'admirent. C'est l'idée mère du socialisme moderne.
Il est curieux de lui voir prendre d'abord racine dans
le despotisme royal.

Durant les règnes qui suivirent celui de ce prince,
l'administration apprit chaque jour au peuple, d'une
manière plus pratique et mieux à sa portée, le mépris
qu'il convient d'avoir pour la propriété privée. Lors-

que, dans la seconde moitié du xviiie siècle, le goût des
travaux publics, et en particulier des routes, commença
à se répandre, le gouvernement ne fit pas difficulté de
s'emparer de toutes les terres dont il avait besoin
pour ses entreprises et de renverser les maisons qui
l'y gênaient. La direction des ponts et chaussées
était dès lors aussi éprise des beautés géométriques
de la ligne droite qu'on l'a vu depuis ; elle évitait
avec grand soin de suivre les chemins existants, pour
peu qu'ils lui parussent un peu courbes, et, plutôt que
de faire un léger détour, elle coupait à travers mille
héritages. Les propriétés ainsi dévastées ou détruites
étaient toujours arbitrairement et tardivement payées,
et souvent ne l'étaient point du tout.

Lorsque l'assemblée provinciale de la basse Normandie prit l'administration des mains de l'intendant,
elle constata que le prix de toutes les terres saisies
d'autorité depuis vingt ans, en matière de chemins,
était encore dû. La dette contractée ainsi, et non
encore acquittée par l'État dans ce petit coin de France,
s'élevait à 250 000 livres. Le nombre des grands propriétaires atteints de cette manière était restreint ; mais
le nombre des petits propriétaires lésés était grand,
car déjà la terre était divisée. Chacun de ceux-là avait
appris par sa propre expérience le peu d'égards que
mérite le droit de l'individu quand l'intérêt public
demande qu'on le violente, doctrine qu'il n'eut garde
d'oublier quand il s'agit de l'appliquer à d'autres à
son profit.

Il avait existé autrefois, dans un très grand nombre
de paroisses, des fondations charitables qui, dans
l'intention de leurs auteurs, avaient eu pour objet de
venir au secours des habitants dans de certains cas et

d'une certaine manière que le testament indiquait.
La plupart de ces fondations furent détruites dans
les derniers temps de la monarchie ou détournées de
leur objet primitif par de simples arrêts du conseil,
c'est-à-dire par le pur arbitraire du gouvernement.
D'ordinaire on enleva les fonds ainsi donnés aux
villages pour en faire profiter des hôpitaux voisins.
A son tour, la propriété de ces hôpitaux fut vers la
même époque transformée dans des vues que le fon-
dateur n'avait pas eues et qu'il n'eût point adoptées
sans doute. Un édit de 1780 autorisa tous ces établissements à vendre les biens qu'on leur avait laissés
dans différents temps, à la condition d'en jouir à perpétuité, et leur permit d'en remettre le prix à l'Etat,
qui devait en servir la rente. C'était, disait-on, faire
de la charité des aïeux un meilleur usage qu'ils n'en
avaient fait eux-mêmes. On oubliait que le meilleur
moyen d'apprendre aux hommes à violer les droits
individuels des vivants est de ne tenir aucun compte
de la volonté des morts. Le mépris que témoignait
l'administration de l'ancien régime à ceux-ci n'a été
surpassé par aucun des pouvoirs qui lui ont succédé.
Jamais surtout elle n'a rien fait voir de ce scrupule
un peu méticuleux qui porte les Anglais à prêter à
chaque citoyen toute la force du corps social pour
l'aider à maintenir l'effet de ses dispositions dernières,
et qui leur fait témoigner plus de respect encore à sa
mémoire qu'à lui-même.

Les réquisitions, la vente obligatoire des denrées,
le maximum sont des mesures de gouvernement qui
ont eu des précédents sous l'ancien régime. J'ai vu,
dans des temps de disette, des administrateurs fixer
d'avance le prix des denrées que les paysans appor-

taient au marché, et comme ceux-ci, craignant
d'être contraints, ne s'y présentaient pas, rendre
des ordonnances pour les y obliger sous peine
d'amende.

Mais rien ne fut d'un enseignement plus pernicieux
que certaines formes que suivait la justice criminelle
quand il s'agissait du peuple. Le pauvre était déjà
beaucoup mieux garanti qu'on ne l'imagine contre
les atteintes d'un citoyen plus riche ou plus puissant
que lui ; mais avait-il affaire à l'État, il ne trouvait
plus, comme je l'ai indiqué ailleurs, que des tribunaux exceptionnels, des juges prévenus, une procédure rapide ou illusoire, un arrêt exécutoire par pro-
vision et sans appel. « Commet le prévôt de la maréchaussée et son lieutenant pour connoître des émotions et attroupements qui pourroient survenir à
l'occasion des grains ; ordonne que par eux le procès
sera fait et parfait, jugé prévôtalement et en dernier
ressort ; interdit Sa Majesté à toutes cours de justice d'en prendre connoissance. » Cet arrêt du conseil
fait jurisprudence pendant tout le XVIIIᵉ siècle. On
voit par les procès-verbaux de la maréchaussée que,
dans ces circonstances, on cernait de nuit les villages
suspects, on entrait avant le jour dans les maisons,
et on y arrêtait les paysans qui étaient désignés, sans
qu'il soit autrement question de mandat. L'homme
ainsi arrêté restait souvent longtemps en prison avant
de pouvoir parler à son juge ; les édits ordonnaient
pourtant que tout accusé fût interrogé dans les
vingt-quatre heures. Cette disposition n'était ni
moins formelle, ni plus respectée que de nos
jours.

C'est ainsi qu'un gouvernement doux et bien assis

enseignait chaque jour au peuple le code d'instruction criminelle le mieux approprié aux temps de révolution et le plus commode à la tyrannie. Il en tenait école toujours ouverte. L'ancien régime donna jusqu'au bout aux basses classes cette éducation dangereuse. Il n'y a pas jusqu'à Turgot qui, sur ce point, n'imitât fidèlement ses prédécesseurs. Lorsqu'en 1775 sa nouvelle législation sur les grains fit naître des résistances dans le parlement et des émeutes dans les campagnes, il obtint du roi une ordonnance qui, dessaisissant les tribunaux, livra les mutins à la juridiction prévôtale, « laquelle est principalement destinée, est-il dit, à réprimer les émotions populaires, quand il est utile que des exemples soient donnés avec célérité ». Bien plus, tous les paysans qui s'éloignaient de leurs paroisses sans être munis d'une attestation signée par le curé et le syndic devaient être poursuivis, arrêtés et jugés prévôtalement comme vagabonds.

Il est vrai que, dans cette monarchie du xviiiᵉ siècle, si les formes étaient effrayantes, la peine était presque toujours tempérée. On aimait mieux faire peur que faire mal ; ou plutôt on était arbitraire et violent par habitude et par indifférence, et doux par tempérament. Mais le goût de cette justice sommaire ne s'en prenait que mieux. Plus la peine était légère, plus on oubliait aisément la façon dont elle était prononcée. La douceur de l'arrêt cachait l'horreur de la procédure.

J'oserai dire, parce que je tiens les faits dans ma main, qu'un grand nombre de procédés employés par le gouvernement révolutionnaire ont eu des précédents et des exemples dans les mesures prises à l'égard du

bas peuple pendant les deux derniers siècles de la
monarchie. L'ancien régime a fourni à la Révolution
plusieurs de ses formes ; celle-ci n'y a joint que l'atro-
cité de son génie.

Comment une grande révolution administrative avait précédé la révolution politique, et des conséquences que cela eut

Rien n'avait encore été changé à la forme du gouvernement que déjà la plupart des lois secondaires qui
règlent la condition des personnes et l'administration
des affaires étaient abolies ou modifiées.

La destruction des jurandes et leur rétablissement
partiel et incomplet avaient profondément altéré tous
les anciens rapports de l'ouvrier et du maître. Ces
rapports étaient devenus non seulement différents,
mais incertains et contraints. La police dominicale
était ruinée ; la tutelle de l'État était encore mal
assise, et l'artisan, placé dans une position gênée et
indécise, entre le gouvernement et le patron, ne savait
trop lequel des deux pouvait le protéger ou devait le
contenir. Cet état de malaise et d'anarchie, dans lequel
on avait mis d'un seul coup toute la basse classe des
villes, eut de grandes conséquences, dès que le peuple
commença à reparaître sur la scène politique.

Un an avant la Révolution, un édit du roi avait bou-
leversé dans toutes ses parties l'ordre de la justice ;
plusieurs juridictions nouvelles avaient été créées,
une multitude d'autres abolies, toutes les règles de la
compétence changées. Or, en France, ainsi que je l'ai

déjà fait remarquer ailleurs, le nombre de ceux qui s'occupaient, soit à juger, soit à exécuter les arrêts des juges, était immense. A vrai dire, toute la bourgeoisie tenait de près ou de loin aux tribunaux. L'effet de la loi fut donc de troubler tout à coup des milliers de familles dans leur état et dans leurs biens, et de leur donner une assiette nouvelle et précaire. L'édit n'avait guère moins incommodé les plaideurs, qui, au milieu de cette révolution judiciaire, avaient peine à retrouver la loi qui leur était applicable et le tribunal qui devait les juger.

Mais ce fut surtout la réforme radicale que l'administration proprement dite eut à subir en 1787 qui, après avoir porté le désordre dans les affaires publiques, vint émouvoir chaque citoyen jusque dans sa vie privée.

J'ai dit que, dans les pays d'élection, c'est-à-dire dans près des trois quarts de la France, toute l'administration de la généralité était livrée à un seul homme, l'intendant, lequel agissait non seulement sans contrôle, mais sans conseil.

En 1787, on plaça à côté de cet intendant une assemblée provinciale qui devint le véritable administrateur du pays. Dans chaque village, un corps municipal élu prit également la place des anciennes assemblées de paroisse, et dans la plupart des cas, du syndic.

Une législation si contraire à celle qui l'avait précédée, et qui changeait si complètement, non seulement l'ordre des affaires, mais la position relative des hommes, dut être appliquée partout à la fois, et partout à peu près de la même manière, sans aucun égard aux usages antérieurs ni à la situation particulière des provinces ; tant le génie unitaire de la Révolution possédait déjà ce vieux gouvernement que la Révolution allait abattre.

On vit bien alors la part que prend l'habitude dans

le jeu des institutions politiques, et comment les hommes se tirent plus aisément d'affaire avec des lois obscures et compliquées, dont ils ont depuis longtemps la pratique, qu'avec une législation plus simple qui leur est nouvelle.

Il y avait en France, sous l'ancien régime, toutes sortes de pouvoirs, qui variaient à l'infini, suivant les provinces, et dont aucun n'avait de limites fixes et bien connues, de telle sorte que le champ d'action de chacun d'eux était toujours commun à plusieurs autres. Cependant on avait fini par établir un ordre régulier et assez facile dans les affaires ; tandis que les nouveaux pouvoirs, qui étaient en plus petit nombre, soigneusement limités et semblables entre eux, se rencontrèrent et s'enchevêtrèrent aussitôt les uns dans les autres au milieu de la plus grande confusion, et souvent se réduisirent mutuellement à l'impuissance.

La loi nouvelle renfermait d'ailleurs un grand vice, qui seul eût suffi, surtout au début, pour en rendre l'exécution difficile : tous les pouvoirs qu'elle créait étaient collectifs.

Sous l'ancienne monarchie, on n'avait jamais connu que deux façons d'administrer : dans les lieux où l'administration était confiée à un seul homme, celui-ci agissait sans le concours d'aucune assemblée ; là où il existait des assemblées, comme dans les pays d'états ou dans les villes, la puissance exécutive n'était confiée à personne en particulier ; l'assemblée non seulement gouvernait et surveillait l'administration, mais administrait par elle-même ou par des commissions temporaires qu'elle nommait.

Comme on ne connaissait que ces deux manières d'agir, dès qu'on abandonna l'une, on adopta l'autre.

Il est assez étrange que, dans le sein d'une société si éclairée, et où l'administration publique jouait déjà depuis longtemps un si grand rôle, on ne se fût jamais avisé de réunir les deux systèmes, et de distinguer, sans les disjoindre, le pouvoir qui doit exécuter de celui qui doit surveiller et prescrire. Cette idée, qui paraît si simple, ne vint point ; elle n'a été trouvée que dans ce siècle. C'est pour ainsi dire la seule grande découverte en matière d'administration publique qui nous soit propre. Nous verrons la suite qu'eut la pratique contraire, quand, transportant dans la politique les habitudes administratives, et obéissant à la tradition de l'ancien régime tout en détestant celui-ci, on appliqua dans la Convention nationale le système que les états provinciaux et les petites municipalités des villes avaient suivi, et comment de ce qui n'avait été jusque-là qu'une cause d'embarras dans les affaires, on fit sortir tout à coup la Terreur.

Les assemblées provinciales de 1787 reçurent donc le droit d'administrer elles-mêmes, dans la plupart des circonstances où, jusque-là, l'intendant avait seul agi ; elles furent chargées, sous l'autorité du gouvernement central, d'asseoir la taille et d'en surveiller la perception, d'arrêter quels devaient être les travaux publics à entreprendre et de les faire exécuter. Elles eurent sous leurs ordres immédiats tous les agents des ponts et chaussées, depuis l'inspecteur jusqu'au piqueur des travaux. Elles durent leur prescrire ce qu'elles jugeaient convenable, rendre compte du service de ces agents au ministre, et proposer à celui-ci les gratifications qu'ils méritaient. La tutelle des communes fut presque remise entièrement à ces assemblées ; elles durent juger en premier ressort la plus grande partie des

affaires contentieuses, qui étaient portées jusque-là
devant l'intendant, etc. ; fonctions dont plusieurs
convenaient mal à un pouvoir collectif et irresponsable,
et qui d'ailleurs allaient être exercées par des gens qui
administraient pour la première fois.

Ce qui acheva de tout brouiller fut qu'en réduisant
ainsi l'intendant à l'impuissance on le laissa néanmoins
subsister. Après lui avoir ôté le droit absolu de tout
faire, on lui imposa le devoir d'aider et de surveiller
ce que l'assemblée ferait ; comme si un fonctionnaire
déchu pouvait jamais entrer dans l'esprit de la législation qui le dépossède et en faciliter la pratique !

Ce qu'on avait fait pour l'intendant, on le fit pour son
subdélégué. A côté de lui, et à la place qu'il venait
d'occuper, on plaça une assemblée d'arrondissement
qui dut agir sous la direction de l'assemblée provinciale
et d'après des principes analogues.

Tout ce qu'on connaît des actes des assemblées provinciales créées en 1787, et leurs procès-verbaux mêmes,
apprennent qu'aussitôt après leur naissance elles
entrèrent en guerre sourde et souvent ouverte avec
les intendants, ceux-ci n'employant l'expérience supérieure qu'ils avaient acquise qu'à gêner les mouvements
de leurs successeurs. Ici, c'est une assemblée qui se
plaint de ne pouvoir arracher qu'avec effort des mains
de l'intendant les pièces qui lui sont le plus nécessaires.
Ailleurs, c'est l'intendant qui accuse les membres de
l'assemblée de vouloir usurper des attributions que les
édits, dit-il, lui ont laissées. Il en appelle au ministre,
qui souvent ne répond rien ou doute ; car la matière
lui est aussi nouvelle et aussi obscure qu'à tous les
autres. Parfois l'assemblée délibère que l'intendant
n'a pas bien administré, que les chemins qu'il a fait

construire sont mal tracés ou mal entretenus ; il a laissé
ruiner des communautés dont il était le tuteur. Souvent
ces assemblées hésitent au milieu des obscurités d'une
législation si peu connue ; elles s'envoient au loin
consulter les unes les autres et se font parvenir sans
cesse des avis. L'intendant d'Auch prétend qu'il peut
s'opposer à la volonté de l'assemblée provinciale, qui
avait autorisé une commune à s'imposer ; l'assemblée
affirme qu'en cette matière l'intendant n'a plus désormais que des avis, et non des ordres, à donner, et elle
demande à l'assemblée provinciale de l'Ile-de-France
ce qu'elle en pense.

Au milieu de ces récriminations et de ces consultations
la marche de l'administration se ralentit souvent et
quelquefois s'arrête : la vie publique est alors comme
suspendue. « La stagnation des affaires est complète »,
dit l'assemblée provinciale de Lorraine, qui n'est en
cela que l'écho de plusieurs autres ; « tous les bons
citoyens s'en affligent ».

D'autres fois, c'est par excès d'activité et de confiance
en elles-mêmes que pèchent ces nouvelles administrations ; elles sont toutes remplies d'un zèle inquiet
et perturbateur qui les porte à vouloir changer tout à
coup les anciennes méthodes et corriger à la hâte
les plus vieux abus. Sous prétexte que désormais
c'est à elles à exercer la tutelle des villes, elles entre-
prennent de gérer elles-mêmes les affaires communales ;
en un mot, elles achèvent de tout confondre en voulant
tout améliorer.

Si l'on veut bien considérer maintenant la place
immense qu'occupait déjà depuis longtemps en France
l'administration publique, la multitude des intérêts
auxquels elle touchait chaque jour, tout ce qui dépendait

support.

d'elle ou avait besoin de son concours ; si l'on songe
que c'était déjà sur elle plus que sur eux-mêmes que les
particuliers comptaient pour faire réussir leurs propres
affaires, favoriser leur industrie, assurer leurs subsis-
tances, tracer et entretenir leurs chemins, préserver
leur tranquillité et garantir leur bien-être, on aura
une idée du nombre infini de gens qui durent se trouver
personnellement atteints du mal dont elle souffrait.

Mais ce fut surtout dans les villages que les vices de
la nouvelle organisation se firent sentir ; là, elle ne
troubla pas seulement l'ordre des pouvoirs, elle changea
tout à coup la position relative des hommes et mit en
présence et en conflit toutes les classes.

Lorsque Turgot, en 1775, proposa au roi de réformer
l'administration des campagnes, le plus grand embarras
qu'il rencontra, c'est lui-même qui nous l'apprend,
vint de l'inégale répartition des impôts ; car, comment
faire agir en commun et délibérer ensemble sur les
affaires de la paroisse, dont les principales sont l'assiette,
la levée et l'emploi des taxes, des gens qui ne sont
pas tous assujettis à les payer de la même manière, et
dont quelques-uns sont entièrement soustraits à leurs
charges ? Chaque paroisse contenait des gentilshommes
et des ecclésiastiques qui ne payaient point la taille,
des paysans qui en étaient en partie ou en totalité
exempts, et d'autres qui l'acquittaient tout entière.
C'était comme trois paroisses distinctes, dont chacune
eût demandé une administration à part. La difficulté
était insoluble.

Nulle part, en effet, la distinction d'impôts n'était
plus visible que dans les campagnes ; nulle part la population n'y était mieux divisée en groupes différents
et souvent ennemis les uns des autres. Pour arriver

à donner aux villages une administration collective et un petit gouvernement libre, il eût fallu d'abord y assujettir tout le monde aux mêmes impôts, et y diminuer la distance qui séparait les classes.

Ce n'est point ainsi qu'on s'y prit lorsqu'on entreprit enfin cette réforme en 1787. Dans l'intérieur de la paroisse, on maintint l'ancienne séparation des ordres et l'inégalité en fait d'impôts qui en était le principal signe, et néanmoins on y livra toute l'administration à des corps électifs. Cela conduisit sur-le-champ aux conséquences les plus singulières.

S'agit-il de l'assemblée électorale qui devait choisir les officiers municipaux : le curé et le seigneur ne purent y paraître ; ils appartenaient, disait-on, à l'ordre de la noblesse et à celui du clergé ; or c'était, ici, principalement le tiers état qui avait à élire ses représentants.

Le conseil municipal une fois élu, le curé et le seigneur en étaient, au contraire, membres de droit ; car il n'eût pas semblé séant de rendre entièrement étrangers au gouvernement de la paroisse deux habitants si notables. Le seigneur présidait même ces conseillers municipaux qu'il n'avait pas contribué à élire, mais il ne fallait pas qu'il s'ingérât dans la plupart de leurs actes. Quand on procédait à l'assiette et à la répartition de la taille, par exemple, le curé et le seigneur ne pouvaient pas voter. N'étaient-ils pas tous deux exempts de cet impôt ? De son côté, le conseil municipal n'avait rien à voir à leur capitation ; elle continuait à être réglée par l'intendant, d'après des formes particulières.

De peur que ce président, ainsi isolé du corps qu'il était censé diriger, n'y exerçât encore indirectement une influence contraire à l'intérêt de l'ordre dont il

*should not he
canted.*

ne faisait pas partie, on demanda que les voix de ses
fermiers n'y comptassent pas ; et les assemblées provinciales, consultées sur ce point, trouvèrent cette
réclamation fort juste et tout à fait conforme aux
principes. Les autres gentilshommes qui habitaient
la paroisse ne pouvaient entrer dans ce même corps
municipal roturier, à moins qu'ils ne fussent élus par
les paysans, et alors, comme le règlement a soin de
le faire remarquer, ils n'avaient plus le droit d'y représenter que le tiers état.

Le seigneur ne paraissait donc là que pour y être
entièrement soumis à ses anciens sujets, devenus tout
à coup ses maîtres ; il y était leur prisonnier plutôt
que leur chef. En rassemblant ces hommes de cette
manière, il semblait qu'on eût eu pour but moins de
les rapprocher que de leur faire voir plus distinctement en quoi ils différaient et combien leurs intérêts
étaient contraires.

Le syndic était-il encore ce fonctionnaire discrédité
dont on n'exerçait les fonctions que par contrainte,
ou bien sa condition s'était-elle relevée avec la communauté dont il restait le principal agent ? Nul ne
le savait précisément. Je trouve en 1788 la lettre d'un
certain huissier de village qui s'indigne qu'on l'ait
élu pour remplir les fonctions de syndic. « Cela, dit-il,
est contraire à tous les privilèges de sa charge. » Le
contrôleur général répond qu'il faut rectifier les idées
de ce particulier, « et lui faire comprendre qu'il devrait
tenir à honneur d'être choisi par ses concitoyens, et
que d'ailleurs les nouveaux syndics ne ressemble-
ront point aux fonctionnaires qui portaient jusque-
là le même nom, et qu'ils doivent compter sur plus
d'égards de la part du gouvernement ».

D'autre part, on voit des habitants considérables de la paroisse, et même des gentilshommes, qui se rapprochent tout à coup des paysans, quand ceux-ci deviennent une puissance. Le seigneur haut justicier des environs de Paris se plaint de ce que l'édit l'empêche de prendre part, même *comme simple habitant*, aux opérations de l'assemblée paroissiale. D'autres consentent, disent-ils, « par dévouement pour le bien public, à remplir même les fonctions de syndic ».

C'était trop tard. A mesure que les hommes des classes riches s'avancent ainsi vers le peuple des campagnes et s'efforcent de se mêler avec lui, celui-ci se retire dans l'isolement qu'on lui avait fait et s'y défend. On rencontre des assemblées municipales de paroisses qui se refusent à recevoir dans leur sein le seigneur ; d'autres font toute sorte de chicanes avant d'admettre les roturiers mêmes, quand ils sont riches. « Nous sommes instruits, dit l'assemblée provinciale de basse Normandie, que plusieurs assemblées municipales ont refusé d'admettre dans leur sein les propriétaires roturiers de la paroisse qui n'y sont pas domiciliés, bien qu'il ne soit pas douteux que ceux-ci ont droit d'en faire partie. D'autres assemblées ont même refusé d'admettre les fermiers qui n'avaient pas de propriétés sur leur territoire. »

Ainsi donc, tout était déjà nouveauté, obscurité, conflit dans les lois secondaires, avant même qu'on eût encore touché aux lois principales qui réglaient les gouvernement de l'État. Ce qui en restait debout était ébranlé, et il n'existait pour ainsi dire plus un seul règlement dont le pouvoir central lui-même n'eût annoncé l'abolition ou la modification prochaine.

Cette rénovation soudaine et immense de toutes

les règles et de toutes les habitudes administratives
qui précéda chez nous la révolution politique, et dont
on parle aujourd'hui à peine, était déjà pourtant l'une
des plus grandes perturbations qui se soient jamais
rencontrées dans l'histoire d'un grand peuple. Cette
première révolution exerça une influence prodigieuse
sur la seconde, et fit de celle-ci un événement différent de tous ceux de la même espèce qui avaient eu
lieu jusque-là dans le monde, ou de ceux qui y ont eu
lieu depuis.

La première révolution d'Angleterre, qui bouleversa toute la constitution politique de ce pays et y
abolit jusqu'à la royauté, ne toucha que fort superfi-
ciellement aux lois secondaires et ne changea presque
rien aux coutumes et aux usages. La justice et l'administration gardèrent leurs formes et suivirent les
mêmes errements que par le passé. Au plus fort de
la guerre civile, les douze juges d'Angleterre conti-
nuèrent, dit-on, à faire deux fois l'an la tournée des
assises. Tout ne fut donc pas agité à la fois. La révolution se trouva circonscrite dans ses effets, et la société
anglaise, quoique remuée à son sommet, resta ferme
dans son assiette.

Nous avons vu nous-mêmes en France, depuis 89,
plusieurs révolutions qui ont changé de fond en comble
toute la structure du gouvernement. La plupart ont
été très soudaines et se sont accomplies par la force,
en violation ouverte des lois existantes. Néanmoins
le désordre qu'elles ont fait naître n'a jamais été
ni long ni général ; à peine ont-elles été ressenties par
la plus grande partie de la nation, quelquefois à peine
aperçues.

C'est que, depuis 89, la constitution administrative

est toujours restée debout au milieu des ruines des
constitutions politiques. On changeait la personne du
prince ou les formes du pouvoir central, mais le cours
journalier des affaires n'était ni interrompu ni troublé ;
chacun continuait à rester soumis, dans les petites
affaires qui l'intéressaient particulièrement, aux règles
et aux usages qu'il connaissait ; il dépendait des pouvoirs secondaires auxquels il avait toujours eu
l'habitude de s'adresser, et d'ordinaire il avait affaire
aux mêmes agents ; car, si à chaque révolution l'administration était décapitée, son corps restait intact
et vivant ; les mêmes fonctions étaient exercées par
les mêmes fonctionnaires ; ceux-ci transportaient à
travers la diversité des lois politiques leur esprit et
leur pratique. Ils jugeaient et ils administraient au nom
du roi, ensuite au nom de la république, enfin au nom
de l'empereur. Puis, la fortune faisant refaire à sa roue
le même tour, ils recommençaient à administrer et à
juger pour le roi, pour la république et pour l'empereur, toujours les mêmes et de même ; car que leur
importait le nom du maître ? Leur affaire était moins
d'être citoyens que bons administrateurs et bons juges.
Dès que la première secousse était passée, il semblait
donc que rien n'eût bougé dans le pays.

Au moment où la Révolution éclata, cette partie
du gouvernement qui, quoique subordonnée, se fait
sentir tous les jours à chaque citoyen et influe de la
manière la plus continue et la plus efficace sur son
bien-être, venait d'être entièrement bouleversée :
l'administration publique avait changé tout à coup
tous ses agents et renouvelé toutes ses maximes. L'État
n'avait pas paru d'abord recevoir de cette immense
réforme un grand choc ; mais tous les Français en

avaient ressenti une petite commotion particulière.
Chacun s'était trouvé ébranlé dans sa condition, troublé
dans ses habitudes ou gêné dans son industrie. Un
certain ordre régulier continuait à régner dans les
affaires les plus importantes et les plus générales, que
personne ne savait déjà plus ni à qui obéir, ni à qui
s'adresser, ni comment se conduire dans les moindres
et les particulières qui forment le train journalier de
la vie sociale.

La nation n'étant plus d'aplomb dans aucune de ses
parties, un dernier coup put donc la mettre tout entière
en branle et produire le plus vaste bouleversement et
la plus effroyable confusion qui furent jamais

CHAPITRE VIII

Comment la Révolution est sortie d'elle-même de ce qui précède

Je veux, en finissant, rassembler quelques-uns des traits que j'ai déjà peints à part, et, de cet ancien régime dont je viens de faire le portrait, voir la Révolution sortir comme d'elle-même.

Si l'on considère que c'était parmi nous que le système féodal, sans changer ce qui, en lui, pouvait nuire ou irriter, avait le mieux perdu tout ce qui pouvait protéger ou servir, on sera moins surpris que la Révolution qui devait abolir violemment cette vieille constitution de l'Europe ait éclaté en France plutôt qu'ailleurs.

Si l'on fait attention que la noblesse, après avoir perdu ses anciens droits politiques, et cessé, plus que cela ne s'était vu en aucun autre pays de l'Europe féodale, d'administrer et de conduire les habitants, avait néanmoins, non seulement conservé, mais beaucoup accru ses immunités pécuniaires et les avantages dont jouissaient individuellement ses membres ; qu'en devenant une classe subordonnée elle était restée une classe privilégiée et fermée, de moins en moins, comme je l'ai dit d'ailleurs, une aristocratie, de plus en plus une caste, on ne s'étonnera plus que ses privilèges aient paru si inexplicables et si détestables aux Français, et qu'à sa vue l'envie démocratique se soit enflammée dans leur cœur à ce point qu'elle y brûle encore.

Si l'on songe enfin que cette noblesse, séparée des classes moyennes, qu'elle avait repoussées de son sein, et du peuple, dont elle avait laissé échapper le cœur, était entièrement isolée au milieu de la nation, en apparence la tête d'une armée, en réalité un corps d'officiers sans soldats, on comprendra comment, après avoir été mille ans debout, elle ait pu être renversée dans l'espace d'une nuit.

J'ai fait voir de quelle manière le gouvernement du roi, ayant aboli les libertés provinciales et s'étant substitué dans les trois quarts de la France à tous les pouvoirs locaux, avait attiré à lui toutes les affaires, les plus petites aussi bien que les plus grandes ; j'ai montré, d'autre part, comment, par une conséquence nécessaire, Paris s'était rendu le maître du pays dont il n'avait été jusque-là que la capitale, ou plutôt était devenu alors lui-même le pays tout entier. Ces deux faits, qui étaient particuliers à la France, suffiraient seuls au besoin pour expliquer pourquoi une émeute a pu détruire de fond en comble une monarchie qui avait supporté pendant tant de siècles de si violents chocs, et qui, la veille de sa chute, paraissait encore inébranlable à ceux mêmes qui allaient la renverser.

La France étant l'un des pays de l'Europe où toute vie politique était depuis le plus longtemps et le plus complètement éteinte, où les particuliers avaient le mieux perdu l'usage des affaires, l'habitude de lire dans les faits, l'expérience des mouvements populaires et presque la notion du peuple, il est facile d'imaginer comment tous les Français ont pu tomber à la

fois dans une révolution terrible sans la voir, les plus
menacés par elle marchant les premiers, et se chargeant
d'ouvrir et d'élargir le chemin qui y conduisait.

Comme il n'existait plus d'institutions libres, par
conséquent plus de classes politiques, plus de corps
politiques vivants, plus de partis organisés et conduits,
et qu'en l'absence de toutes ces forces régulières la
direction de l'opinion publique, quand l'opinion publique vint à renaître, échut uniquement à des philosophes, on dut s'attendre à voir la Révolution conduite
moins en vue de certains faits particuliers que d'après
des principes abstraits et des théories très générales ;
on put augurer qu'au lieu d'attaquer séparément les
mauvaises lois on s'en prendrait à toutes les lois, et
qu'on voudrait substituer à l'ancienne constitution de
la France un système de gouvernement tout nouveau,
que ces écrivains avaient conçu.

L'Eglise se trouvant naturellement mêlée à toutes
les vieilles institutions qu'il s'agissait de détruire, on
ne pouvait douter que cette révolution ne dût ébranler
la religion en même temps qu'elle renverserait le
pouvoir civil ; dès lors il était impossible de dire à
quelles témérités inouïes pouvait s'emporter l'esprit
des novateurs, délivrés à la fois de toutes les gênes que
la religion, les coutumes et les lois imposent à l'imagination des hommes.

Et celui qui eût bien étudié l'état du pays eût aisément prévu qu'il n'y avait pas de témérité si inouïe
qui ne peut y être tentée, ni de violence qui ne dût
y être soufferte.

« Eh quoi! s'écrie Burke dans un de ses éloquents
pamphlets, on n'aperçoit pas un homme qui puisse
répondre pour le plus petit district ; bien plus, on

n'en voit pas un qui puisse répondre d'un autre. Chacun est arrêté dans sa maison sans résistance, qu'il s'agisse du royalisme, de modérantisme ou de toute autre chose. » Burke savait mal dans quelles conditions cette monarchie qu'il regrettait nous avait laissés à nos nouveaux maîtres. L'administration de l'ancien régime avait d'avance ôté aux Français la possibilité et l'envie de s'entraider. Quand la Révolution survint, on aurait vainement cherché dans la plus grande partie de la France dix hommes qui eussent l'habitude d'agir en commun d'une manière régulière, et de veiller eux-mêmes à leur propre défense ; le pouvoir central devait s'en charger, de tel sorte que le pouvoir central, étant tombé des mains de l'administration royale dans celles d'une assemblée irresponsable et souveraine, et de débonnaire devenue terrible, ne trouva rien devant lui qui pût l'arrêter, ni même le retarder un moment. La même cause qui avait fait tomber si aisément la monarchie avait rendu tout possible après sa chute.

Jamais la tolérance en fait de religion, la douceur dans le commandement, l'humanité et même la bienveillance n'avaient été plus prêchées et, il semblait, mieux admises qu'au XVIIIe siècle ; le droit de guerre, qui est comme le dernier asile de la violence, s'était lui-même resserré et adouci. Du sein de mœurs si douces allait cependant sortir la révolution la plus inhumaine ! Et pourtant, tout cet adoucissement des mœurs n'était pas un faux semblant ; car, dès que la fureur de la Révolution se fut amortie, on vit cette même douceur se répandre aussitôt dans toutes les lois et pénétrer dans toutes les habitudes politiques.

Le contraste entre la bénignité des théories et la

violence des actes, qui a été l'un des caractères les plus
étranges de la révolution française, ne surprendra
personne si l'on fait attention que cette révolution
a été préparée par les classes les plus civilisées de la
nation, et exécutée par les plus incultes et les plus
rudes. Les hommes des premières n'ayant aucun lien
préexistant entre eux, nul usage de s'entendre, aucune
prise sur le peuple, celui-ci devint presque aussitôt
le pouvoir dirigeant dès que les anciens pouvoirs
furent détruits. Là où il ne gouverna pas par lui-même,
il donna du moins son esprit au gouvernement ; et si,
d'un autre côté, on songe à la manière dont ce peuple
avait vécu sous l'ancien régime, on n'aura pas de
peine à imaginer ce qu'il allait être.

Les particularités même de sa condition lui avaient
donné plusieurs vertus rares. Affranchi de bonne
heure et depuis longtemps propriétaire d'une partie
du sol, isolé plutôt que dépendant, il se montrait
tempérant et fier ; il était rompu à la peine, indiffé-
rent aux délicatesses de la vie, résigné dans les plus
grands maux, ferme au péril ; race simple et virile
qui va remplir ces puissantes armées sous l'effort
desquelles l'Europe ploiera. Mais la même cause en
faisait un dangereux maître. Comme il avait porté
presque seul depuis des siècles tout le faix des abus,
qu'il avait vécu à l'écart, se nourrissant en silence
de ses préjugés, de ses jalousies et de ses haines, il
s'était endurci par ces rigueurs de sa destinée, et il
était devenu capable à la fois de tout endurer et de
tout faire souffrir.

C'est dans cet état que, mettant la main sur le gouvernement, il entreprit d'achever lui-même l'œuvre de la
Révolution. Les livres avaient fourni la théorie ; il se

chargea de la pratique, et il ajusta les idées des écrivains
à ses propres fureurs.

Ceux qui ont étudié attentivement, en lisant ce
livre, la France au xviiie siècle, ont pu voir naître et se
développer dans son sein deux passions principales,
qui n'ont point été contemporaines et n'ont pas toujours tendu au même but.

L'une, plus profonde et venant de plus loin, est la
haine violente et inextinguible de l'inégalité. Celle-ci
était née et s'était nourrie de la vue de cette inégalité
même, et elle poussait depuis longtemps les Français,
avec une force continue et irrésistible, à vouloir détruire
jusque dans leurs fondements tout ce qui restait des
institutions du moyen âge, et, le terrain vidé, à y
bâtir une société où les hommes fussent aussi semblables
et les conditions aussi égales que l'humanité le comporte.

L'autre, plus récente et moins enracinée, les portait à
vouloir vivre non seulement égaux, mais libres.

Vers la fin de l'ancien régime ces deux passions sont
aussi sincères et paraissent aussi vives l'une que l'autre.
A l'entrée de la Révolution, elles se rencontrent ;
elles se mêlent alors et se confondent un moment,
s'échauffent l'une l'autre dans le contact, et enflamment
enfin à la fois tout le cœur de la France. C'est 89, temps
d'inexpérience sans doute, mais de générosité, d'enthousiasme, de virilité et de grandeur, temps d'immortelle
mémoire, vers lequel se tourneront avec admiration
et avec respect les regards des hommes, quand ceux
qui l'ont vu et nous-mêmes auront disparu depuis
longtemps. Alors les Français furent assez fiers de
leur cause et d'eux-mêmes pour croire qu'ils pouvaient
être égaux dans la liberté. Au milieu des institutions
démocratiques ils placèrent donc partout des institu-

tions libres. Non seulement ils réduisirent en poussière
cette législation surannée qui divisait les hommes
en castes, en corporations, en classes, et rendaient leurs
droits plus inégaux encore que leurs conditions, mais
ils brisèrent d'un seul coup ces autres lois, œuvres
plus récentes du pouvoir royal, qui avaient ôté à la
nation la libre jouissance d'elle-même, et avaient placé
à côté de chaque Français le gouvernement, pour être
son précepteur, son tuteur, et, au besoin, son oppres-
seur. Avec le gouvernement absolu la centralisation
tomba.

Mais quand cette génération vigoureuse, qui avait
commencé la Révolution, eut été détruite ou énervée,
ainsi que cela arrive d'ordinaire à toute génération qui
entame de telles entreprises ; lorsque, suivant le cours
naturel des événements de cette espèce, l'amour de
la liberté se fut découragé et alangui au milieu de
l'anarchie et de la dictature populaire, et que la nation
éperdue commença à chercher comme à tâtons son maître, le gouvernement absolu trouva pour renaître et se
fonder des facilités prodigieuses, que découvrit sans
peine le génie de celui qui allait être tout à la fois le
continuateur de la Révolution et son destructeur.

L'ancien régime avait contenu, en effet, tout un
ensemble d'institutions de date moderne, qui, n'étant
point hostiles à l'égalité, pouvaient facilement prendre
place dans la société nouvelle, et qui pourtant offraient
au despotisme des facilités singulières. On les rechercha
au milieu des débris de toutes les autres et on les
retrouva. Ces institutions avaient fait naître jadis
des habitudes, des passions, des idées qui tendaient à
tenir les hommes divisés et obéissants ; on raviva
celle-ci et on s'en aida. On ressaisit la centralisation

dans ses ruines et on la restaura ; et comme, en même
temps qu'elle se relevait, tout ce qui avait pu autrefois
la limiter restait détruit, des entrailles même d'une
nation qui venait de renverser la royauté on vit sortir
tout à coup un pouvoir plus étendu, plus détaillé, plus
absolu que celui qui avait été exercé par aucun de nos
rois. L'entreprise parut d'une témérité extraordinaire
et son succès inouï, parce qu'on ne pensait qu'à ce qu'on
voyait et qu'on oubliait ce qu'on avait vu. Le domina-
teur tomba, mais ce qu'il y avait de plus substantiel
dans son œuvre resta debout ; son gouvernement
mort, son administration continua de vivre, et, toutes
les fois qu'on a voulu depuis abattre le pouvoir absolu,
on s'est borné à placer la tête de la Liberté sur un corps
servile.

A plusieurs reprises, depuis que la Révolution a
commencé jusqu'à nos jours, on voit la passion de la
liberté s'éteindre, puis renaître, puis s'éteindre encore,
et puis encore renaître ; ainsi fera-t-elle longtemps,
toujours inexpérimentée et mal réglée, facile à décou-
rager, à effrayer et à vaincre, superficielle et passagère. Pendant ce même temps la passion pour l'égalité
occupe toujours le fond des cœurs dont elle s'est empa-
rée la première ; elle s'y retient aux sentiments qui nous
sont les plus chers ; tandis que l'une change sans cesse
d'aspect, diminue, grandit, se fortifie, se débilite suivant
les événements, l'autre est toujours la même, toujours
attachée au même but avec la même ardeur obstinée et
souvent aveugle, prête à tout sacrifier à ceux qui lui
permettent de se satisfaire, et à fournir au gouvernement qui veut la favoriser et la flatter les habitudes,
les idées, les lois dont le despotisme a besoin pour
régner.

La révolution française ne sera que ténèbres pour
ceux qui ne voudront regarder qu'elle ; c'est dans les
temps qui la précèdent qu'il faut chercher la seule lumière
qui puisse l'éclairer. Sans une vue nette de l'ancienne
société, de ses lois, de ses vices, de ses préjugés, de ses
misères, de sa grandeur, on ne comprendra jamais ce
qu'ont fait les Français pendant le cours des soixante
années qui ont suivi sa chute ; mais cette vue ne suffirait pas encore si l'on pénétrait jusqu'au naturel
même de notre nation.

Quand je considère cette nation en elle-même, je
la trouve plus extraordinaire qu'aucun des événements
de son histoire. En a-t-il jamais paru sur la terre une
seule qui fût si remplie de contrastes et si extrêmes
dans chacun de ses actes, plus conduite par des sensa-
tions, moins par des principes ; faisant ainsi toujours
plus mal ou mieux qu'on ne s'y attendait, tantôt au-
dessous du niveau commun de l'humanité, tantôt
fort au-dessus ; un peuple tellement inaltérable dans
ses principaux instincts qu'on le reconnaît encore dans
des portraits qui ont été faits de lui y il a deux ou trois
mille ans, et en même temps tellement mobile dans ses
pensées journalières et dans ses goûts qu'il finit par
se devenir un spectacle inattendu à lui-même, et
demeure souvent aussi surpris que les étrangers à la
vue de ce qu'il vient de faire ; le plus casanier et le
plus routinier de tous quand on l'abandonne à lui-
même, et lorsqu'une fois on l'a arraché malgré lui à son
logis et à ses habitudes, prêt à pousser jusqu'au bout du
monde et à tout oser ; indocile par tempérament, et
s'accommodant mieux toutefois de l'empire arbitraire
et même violent d'un prince que du gouvernement
régulier et libre des principaux citoyens ; aujourd'hui

l'ennemi déclaré de toute obéissance, demain mettant
à servir une sorte de passion que les nations les mieux
douées pour la servitude ne peuvent atteindre ; conduit
par un fil tant que personne ne résiste, ingouvernable
dès que l'exemple de la résistance est donné quelque
part ; trompant toujours ainsi ses maîtres, qui le craignent ou trop ou trop peu ; jamais si libre qu'il faille
désespérer de l'asservir, ni si asservi qu'il ne puisse
encore briser le joug ; apte à tout, mais n'excellant
que dans la guerre ; adorateur du hasard, de la force,
du succès, de l'éclat et du bruit, plus que de la vraie
gloire ; plus capable d'héroïsme que de vertu, de génie
que de bon sens, propre à concevoir d'immenses
desseins plutôt qu'à parachever de grandes entreprises ;
la plus brillante et la plus dangereuse des nations de
l'Europe, et la mieux faite pour y devenir tour à tour un
objet d'amiration, de haine, de pitié, de terreur, mais
jamais d'indifférence ?

Elle seule pouvait donner naissance à une révolution
si soudaine, si radicale, si impétueuse dans son cours,
et pourtant si pleine de retours, de faits contradictoires
et d'exemples contraires. Sans les raisons que j'ai dites,
les Français ne l'eussent jamais faite ; mais il faut
reconnaître que toutes ces raisons ensemble n'auraient
pas réussi pour expliquer une révolution pareille ailleurs
qu'en France.

Me voici parvenu jusqu'au seuil de cette révolution
mémorable ; cette fois je n'y entrerai point : bientôt
peut-être pourrai-je le faire. Je ne la considérerai
plus alors dans ses causes, je l'examinerai en elle-même,
et j'oserai enfin juger la société qui en est sortie.

APPENDICE

Des pays d'états et en particulier du Langued.

Mon intention n'est point de rechercher ici avec détail comment les choses se passaient dans chacur des pays d'états qui existaient encore à l'époque de la Révolution.

Je veux seulement en indiquer le nombre, faire connaître ceux dans lesquels la vie locale était encore active, montrer dans quels rapports ils vivaient avec l'administration royale, de quel côté ils sortaient des règles communes que j'ai précédemment exposées, par où ils y rentraient, et enfin faire voir, par l'exemple de l'un d'entre eux, ce qu'ils auraient pu aisément devenir tous.

Il avait existé des états dans la plupart des provinces de France, c'est-à-dire que chacune d'elles avait été administrée sous le gouvernement du roi par les *gens des trois états*, comme on disait alors ; ce qui doit s'entendre d'une assemblée composée de représentants du clergé, de la noblesse et de la bourgeoisie. Cette constitution provinciale, comme les autres institutions politiques du moyen âge, se retrouvait avec les mêmes traits dans presque toutes les parties civilisées de l'Europe, dans toutes celles du moins où les mœurs et les idées germaniques avaient pénétré. Il y a beaucoup de provinces d'Allemagne où les états ont subsisté jusqu'à la Révolution française ; là où ils étaient détruits, ils n'avaient disparu que dans le cours des xviie et xviiie siècles. Partout, depuis deux siècles, les princes leur avaient fait une guerre tantôt sourde, tantôt ouverte, mais non interrompue. Nulle part ils n'avaient cherché à améliorer l'institution suivant les progrès du temps, mais seulement à la détruire ou à la déformer quand l'occasion s'en était offerte et qu'ils n'avaient pu faire pis.

En France, en 1789, il ne se rencontrait plus d'états que dans cinq provinces d'une certaine étendue et dans quelques petits districts insignifiants. La liberté provinciale n'existait plus à vrai dire que dans deux, la Bretagne et le Languedoc ; partout ailleurs l'institution avait entièrement perdu sa virilité et n'était qu'une vaine apparence.

Je mettrai à part le Languedoc et j'en ferai ici l'objet d'un examen particulier.

La Languedoc était le plus vaste et le plus peuplé de tous les pays d'états ; il contenait plus de deux mille communes, ou, comme on disait alors, de *communautés*, et comptait près de deux millions d'habitants. Il était, de plus, le mieux ordonné et le plus prospère de tous ces pays, comme le plus grand. Le Languedoc est donc bien choisi pour faire voir ce que pouvait être la liberté provinciale sous l'ancien régime, et à quel point, dans les contrées mêmes où elle paraissait la plus forte, on l'avait subordonnée au pouvoir royal.

En Languedoc, les états ne pouvaient s'assembler que sur un ordre exprès du roi et après une lettre de convocation adressée par lui individuellement chaque

année à tous les membres qui devaient les composer ;
ce qui fit dire à un frondeur du temps : « Des trois corps
qui composent nos états, l'un, le clergé, est à la nomi-
nation du roi, puisque celui-ci nomme aux évéchés et
aux bénéfices, et les deux autres sont censés y être,
puisqu'un ordre de la cour peut empêcher tel membre
qu'il lui plaît d'y assister sans que pour cela on ait
besoin de l'exiler ou de lui faire son procès. Il suffit
de ne point le convoquer. »

Les états devaient non seulement se réunir, mais se
séparer à certains jours indiqués par le roi. La durée
ordinaire de leur session avait été fixée à quarante jours
par un arrêt du conseil. Le roi était représenté dans
l'assemblée par des commissaires qui y avaient toujours
entrée quand ils le demandaient, et qui étaient chargés
d'y exposer les volontés du gouvernement. Ils étaient, de
plus, étroitement tenus en tutelle. Ils ne pouvaient
prendre de résolution de quelque importance, arrêter
une mesure financière quelconque, sans que leur délibération ne fût approuvée par un arrêt du conseil ;
pour un impôt, un emprunt, un procès, ils avaient
besoin de la permission expresse du roi. Tous leurs
règlements généraux, jusqu'à celui qui concernait la
tenue de leurs séances, devaient être autorisés avant
d'être mis en vigueur. L'ensemble de leurs recettes
et de leurs dépenses, leur budget, comme on l'appelle-
rait aujourd'hui, était soumis chaque année au même
contrôle.

Le pouvoir central exerçait d'ailleurs dans le Languedoc les mêmes droits politiques qui lui étaient reconnus
partout ailleurs ; les lois qu'il lui convenait de pro-
mulguer, les règlements généraux qu'il faisait sans
cesse, les mesures générales qu'il prenait, étaient

applicables là comme dans les pays d'élection. Il y
exerçait de même toutes les fonctions naturelles du
gouvernement ; il y avait la même police et les mêmes
agents ; il y créait de temps en temps, comme partout,
une multitude de nouveaux fonctionnaires dont la
province avait été obligée de racheter chèrement les
offices.

Le Languedoc était gouverné, comme les autres
provinces, par un intendant. Cet intendant y avait
dans chaque district des subdélégués qui correspon-
daient avec les chefs des communautés et les dirigeaient.
L'intendant y exerçait la tutelle administrative,
absolument comme dans les pays d'élection. Le moindre
village perdu dans les gorges des Cévennes ne pouvait
faire la plus petite dépense sans y avoir été autorisé
de Paris par un arrêt du conseil du roi. Cette partie
de la justice qu'on nomme aujourd'hui le contentieux
administratif n'y était pas moins étendue que dans le
reste de la France ; elle l'y était même plus. L'intendant
décidait en premier ressort toutes les questions de
voirie, il jugeait tous les procès en matière de chemins,
et, en général, il prononçait sur toutes les affaires
dans lesquelles le gouvernement était ou se croyait
intéressé. Celui-ci n'y couvrait pas moins qu'ailleurs
tous ses agents contre les poursuites indiscrètes des
citoyens vexés par eux.

Qu'avait donc le Languedoc de particulier qui le
distinguât des autres provinces, et qui en fît pour celles-
ci un sujet d'envie ? Trois choses qui suffisaient pour le
rendre entièrement différent du reste de la France .

1° Une assemblée composée d'hommes considérables,
accréditée dans la population, respectée par le pouvoir
royal, dont aucun fonctionnaire du gouvernement

central, ou, suivant la langue d'alors, *aucun officier du roi* ne pouvait faire partie, et où l'on discutait chaque année librement et sérieusement les intérêts particuliers de la province. Il suffisait que l'administration royale se trouvât placée à côté de ce foyer de lumières pour qu'elle exerçât ses privilèges tout autrement, et qu'avec les mêmes agents et les mêmes instincts elle ne ressemblât point à ce qu'elle était partout ailleurs.

2° Il y avait dans le Languedoc beaucoup de travaux publics qui étaient exécutés aux dépens du roi et par ses agents ; il y en avait d'autres où le gouvernement central fournissait une portion des fonds et dont il dirigeait en grande partie l'exécution ; mais le plus grand nombre étaient exécutés aux seuls frais de la province. Une fois que le roi avait approuvé le dessein et autorisé la dépense de ceux-là, ils étaient exécutés par des fonctionnaires que les états avaient choisis et sous l'inspection de commissaires pris dans leur sein.

3° Enfin la province avait le droit de lever elle-même, et suivant la méthode qu'elle préférerait, une partie des impôts royaux et tous ceux qu'on leur permettait d'établir pour subvenir à ses propres besoins.

Nous allons voir le parti que le Languedoc a su tirer de ces privilèges. Cela mérite la peine d'être regardé de près.

Ce qui frappe le plus dans les pays d'élection, c'est l'absence presque absolue de charges locales ; les impôts généraux sont souvent oppressifs, mais la province ne dépense presque rien pour elle-même. Dans le Languedoc, au contraire, la somme que coûtent annuellement à la province les travaux publics est énorme : en 1780, elle dépassait 2 000 000 de livres chaque année.

Le gouvernement central s'émeut parfois à la vue

d'une si grande dépense; il craint que la province,
épuisée par un tel effort, ne puisse acquitter la part
d'impôts qui lui revenait à lui-même; il reproche
aux états de ne point se modérer. J'ai lu un mémoire
dans lequel l'assemblée répondait à ces critiques. Ce
que je vais en extraire textuellement peindra mieux
que tout ce que je pourrais dire l'esprit dont ce petit
gouvernement était animé.

On reconnaît dans ce mémoire qu'en effet la province
a entrepris et continue d'immenses travaux; mais,
loin de s'en excuser, on annonce que, si le roi ne s'y
oppose pas, elle entrera de plus en plus dans cette voie
Elle a déjà amélioré ou redressé le cours des principales
rivières qui traversent son territoire, et s'occupe
d'ajouter au canal de Languedoc, creusé sous Louis XIV
et qui est insuffisant, des prolongements qui, à travers
le bas Languedoc, doivent conduire, par Cette et Agde,
jusqu'au Rhône. Elle a rendu praticable au commerce
le port de Cette et l'entretient à grands frais. Toutes
ces dépenses, fait-on remarquer, ont un caractère
plus national que provincial; néanmoins, la province,
qui en profite plus qu'aucune autre, s'en est chargée.
Elle est également en train de dessécher et de rendre
à l'agriculture les marais d'Aigues-Mortes. Mais c'est
surtout des chemins qu'elle a voulu s'occuper : elle a
ouvert ou mis en bon état tous ceux qui la traversent
pour conduire dans le reste du royaume; ceux mêmes
qui ne font communiquer entre elles que les villes et
les bourgs du Languedoc ont été réparés. Tous ces
différents chemins sont excellents, même en hiver,
et font un parfait contraste avec les chemins durs,
raboteux et mal entretenus, qu'on trouve dans la plupart des provinces voisines, le Dauphiné, le Quercy,

la généralité de Bordeaux (pays d'élection, est-il remarqué). Elle s'en rapporte sur ce point à l'opinion
du commerce et des voyageurs ; et elle n'a pas tort,
car Arthur Young, parcourant le pays dix ans après,
met sur ses notes : « Languedoc, pays d'états ! bonnes
routes, faites sans corvées. »

Si le roi veut bien le permettre, continue le mémoire,
les états n'en resteront pas là ; ils entreprendront
d'améliorer les chemins des communautés (chemins
vicinaux), qui ne sont pas moins intéressants que les
autres. « Car si les denrées, remarque-t-on, ne peuvent
sortir des greniers du propriétaire pour aller au marché, qu'importe qu'elles puissent être transportées au
loin ? » — « La doctrine des états en matière de travaux
publics a toujours été, ajoute-t-on encore, que ce n'est pas
à la grandeur des travaux, mais à leur utilité, qu'on
doit regarder. » Des rivières, des canaux, des chemins
qui donnent à tous les produits du sol et de l'industrie
de la valeur, en permettant de les transporter, en tous
temps et à peu de frais, partout où il en est besoin, et
au moyen desquels le commerce peut percer toutes
les parties de la province, enrichissent le pays quoi
qu'ils lui coûtent. De plus, de pareils travaux entrepris
à la fois avec mesure dans différentes parties du territoire, d'une façon à peu près égale, soutiennent partout le prix des salaires et viennent au secours des
pauvres. « Le roi n'a pas besoin d'établir à ses frais
dans le Languedoc des ateliers de charité, comme il
l'a fait dans le reste de la France, dit en terminant
la province avec quelque orgueil. Nous ne réclamons
point cette faveur ; les travaux d'utilité que nous entre-
prenons nous-mêmes chaque année en tiennent lieu, et
donnent à tout le monde un travail productif. »

Plus j'étudie les règlements généraux établis avec la
permission du roi, mais d'ordinaire sans son initiative,
par les états de Languedoc, dans cette portion de l'administration publique qu'on leur laissait, plus j'admire
la sagesse, l'équité et la douceur qui s'y montrent ;
plus les procédés du gouvernement local me semblent
supérieurs à tout ce que je viens de voir dans les pays
que le roi administrait seul.

La province est divisée en *communautés* (villes ou
villages), en districts administratifs qui se nomment
diocèses : enfin, en trois grands départements qui s'appellent *sénéchaussées.* Chacune de ces parties a une
représentation distincte et un petit gouvernement
à part, qui se meut sous la direction, soit des états,
soit du roi. S'agit-il de travaux publics qui aient pour
objet l'intérêt d'un de ces petits corps politiques : ce
n'est que sur la demande de celui-ci qu'ils sont entrepris.
Si le travail d'une communauté peut avoir de l'utilité
pour le diocèse, celui-ci doit concourir dans une certaine
mesure à la dépense. Si la sénéchaussée est intéressée,
elle doit à son tour fournir un secours. Le diocèse, la
sénéchaussée, la province doivent enfin venir en aide
à la communauté, quand même il ne s'agit que de
l'intérêt particulier de celle-ci, pourvu que le travail
lui soit nécessaire et excède ses forces ; car, disent sans
cesse les états : « Le principe fondamental de notre
constitution, c'est que toutes les parties du Languedoc
sont entièrement solidaires les unes des autres et doivent
toutes successivement s'entr aider. »

Les travaux qu'exécute la province doivent être
préparés de longue main et soumis d'abord à l'examen
de tous les corps secondaires qui doivent y concourir ;
ils ne peuvent être exécutés qu'à prix d'argent : la

corvée est inconnue. J'ai dit que dans les pays d'élection, les terrains pris aux propriétaires pour services publics étaient toujours mal ou tardivement payés, et que souvent ils ne l'étaient point. C'est une des grandes plaintes qu'élevèrent les assemblées provinciales lorsqu'on les réunit en 1787. J'en ai vu qui faisaient remarquer qu'on leur avait même ôté la faculté d'acquitter les dettes contractées de cette manière, parce qu'on avait détruit ou dénaturé l'objet à acquérir avant qu'on l'estimât En Languedoc, chaque parcelle de terrain prise au propriétaire doit être soigneusement évaluée avant le commencement des travaux *et payée dans la première année de l'exécution.*

Le règlement des états relatif aux différents travaux publics, dont j'extrais ces détails, parut si bien fait au gouvernement central que, sans l'imiter, il l'admira. Le conseil de roi, après avoir autorisé sa mise en vigueur, le fit reproduire à l'Imprimerie royale, et ordonna qu'on le transmît comme pièce à consulter à tous les intendants.

Ce que j'ai dit des travaux publics est à plus forte raison applicable à cette autre portion, non moins importante, de l'administration provinciale qui se rapportait à la levée des taxes. C'est là surtout qu'après avoir passé du royaume à la province on a peine à croire qu'on soit encore dans le même empire.

J'ai eu occasion de dire ailleurs comment les procédés qu'on suivait en Languedoc, pour asseoir et percevoir les tailles, étaient en partie ceux que nous suivons nous-mêmes aujourd'hui pour la levée des impôts. Je n'y reviendrai pas ici ; j'ajouterai seulement que la province goûtait si bien en cette matière la supériorité de ses méthodes que, toutes les fois que le roi créa de

nouvelles taxes, les états n'hésitèrent jamais à acheter
très cher le droit de les lever à leur manière et par
leurs seuls agents.

Malgré toutes les dépenses que j'ai successivement
énumérées, les affaires du Languedoc étaient néanmoins en si bon ordre, et son crédit si bien établi
que le gouvernement central y avait souvent recours et
empruntait au nom de la province un argent qu'on
ne lui aurait pas prêté à de si bonnes conditions à lui-
même. Je trouve que le Languedoc a emprunté, sous
sa propre garantie, mais pour le compte du roi, dans
les derniers temps, 73 200 000 livres.

Le gouvernement et ses ministres voyaient cependant
d'un fort mauvais œil ces libertés particulières. Richelieu
les mutila d'abord, puis les abolit. Le mou et fainéant
Louis XIII, qui n'aimait rien, les détestait ; il avait
dans une telle horreur tous les privilèges de provinces,
dit Boulainvilliers, que sa colère s'allumait rien que
d'en entendre prononcer le nom. On ne sait jamais
toute l'énergie qu'ont les âmes faibles pour haïr ce qui
les oblige à faire un effort. Tout ce qui leur reste de
virilité est employé là, et elles se montrent presque
toujours fortes en cet endroit, fussent-elles débiles
dans tous les autres. Le bonheur voulut que l'ancienne
constitution du Languedoc fût rétablie durant l'enfance
de Louis XIV. Celui-ci, la regardant comme son ouvrage,
la respecta. Louis XV en suspendit l'application pendant
deux ans, mais ensuite il la laissa renaître.

La création des offices municipaux lui fit courir
des périls moins directs, mais non moins grands ; cette
détestable institution n'avait pas seulement pour
effet de détruire la constitution des villes, elle tendait
encore à dénaturer celle des provinces. Je ne sais si les

députés du tiers état dans les assemblées provinciales
avaient jamais été élus pour l'occasion, mais depuis
longtemps ils ne l'étaient plus ; les officiers municipaux
des villes y étaient de droit les seuls représentants
de la bourgeoisie et du peuple.

Cette absence d'un mandat spécial et donné en vue
des intérêts du moment se fit peu remarquer tant que
les villes élurent elles-mêmes librement, par vote universel et le plus souvent pour un temps très court,
leurs magistrats. Le maire, le consul ou le syndic représentait aussi fidèlement alors dans le sein des états
les volontés de la population au nom de laquelle il
parlait que s'il avait été choisi tout exprès par elle.
On comprend qu'il n'en était pas de même de celui qui
avait acquis par son argent le droit d'administrer
ses concitoyens. Celui-ci ne représentait rien que lui-
même, ou tout au plus les petits intérêts ou les petites
passions de sa coterie. Cependant on maintint à ce
magistrat adjudicataire de ses pouvoirs le droit qu'a-
vaient possédé les magistrats élus. Cela changea sur-
le-champ tout le caractère de l'institution. La noblesse
et le clergé, au lieu d'avoir à côté d'eux et en face d'eux
dans l'assemblée provinciale les représentants du peuple,
n'y trouvèrent que quelques bourgeois isolés, timides
et impuissants, et le tiers état devint de plus en plus
subordonné dans le gouvernement au moment même où
il devenait chaque jour plus riche et plus fort dans la
société. Il n'en fut pas ainsi pour le Languedoc, la
province ayant toujours pris soin de racheter au roi
les offices à mesure que celui-ci les établissait. L'emprunt contracté par elle pour cet objet dans la seule
année de 1773 s'éleva à plus de 4 millions de
livres.

D'autres causes plus puissantes avaient contribué
à faire pénétrer l'esprit nouveau dans ces vieilles institutions et donnaient aux états du Languedoc une
supériorité incontestée sur tous les autres.

Dans cette province, comme dans une grande partie
du Midi, la taille était réelle et non personnelle, c'est-
à-dire qu'elle se réglait sur la valeur de la propriété
et non sur la condition du propriétaire. Il y avait, il
est vrai, certaines terres qui jouissaient du privilège
de ne point la payer. Ces terres avaient été autrefois
celles de la noblesse ; mais, par le progrès du temps
et de l'industrie, il était arrivé qu'une partie de ces
biens était tombée dans les mains des roturiers ; d'une
autre part, les nobles étaient devenus propriétaires
de beaucoup de biens sujets à la taille. Le privilège
transporté ainsi des personnes aux choses était plus
absurde sans doute, mais il était bien moins senti,
parce que, gênant encore, il n'humiliait plus. N'étant
plus lié d'une manière indissoluble à l'idée de classe,
ne créant pour aucune d'elles d'intérêts absolument
étrangers ou contraires à ceux des autres, il ne s'op-
posait plus à ce que toutes s'occupassent ensemble
du gouvernement. Plus que partout ailleurs, en Languedoc, elles s'y mêlaient en effet et s'y trouvaient sur le
pied de la plus parfaite égalité.

En Bretagne, les gentilshommes avaient le droit
de paraître tous, individuellement, aux états, ce qui
souvent fit de ces derniers des espèces de diètes polo-
naises. En Languedoc, les nobles ne figuraient aux
états que par représentants ; vingt-trois d'entre eux
y tenaient la place de tous les autres. Le clergé y paraissait dans la personne des vingt-trois évêques de la
province, et, ce qu'on doit surtout remarquer, les villes

y avaient autant de voix que les deux premiers
ordres.

Comme l'assemblée était unique et qu'on n'y déli-
bérait pas par ordre, mais par tête, le tiers état y acquit
naturellement une grande importance ; pau à peu
il fit pénétrer son esprit particulier dans tout le corps.
Bien plus, les trois magistrats qui, sous le nom de syndics
généraux, étaient chargés, au nom des états, de la conduite ordinaire des affaires, étaient toujours des hommes
de loi, c'est-à-dire des roturiers. La noblesse, assez
forte pour maintenir son rang, ne l'était plus assez
pour régner seule. De son côté, le clergé, quoique
composé en grande partie de gentilshommes, y vécut
en parfaite intelligence avec le tiers ; il s'associa avec
ardeur à la plupart de ses projets, travailla de concert
avec lui à accroître la prospérité matérielle de tous
les citoyens et à favoriser leur commerce et leur industrie, mettant ainsi souvent à son service sa grande
connaissance des hommes et sa rare dextérité dans le
maniement des affaires. C'était presque toujours un
ecclésiastique qu'on choisissait pour aller débattre
à Versailles, avec les ministres, les questions litigieuses
qui mettaient en conflit l'autorité royale et les états.
On peut dire que, pendant tout le dernier siècle, le
Languedoc a été administré par des bourgeois, que
contrôlaient des nobles et qu'aidaient des évêques.

Grâce à cette constitution particulière du Languedoc,
l'esprit des temps nouveaux put pénétrer paisiblement
dans cette vieille institution et y tout modifier sans y
rien détruire.

Il eût pu en être ainsi partout ailleurs. Une partie
de la persévérance et de l'effort que les princes ont
mis à abolir ou à déformer les états provinciaux aurait

suffi pour les perfectionner de cette façon et pour les adapter tous aux nécessités de la civilisation moderne, si ces princes avaient jamais voulu autre chose que devenir et rester les maîtres.

NOTES

Page 73, ligne 15. *Puissance du droit romain en Allemagne. — Manière dont il avait remplacé le droit germanique.*

A la fin du moyen âge, le droit romain devint la principale et presque la seule étude des légistes allemands ; la plupart d'entre eux, à cette époque, faisaient même leur éducation hors d'Allemagne, dans les universités d'Italie. Ces légistes, qui n'étaient pas les maîtres de la société politique, mais qui étaient chargés d'expliquer et d'appliquer ses lois, s'ils ne purent abolir le droit germanique, le déformèrent du moins de manière à le faire entrer de force dans le cadre du droit romain. Ils appliquèrent les lois romaines à tout ce qui semblait, dans les institutions germaniques, avoir quelque analogie éloignée avec la législation de Justinien ; ils introduisirent ainsi un nouvel esprit, de nouveaux usages dans la législation nationale ; elle fut peu à peu transformée de telle façon qu'elle devint méconnaissable, et qu'au xviie siècle, par exemple, on ne la connaissait pour ainsi dire plus. Elle était remplacée par un je ne sais quoi qui était encore germanique par le nom et romain par le fait.

J'ai lieu de croire que, dans ce travail des légistes, beaucoup des conditions de l'ancienne société germanique s'empirèrent, notamment celle des paysans ; plusieurs de ceux qui étaient parvenus à garder jusque-là tout ou partie de leurs libertés ou de leurs possessions les perdirent alors par des assimilations savantes à la condition des esclaves ou des emphytéotes romains.

Cette transformation graduelle du droit national, et les efforts inutiles qui furent faits pour s'y opposer, se voient bien dans l'histoire du Wurtemberg.

Depuis la naissance du comté de ce nom, en 1250, jusqu'à la création du duché, en 1495, la législation est entièrement indigène ; elle se compose de coutumes, de lois locales faites par les villes ou par les cours des seigneurs, de statuts promulgués par les états ; les choses ecclésiastiques seules sont réglées par un droit étranger, le droit canonique.

A partir de 1495, le caractère de la législation change : le droit romain commence à pénétrer ; les *docteurs*, comme on les appelait, ceux qui avaient étudié le droit dans les écoles étrangères, entrent dans le gouvernement et s'emparent de la direction des hautes cours. Pendant tout le commencement du xve siècle, et jusqu'au milieu, on voit la société politique soutenir contre eux la même lutte qui avait lieu à cette même époque en Angleterre, mais avec un tout autre succès. Dans la diète de Tubingue, en 1514, et dans celles qui lui succèdent, les représentants de la féodalité et les députés de villes font toutes sortes de représentations contre ce qui se passe ; ils attaquent les légistes, qui font irruption dans toutes les cours et changent l'esprit ou la lettre de toutes les coutumes et de toutes les lois. L'avantage paraît d'abord être de leur côté ; ils obtiennent du gouvernement la promesse qu'on placera désormais dans les hautes cours des personnes honorables et éclairées, prises dans la noblesse et dans les états du duché, et pas de docteurs, et qu'une commission, composée d'agents du gouvernement et de représentants des états, dressera le projet d'un code qui puisse servir de règle dans tout le pays. Efforts inutiles! Le droit romain finit bientôt par chasser entièrement le droit national d'une grande partie de la législation, et par planter ses racines jusque sur le terrain même où il laisse cette législation subsister.

Ce triomphe du droit étranger sur le droit indigène est attribué par plusieurs historiens allemands à deux causes : 1º au mouvement qui entraînait alors tous les esprits vers les langues et les littératures de l'antiquité, ainsi qu'au mépris que cela faisait concevoir pour les produits intellectuels du génie national ; à l'idée, qui avait toujours préoccupé tout le moyen âge allemand et qui se fait jour même dans la législation de ce temps, que le saint-empire est la continuation de l'empire romain, et que la législation de celui-ci est un héritage de celui-là.

Mais ces causes ne suffisent pas pour faire comprendre que ce même droit se soit, à la même époque, introduit sur tout le continent de l'Europe à la fois. Je crois que cela vint de ce que, dans le même temps, le pouvoir absolu des princes s'établissait solidement partout sur les ruines des vieilles libertés de l'Europe, et de ce que le droit romain, droit de servitude, entrait merveilleusement dans leurs vues.

Le droit romain, qui a perfectionné partout la société civile, partout a tendu à dégrader la société politique, parce qu'il a été principalement l'œuvre d'un peuple très civilisé et très asservi. Les rois l'adoptèrent donc avec ardeur, et l'établirent partout où ils furent les maîtres. Les interprètes de ce droit devinrent dans toute l'Europe leurs ministres ou leurs principaux agents. Les légistes leur fournirent au besoin l'appui du droit contre le droit même. Ainsi ont-ils souvent fait depuis. A côté d'un prince qui violait les lois, il est très rare qu'il n'ait pas paru un légiste qui venait assurer que rien n'était plus légitime, et qui prouvait savamment que la violence était juste et que l'opprimé avait tort.

Page 75, ligne 21. *Passage de la monarchie féodale à la monarchie démocratique.*

Toutes les monarchies étant devenues absolues vers la même époque, il n'y a guère d'apparence que ce changement de constitution tînt à quelque circonstance particulière qui se rencontra par hasard au même moment dans chaque État, et l'on croit que tous ces événements semblables et contemporains ont dû être produits par une cause générale qui s'est trouvée agir également partout à la fois.

Cette cause générale était le passage d'un état social à un autre, de l'inégalité féodale à l'égalité démocratique. Les nobles étaient déjà abattus et le peuple ne s'était pas encore élevé, les uns trop bas et l'autre pas assez haut pour gêner les mouvements du pouvoir. Il y a là cent cinquante ans, qui ont été comme l'âge d'or des princes, pendant lesquels ils eurent en même temps la stabilité et la toute-puissance, choses qui d'ordinaire s'excluent : aussi sacrés que les chefs

héréditaires d'une monarchie féodale, et aussi absolus que
le maître d'une société démocratique.

Page 76, ligne 15. *Décadence des villes libres en Allemagne.*
— *Villes impériales (Reichsstädte).*

D'après les historiens allemands, le plus grand éclat de
ces villes fut aux xive et xve siècles. Elles étaient alors
l'asile de la richesse, des arts, des connaissances, les
maîtresses du commerce de l'Europe, les plus puissants
centres de la civilisation. Elles finirent, surtout dans
le nord et le sud de l'Allemagne, par former avec les
nobles qui les environnaient des confédérations indépendantes, comme en Suisse les villes avaient fait avec les
paysans.

Au xvie siècle elles conservaient encore leur prospérité ; mais l'époque de la décadence était venue. La guerre
de Trente Ans acheva de précipiter leur ruine ; il n'y en a
presque pas une qui n'ait été détruite ou ruinée dans cette
période.

Cependant le traité de Westphalie les nomme positivement et leur maintient la qualité d'états immédiats, c'est-
à-dire qui ne dépendent que de l'Empereur ; mais les souverains qui les avoisinent d'une part, de l'autre l'Empereur
lui-même, dont le pouvoir, depuis la guerre de Trente Ans,
ne pouvait guère s'exercer sur ces petits vassaux de
l'Empire, renferment chaque jour leur souveraineté dans des
limites très étroites. Au xviiie siècle on les voit encore au nombre de cinquante et une ; elles occupent deux
bancs dans la diète et y possèdent une voix distincte ; mais,
en fait, elles ne peuvent plus rien sur la direction des affaires
générales.

Au dedans elles sont toutes surchargées de dettes ; celles-
ci viennent en partie de ce qu'on continue à les taxer pour
les impôts de l'Empire suivant leur ancienne splendeur, en
partie de ce qu'elles sont très mal administrées. Et ce qui est
bien remarquable, c'est que cette mauvaise administration
semble dépendre d'une maladie secrète qui est commune
à toutes, quelle que soit la forme de leur constitution ; que
celle-ci soit aristocratique ou démocratique, elle donne lieu

à des plaintes sinon semblables, au moins aussi vives : aristocratique, le gouvernement est, dit-on, devenu la coterie
d'un petit nombre de familles : la faveur, les intérêts particuliers font tout ; démocratique, la brigue, la vénalité y apparaissent de toutes parts. Dans les deux cas on se plaint du
défaut d'honnêteté et de désintéressement de la part des
gouvernements. Sans cesse l'Empereur est obligé d'intervenir dans leurs affaires pour tâcher d'y rétablir l'ordre. Elles
se dépeuplent, elles tombent dans la misère. Elles ne sont
plus les foyers de la civilisation germanique ; les arts les
quittent pour aller briller dans les villes nouvelles, créations
des souverains, et qui représentent le monde nouveau. Le
commerce s'écarte d'elles ; leur ancienne énergie, leur
vigueur patriotique disparaissent ; Hambourg, à peu près
seul, reste un grand centre de richesse et de lumières, mais
par suite de causes qui lui sont particulières.

Page 86, ligne 20. *Code du grand Frédéric.*

Parmi les œuvres du grand Frédéric, la moins connue,
même dans son pays, et la moins éclatante est le code
rédigé par ses ordres et promulgué par son successeur. Je ne
sais néanmoins s'il en est aucune qui jette plus de lumières
sur l'homme lui-même et sur le temps, et montre mieux l'influence réciproque de l'un sur l'autre.

Ce code est une véritable constitution, dans le sens qu'on
attribue à ce mot ; il n'a pas seulement pour but de régler
les rapports des citoyens entre eux, mais encore les rapports
des citoyens et de l'État : c'est tout à la fois un code civil,
un code criminel et une charte.

Il repose ou plutôt paraît reposer sur un certain nombre
de principes généraux exprimés dans une forme très philosophique et très abstraite, et qui ressemblent sous beaucoup
de rapports à ceux qui remplissent la Déclaration des droits
de l'homme dans la constitution de 1791.

On y proclame que le bien de l'État et de ses habitants y
est le but de la société et la limite de la loi ; que les lois ne
peuvent borner la liberté et les droits des citoyens que dans
le but de l'utilité commune ; que chaque membre de l'État
doit travailler au bien général dans le rapport de sa position

et de sa fortune ; que les droits des individus doivent céder devant le bien général.

Nulle part il n'est question du droit héréditaire du prince, de sa famille, ni même d'un droit particulier, qui serait distinct du droit de l'État. Le nom de l'État est déjà le seul dont on se serve pour désigner le pouvoir royal.

Par contre, on y parle du droit général des hommes : les droits généraux des hommes se fondent sur la liberté naturelle de faire son propre bien sans nuire au droit d'autrui. Toutes les actions qui ne sont pas défendues par la loi naturelle ou par une loi positive de l'État sont permises. Chaque habitant de l'État peut exiger de celui-ci la défense de sa personne et de sa propriété, et a le droit de se défendre lui-même par la force si l'État ne vient à son aide.

Après avoir exposé ces grands principes, le législateur, au lieu d'en tirer, comme dans la constitution de 1791, le dogme de la souveraineté du peuple et l'organisation d'un gouvernement populaire dans une société libre, tourne court et va à une autre conséquence également démocratique, mais non libérale ; il considère le prince comme le seul représentant de l'État, et lui donne tous les droits qu'on vient de reconnaître à la société. Le souverain n'est plus dans ce code le représentant de Dieu, il n'est que le représentant de la société, son agent, son serviteur, comme l'a imprimé en toutes lettres Frédéric dans ses œuvres ; mais il la représente seul, il en exerce seul tous les pouvoirs. Le chef de l'État, est-il dit dans l'introduction, à qui le devoir de produire le bien général, qui est le seul but de la société, est donné, est autorisé à diriger et à régler tous les actes des individus vers ce but.

Parmi les principaux devoirs de cet agent tout-puissant de la société, je trouve ceux-ci : maintenir la paix et la sécurité publiques au dedans, et y garantir chacun contre la violence. Au dehors, il lui appartient de faire la paix et la guerre ; lui seul doit donner des lois et faire des règlements généraux de police ; il possède seul le droit de faire grâce et d'annuler les poursuites criminelles.

Toutes les associations qui existent dans l'État, tous les établissements publics sont sous son inspection et sa direction, dans l'intérêt de la paix et de sa sécurité générales. Pour que le chef de l'État puisse remplir des obligations, il faut qu'il ait de certains revenus et des droits utiles ; il a donc le pouvoir d'établir des impôts sur les fortunes privées, sur les personnes, leurs professions, leur commerce, leur produit ou leur consommation. Les ordres des fonctionnaires publics qui agissent en son nom doivent être suivis comme les siens mêmes pour tout ce qui est placé dans les limites de leurs fonctions.

Sous cette tête toute moderne nous allons maintenant voir apparaître un corps tout gothique ; Frédéric n'a fait que lui ôter ce qui pouvait gêner l'action de son propre pouvoir, et le tout va former un être monstrueux qui semble une transition d'une création à une autre. Dans cette production étrange, Frédéric montre autant de mépris pour la logique que de soin de sa puissance et d'envie de ne pas se créer de difficultés inutiles en attaquant ce qui était encore de force à se défendre.

Les habitants des campagnes, à l'exception de quelques districts et de quelques localités, sont placés dans une servitude héréditaire qui ne se borne pas seulement aux corvées et services qui sont inhérents à la possession de certaines terres, mais s'étendent, ainsi que nous l'avons vu, jusqu'à la personne du possesseur.

La plupart des privilèges des propriétaires de sol sont de nouveau consacrés par le code ; on peut même dire qu'ils le sont contre le code ; puisqu'il est dit que, dans les cas où la coutume locale et la nouvelle législation différaient, la première doit être suivie. On déclare formellement que l'État ne peut détruire aucun de ces privilèges qu'en les rachetant et en suivant les formes de la justice.

Le code assure, il est vrai, que le servage proprement dit (*Leibeigenschaft*), en tant qu'il établit la servitude personnelle, est aboli, mais la subjection héréditaire qui le remplace (*Esbunterthänigkeit*) est encore une sorte de servitude, comme on a pu le juger en lisant le texte.

Dans ce même code, le bourgeois reste soigneusement séparé du paysan ; entre la bourgeoisie et la noblesse, on y reconnaît une sorte de classe intermédiaire : elle se compose de hauts fonctionnaires qui ne sont pas nobles, des ecclésiastiques, des professeurs des écoles savantes, gymnases et universités.

Pour être à part du reste de la bourgeoisie, ces bourgeois

n'étaient pas, du reste, confondus avec les nobles ; ils res
taient, au contraire, dans un état d'infériorité vis-à-vis de
ceux-ci. Ils ne pouvaient pas, en général, acheter des biens
équestres, ni obtenir les places les plus élevées dans le service civil. Ils n'étaient pas non plus *hoffähig*, c'est-à-dire
qu'ils ne pouvaient se présenter à la cour, sinon dans des
cas rares, et jamais avec leurs familles. Comme en France,
cette infériorité blessait d'autant plus que chaque jour cette
classe devenait plus éclairée et plus influente, et que les
fonctionnaires bourgeois de l'État, s'ils n'occupaient pas
les postes les plus brillants, remplissaient déjà ceux où il y
avait le plus de choses et les choses les plus utiles à faire.
L'irritation contre les privilèges de la noblesse, qui, chez
nous, allait tant contribuer à la Révolution, préparait en
Allemagne l'approbation avec laquelle celle-ci fut d'abord
reçue. Le principal rédacteur du code était pourtant un
bourgeois, mais il suivait sans doute les ordres de son maître.

La vieille constitution de l'Europe n'est pas assez ruinée
dans cette partie de l'Allemagne pour que Frédéric croie, malgré le mépris qu'elle lui inspire, qu'il soit encore temps d'en
faire disparaître les débris. En général, il se borne à enlever
aux nobles le droit de s'assembler et d'administrer en corps,
et laisse à chacun d'eux individuellement ses privilèges ; il
ne fait qu'en limiter et en régler l'usage. Il arrive ainsi que
ce code, rédigé par les ordres d'un élève de nos philosophes,
et appliqué après que la Révolution française a éclaté, est
le document législatif le plus authentique et le plus récent
qui donne un fondement légal à ces mêmes inégalités féodales que la Révolution allait abolir dans toute l'Europe.

La noblesse y est déclarée le principal corps de l'État ;
les gentilshommes doivent être nommés de préférence, y
est-il dit, à tous les postes d'honneur, quand ils sont capables de les remplir. Eux seuls peuvent posséder des biens
nobles, créer des substitutions, jouir des droits de chasse
et de justice inhérents aux biens nobles, ainsi que des droits
de patronage sur les églises ; seuls ils peuvent prendre le
nom de la terre qu'ils possèdent. Les bourgeois autorisés
par exception expresse à posséder des biens nobles ne peuvent jouir que dans les limites exactes de cette permission
des droits et honneurs attachés à la possession de pareils
biens. Le bourgeois, fût-il possesseur d'un bien noble, ne

peut laisser celui-ci à un héritier bourgeois que si cet héritier est du premier degré. Dans le cas où il n'y aurait pas de tels héritiers ou d'autres héritiers nobles, le bien devait être licité.

Une des portions les plus caractéristiques du code de Frédéric est le droit pénal en matière politique qui y est joint.

Le successeur du grand Frédéric, Frédéric-Guillaume II, qui, malgré la partie féodale et absolutiste de la législation dont je viens de donner un aperçu, croyait apercevoir dans cette œuvre de son oncle des tendances révolutionnaires, et qui en fit suspendre la publication jusqu'en 1794, ne se rassurait, dit-on, qu'en pensant aux excellentes dispositions pénales à l'aide desquelles ce code corrigeait les mauvais principes qu'il contenait. Jamais, en effet, on ne vit, même depuis, en ce genre, rien de plus complet ; non seulement les révoltes et les conspirations sont punies avec la plus grande sévérité ; mais les critiques irrespectueuses des actes du gouvernement sont également réprimées très sévèrement. On défend avec soin l'achat et la distribution d'écrits dangereux : l'imprimeur, l'éditeur et le distributeur sont responsables du fait de l'auteur. Les redoutes, les mascarades et autres amusements sont déclarés réunions publiques ; elles doivent être autorisées par la police. Il en doit être ainsi même des repas dans les lieux publics. La liberté de la presse et de la parole sont étroitement soumises à une surveillance arbitraire. Le port des armes à feu est défendu.

Tout à travers de cette œuvre à moitié empruntée au moyen âge apparaissent enfin des dispositions dont l'extrême esprit centralisateur avoisine le socialisme. Ainsi il est déclaré que c'est à l'État qu'il incombe de veiller à la nourriture, à l'emploi et au salaire de tous ceux qui ne peuvent s'entretenir eux-mêmes et qui n'ont droit ni aux secours du seigneur ni aux secours de la commune : on doit assurer à ceux-là du travail conformément à leurs forces et à leur capacité. L'État doit former des établissements par lesquels la pauvreté des citoyens soit secourue. L'État est autorisé de plus à détruire les fondations qui tendent à encourager la paresse et distribuer lui-même aux pauvres l'argent dont ces établissements disposaient.

Les hardiesses et les nouveautés dans la théorie, la timidité dans la pratique, qui ont le caractère de cette œuvre du grand Frédéric, s'y retrouvent partout. D'une part, on proclame le grand principe de la société moderne, que tout le monde doit être également sujet à l'impôt ; de l'autre, on laisse subsister les lois provinciales qui contiennent des exemptions à cette règle. On affirme que tout procès entre un sujet et le souverain sera jugé dans les formes et suivant les prescriptions indiquées pour tous les autres litiges ; en fait, cette règle ne fut jamais suivie quand les intérêts ou les passions du roi s'y opposèrent. On montra avec ostentation le moulin de Sans-Souci, et l'on fit plier sans éclat la justice dans plusieurs autres circonstances.

Ce qui prouve combien ce code, qui innovait tant en apparence, innova peu en réalité, et ce qui le rend par conséquent si curieux à étudier pour bien connaître l'état vrai de la société dans cette partie de l'Allemagne à la fin du xviiiᵉ siècle, c'est que la nation prussienne parut à peine s'apercevoir de sa publication. Les légistes seuls l'étudièrent, et de nos jours il y a un grand nombre de gens éclairés qui ne l'ont jamais lu.

Page 114, ligne 33.

Un des caractères les plus saillants du xviiiᵉ siècle, en matière d'administration des villes, est moins encore l'abolition de toute représentation et de toute intervention du public dans les affaires que l'extrême mobilité des règles auxquelles cette administration est soumise, les droits étant donnés, repris, rendus, accrus, diminués, modifiés de mille manières, et sans cesse. Rien ne montre mieux dans quel avilissement ces libertés locales étaient tombées que ce remuement éternel de leurs lois, auxquelles personne ne semble faire attention. Cette mobilité seule aurait suffi pour détruire d'avance toute idée particulière, tout goût des souvenirs, tout patriotisme local, dans l'institution qui cependant y prête le plus. On préparait ainsi la grande destruction du passé que la Révolution allait faire.

Page 116, ligne 30.

Le prétexte qu'avait pris Louis XIV pour détruire la
liberté municipale des villes avait été la mauvaise gestion
de leurs finances. Cependant le même fait, dit Turgot avec
grande raison, persista et s'aggrava depuis la réforme que
fit ce prince. La plupart des villes sont considérablement
endettées aujourd'hui, ajoute-t-il, partie pour des fonds
qu'elles ont prêtés au gouvernement, et partie pour des dépenses ou décorations que les officiers municipaux, qui dis-
posent de l'argent d'autrui, et n'ont pas de comptes à rendre
aux habitants, ni d'instructions à en recevoir, multiplient
dans la vue de s'illustrer, et quelquefois de s'enrichir.

Page 128, ligne 18. *Comment c'est au Canada qu'on pouvait le mieux juger la centralisation administrative de
l'ancien régime.*

C'est dans les colonies qu'on peut le mieux juger la physionomie du gouvernement de la métropole, parce que c'est
là que d'ordinaire tous les traits qui la caractérisent grossis-
sent et deviennent plus visibles. Quand je veux juger l'esprit de l'administration de Louis XIV et ses vices, c'est au
Canada que je dois aller. On aperçoit alors la difformité de
l'objet comme dans un microscope.

Au Canada, une foule d'obstacles que les faits antérieurs ou
l'ancien état social opposaient, soit ouvertement, soit secrètement, au libre développement de l'esprit du gouvernement,
n'existaient pas. La noblesse ne s'y voyait presque point,
ou du moins elle y avait perdu presque toutes ses racines ;
l'Église n'y avait plus sa position dominante ; les traditions
féodales y étaient perdues ou obscurcies ; le pouvoir judiciaire
n'y était plus enraciné dans de vieilles institutions et de
vieilles mœurs. Rien n'y empêchait le pouvoir central de s'y
abandonner à tous ses penchants naturels et d'y façonner
toutes les lois suivant l'esprit qui l'animait lui-même. Au
Canada, donc, pas l'ombre d'institutions municipales ou
provinciales, aucune force collective autorisée, aucune initia-

tive individuelle permise. Un intendant ayant une position bien autrement prépondérante que celle qu'avaient ses pareils en France ; une administration se mêlant encore de bien plus de choses que dans la métropole, et voulant de même faire tout de Paris, malgré les dix-huit cents lieues qui l'en séparent ; n'adoptant jamais les grands principes qui peuvent rendre une colonie peuplée et prospère, mais, en revanche, employant toutes sortes de petits procédés artificiels et de petites tyrannies réglementaires pour accroître et répandre la population : culture obligatoire, tous les procès naissant de la concession des terres retirés aux tribunaux et remis au jugement de l'administration seule, nécessité de cultiver d'une certaine manière, obligation de se fixer dans certains lieux plutôt que dans d'autres, etc., cela se passe sous Louis XIV ; ces édits sont contresignés Colbert. On se croirait déjà en pleine centralisation moderne, et en Algérie. Le Canada est en effet l'image fidèle de ce qu'on a toujours vu là. Des deux côtés on se trouve en présence de cette administration presque aussi nombreuse que la population, prépondérante, agissante, réglementante, contraignante, voulant prévoir tout, se chargeant de tout, toujours plus au courant des intérêts de l'administré qu'il ne l'est lui-même, sans cesse active et stérile.

Aux États-Unis, le système de décentralisation des Anglais s'outre, au contraire : les communes deviennent des municipalités presque indépendantes, des espèces de républiques démocratiques. L'élément républicain, qui forme comme le fond de la constitution et des mœurs anglaises, se montre sans obstacles et se développe. L'administration proprement dite fait peu de choses en Angleterre et les particuliers font beaucoup ; en Amérique l'administration ne se mêle plus de rien, pour ainsi dire, et les individus en s'unissant font tout. L'absence des classes supérieures, qui rend l'habitant du Canada encore plus soumis au gouvernement que ne l'était, à la même époque, celui de France, rend celui des provinces anglaises de plus en plus indépendant du pouvoir.

Dans les deux colonies on aboutit à l'établissement d'une société entièrement démocratique ; mais ici, aussi longtemps, du moins, que le Canada reste à la France, l'égalité se mêle au gouvernement absolu ; là elle se combine avec la liberté. Et quant aux conséquences matérielles des deux méthodes

coloniales, on sait qu'en 1763, époque de la conquête, la
population du Canada était de 60 000 âmes, et la population
des provinces anglaises, de 3 000 000.

Page 164, ligne 16. *Influence anticaste de la discussion
commune des affaires.*

On voit par les travaux peu importants des sociétés
d'agriculture du xviiiᵉ siècle l'influence anticaste qu'avait
la discussion commune sur des intérêts communs. Quoique
ces réunions aient lieu trente ans avant la Révolution,
en plein ancien régime, et qu'il ne s'agisse que de théories, par cela seulement qu'on y débat des questions dans lesquelles les différentes classes se sentent intéressées et qu'elles
discutent ensemble, on y sent aussitôt le rapprochement et
le mélange des hommes, on voit les idées de réformes raison-
nables s'emparer des privilégiés comme des autres, et cependant il ne s'agit que de conservation et d'agriculture.

Je suis convaincu qu'il n'y avait qu'un gouvernement ne
cherchant jamais sa force qu'en lui-même, et prenant toujours les hommes à part, comme celui de l'ancien régime, qui
eût pu maintenir l'inégalité ridicule et insensée qui existait
en France au moment de la Révolution ; le plus léger contact
du *self-government* l'aurait profondément modifiée et rapidement transformée ou détruite.

Page 164, ligne 18.

Les libertés provinciales peuvent subsister quelque temps
sans que la liberté nationale existe, quand ces libertés sont
anciennes, mêlées aux habitudes, aux mœurs et aux souvenirs, et que le despotisme au contraire est nouveau ; mais il
est déraisonnable de croire qu'on puisse, à volonté, créer des
libertés locales, ou même les maintenir longtemps, quand on
supprime la liberté générale.

Page 165, ligne 32.

Turgot, dans un mémoire au roi, résume de cette façon qui me paraît très exacte, quelle était l'étendue vraie des privilèges des nobles en matière d'impôt :

« 1° Les privilégiés peuvent faire valoir en exemption de toute imposition taillable une ferme de quatre charrues, qui porte ordinairement, dans les environs de Paris, 2.000 francs d'imposition.

« 2° Les mêmes privilégiés ne payent absolument rien pour les bois, prairies, vignes, étangs, ainsi que pour les terres encloses qui tiennent à leurs châteaux, de quelque étendue qu'elles soient. Il y a des cantons dont la principale production est en prairies ou en vignes ; alors, le noble qui fait régir ses terres s'exempte de toute l'imposition, qui retombe à la charge du taillable ; second avantage qui est immense. »

Page 179, ligne 23.

On trouve, dans le *Voyage d'Arthur Young en 89*, un petit tableau où cet état des deux sociétés est si agréablement peint et si bien encadré que je ne puis résister au désir de le placer ici.

Young, traversant la France au milieu de la première émotion que causait la prise de la Bastille, est arrêté dans un certain village par une troupe de peuple qui, ne lui voyant pas de cocarde, veut le conduire en prison. Pour se tirer d'affaire il imagine de leur faire ce petit discours :

« Messieurs, dit-il, on vient de dire que les impôts doivent être payés comme auparavant. Les impôts doivent être payés, assurément, mais non pas comme auparavant. Il faut les payer comme en Angleterre. Nous avons beaucoup de taxes que vous n'avez point ; mais le tiers état, le peuple, ne les paye pas ; elles ne portent que sur le riche. Chez nous, chaque fenêtre paye ; mais celui qui n'a que six fenêtres à sa maison ne paye rien. Un seigneur paye les vingtièmes et les tailles, mais le petit propriétaire d'un jardin ne paye rien. Le riche paye pour ses chevaux, ses voitures, ses valets : il

paye même pour avoir la liberté de tirer ses propres perdrix ;
le petit propriétaire reste étranger à toutes ces taxes. Bien
plus ! nous avons en Angleterre une taxe que paye le riche pour
venir au secours du pauvre. Donc, s'il faut continuer à payer
des taxes, il faut les payer autrement. La méthode anglaise
vaut bien m'eux.

« Comme mon mauvais français, ajoute Young, allait
assez de pair avec leur patois, ils m'entendirent très bien ;
il n'y eut pas un mot de ce discours auquel ils ne donnassent
leur approbation, et ils pensèrent que je pouvais bien être un
brave homme, ce que je confirmai en criant : *Vive le tiers!*
Ils me laissèrent alors passer avec un hourra. »

Page 194, ligne 9. *Analyse des cahiers de la noblesse en
1789.*

La Révolution française est, je crois, la seule au commencement de laquelle les différentes classes aient pu donner séparément un témoignage authentique des idées qu'elles avaient
conçues et faire connaître les sentiments qui les animaient,
avant que cette Révolution même n'eût dénaturé ou modifié
ces sentiments et ces idées. Ce témoignage authentique fut
consigné, comme chacun sait, dans les cahiers que les trois
ordres dressèrent en 1789. Ces cahiers ou mémoires furent
rédigés en pleine liberté, au milieu de la publicité la plus
grande, par chacun des ordres qu'ils concernaient ; ils
furent longtemps discutés entre les intéressés et mûrement
réfléchis par leurs rédacteurs ; car le gouvernement de ce
temps-là, quand il s'adressait à la nation, ne se chargeait
pas de faire tout à la fois la demande et la réponse. A l'époque
où les cahiers furent dressés, on en réunit les parties principales
en trois volumes imprimés qu'on voit dans toutes les biblio-
thèques. Les originaux sont déposés aux archives nationales,
et avec eux se trouvent les procès-verbaux des assemblées qui
les rédigèrent, et, en partie, la correspondance qui eut lieu,
à la même époque, entre M. Necker et ses agents, à propos
de ces assemblées. Cette collection forme une longue série de
tomes in-folio. C'est le document le plus sérieux qui nous
reste de l'ancienne France, et celui que doivent sans cesse

consulter ceux qui veulent savoir quel était l'état d'esprit
de nos pères au moment où la Révolution éclata.

Je pensais que peut-être l'extrait en trois volumes, dont
il est question plus haut, avait été l'œuvre d'un parti et ne
reproduisait pas exactement le caractère de cette immense
enquête ; mais, en comparant l'un à l'autre, j'ai trouvé la
plus grande ressemblance entre le grand tableau et la copie
réduite (*a*).

L'extrait des cahiers de la noblesse que je donne ici fait
connaître au vrai le sentiment de la grande majorité de cet
ordre. On y voit clairement ce que celle-ci voulait obstinément retenir des anciens privilèges, ce qu'elle était peu éloignée
d'en céder, ce qu'elle offrait elle-même d'en sacrifier. On y
découvre surtout en plein l'esprit qui l'animait tout entière
alors à l'égard de la liberté politique. Curieux et triste
tableau !

Droits individuels. Les nobles demandent, avant tout,
qu'il soit fait une déclaration explicite des droits qui appartiennent à tous les hommes, et que cette déclaration cons-
tate leur liberté et assure leur sûreté.

Liberté de la personne. Ils désirent qu'on abolisse la servitude de la glèbe là où elle existe encore, et qu'on cherche les
moyens de détruire la traite et l'esclavage des nègres ;
que chacun soit libre de voyager ou de fixer sa demeure où il
le veut, soit au dedans, soit au dehors du royaume, sans
qu'il puisse être arrêté arbitrairement ; qu'on réforme l'abus
des règlements de police et que la police soit dorénavant
entre les mains des juges, même en cas d'émeute ; que
personne ne puisse être arrêté et jugé que par ses juges
naturels ; qu'en conséquence les prisons d'État et autres
lieux de détention illégaux soient supprimés. Quelques-uns
demandent la démolition de la Bastille. La noblesse de Paris
insiste notamment sur se point.

a. Cf. *Résumé Général ou Extrait des Cahiers de Pouvoirs,
Instructions, Demandes et Doléances, remis par les divers
Bailliages, Sénéchaussées et pays d'Etats du Royaume, à
leurs Députés à l'Assemblée des Etats Généraux, ouverts à
Versailles le 4 mai 1789* par Une Société de Gens de Lettres,
3 tomes, 1789. (Note de J.-P. Mayer.)

Toutes lettres closes ou de cachet doivent être probibées. — Si le danger de l'État rend nécessaire l'arrestation d'un citoyen sans qu'il soit livré immédiatement aux cours ordinaires de justice, il faut prendre des mesures pour empêcher les abus, soit en donnant communication de la détention au conseil d'État, ou de toute autre manière.

La noblesse veut que toutes les commissions particulières, tous les tribunaux d'attribution ou d'exception, tous les privilèges de *committimus*, arrêts de surséance, etc., soient abolis, et que les peines les plus sévères soient portées contre ceux qui ordonneraient ou mettraient à exécution un ordre arbitraire ; que dans la juridiction ordinaire, la seule qui doive être conservée, on prenne les mesures nécessaires pour assurer la liberté individuelle, surtout en ce qui concerne le criminel ; que la justice soit rendue gratuitement et les juridictions inutiles supprimées. « Les magistrats sont établis pour le peuple, et non les peuples pour les magistrats », dit-on dans un cahier. On demande même qu'il soit établi dans chaque bailliage un conseil et des défenseurs gratuits pour les pauvres ; que l'instruction soit publique, et que la liberté soit donnée aux plaideurs de se défendre eux-mêmes ; que, dans les matières criminelles, l'accusé soit pourvu d'un conseil, et que, dans tous les actes de la procédure, le juge soit assisté d'un certain nombre de citoyens de l'ordre de celui qui est accusé, lesquels seront chargés de prononcer sur le fait du crime ou délit du prévenu : on renvoie à cet égard à la constitution d'Angleterre ; que les peines soient proportionnées aux délits et qu'elles soient égales pour tous ; que la peine de mort soit rendue plus rare, et tous les supplices corporels, questions, etc., supprimés ; qu'enfin le sort des prisonniers soit amélioré, et surtout celui des prévenus.

Suivant les cahiers, on doit chercher les moyens de faire respecter la liberté individuelle dans l'enrôlement des troupes de terre et de mer. Il faut permettre de convertir l'obligation du service militaire en prestations pécuniaires, ne procéder au tirage qu'en présence d'une députation des trois ordres réunis ; enfin combiner les devoirs de la discipline et de la subordination militaire avec les droits du citoyen et de l'homme libre. Les coups de plat de sabre seront supprimés.

Liberté et inviolabilité de la propriété. On demande que

la propriété soit inviolable et qu'il ne puisse y être porté
atteinte que pour cause d'utilité publique indispensable.
Dans ce cas le gouvernement devra donner une indemnité
d'un prix élevé et sans délai. La confiscation doit être abolie.

Liberté du commerce, du travail et de l'industrie. La liberté
de l'industrie et du commerce doit être assurée. En conséquence on supprimera les maîtrises et autres privilèges
accordés à certaines compagnies ; on reportera les lignes
de douanes aux frontières.

Liberté de religion. La religion catholique sera la seule
dominante en France, mais il sera laissé à chacun la liberté
de conscience, et on réintégrera les non-catholiques dans
leur état civil et dans leurs propriétés.

Liberté de la presse, inviolabilité des secrets de la poste. La
liberté de la presse sera assurée, et une loi fixera d'avance
les restrictions qui peuvent y être apportées dans l'intérêt
général. On ne doit être assujetti aux censures ecclésiastiques
que pour les livres traitant du dogme ; pour le reste, il
suffit de prendre les précautions nécessaires afin de connaître les auteurs et imprimeurs. Plusieurs demandent
que les délits de la presse ne puissent être soumis qu'au
jugement des jurés.

Les cahiers insistent surtout, et unanimement, pour que
l'on respecte inviolablement les secrets confiés à la poste,
de manière, dit-on, que les lettres ne puissent devenir un
titre ou un moyen d'accusation. L'ouverture des lettres,
disent-ils crûment, est le plus odieux espionnage, puisqu'il
consiste dans la violation de la foi publique.

Enseignement, éducation. Les cahiers de la noblesse se
bornent à demander qu'on s'occupe activement de favoriser
l'éducation, qu'on l'étende aux villes et aux campagnes, et
qu'on la dirige d'après des principes conformes à la destination présumée des enfants ; que surtout on donne à ceux-
ci une éducation nationale en leur apprenant leurs devoirs
et leurs droits de citoyen. Ils veulent même qu'on rédige
pour eux un catéchisme où seraient mis à leur portée les
points principaux de la constitution. Du reste, ils n'indiquent pas les moyens à employer pour faciliter et pour
répandre l'instruction ; ils se bornent à réclamer des établissements d'éducation pour les enfants de la noblesse
indigente.

Soins qu'il faut prendre du peuple. Un grand nombre de cahiers insistent pour que plus d'égards soient montrés au peuple. Plusieurs réclament contre l'abus des règlements de police, qui, disent-ils, traînent habituellement, arbitrairement et sans jugement régulier, dans les prisons, maisons de force, etc., une foule d'artisans et de citoyens utiles, souvent pour des fautes ou même de simples soupçons, ce qui est une atteinte à la liberté naturelle. Tous les cahiers demandent que la corvée soit définitivement abolie. La majorité des bailliages désire qu'on permette le rachat des droits de banalité et de péage. Un grand nombre demande qu'on rende moins pesante la perception de plusieurs droits féodaux et l'abolition du droit de franc-fief. Le gouvernement est intéressé, dit un cahier, à faciliter l'achat et la vente des terres. Cette raison est précisément celle qu'on va donner pour abolir d'un seul coup tous les droits seigneuriaux et mettre en vente les biens de mainmorte. Beaucoup de cahiers veulent qu'on rende le droit de colombier moins préjudiciable à l'agriculture. Quant aux établissements destinés à conserver le gibier du roi, connus sous le nom de capitaineries, ils en demandent l'abolition immédiate, comme attentatoires au droit de propriété. Ils veulent qu'on substitue aux impôts actuels des taxes d'une perception moins onéreuse au peuple.

La noblesse demande qu'on cherche à répandre l'aisance et le bien-être dans les campagnes ; qu'on établisse des filatures et tissages d'étoffes grossières dans les villages pour occuper les gens de la campagne pendant la saison morte ; qu'on crée dans chaque bailliage des greniers publics sous l'inspection des administrations provinciales, pour prévenir les disettes et maintenir le prix des denrées à un certain taux ; qu'on cherche à perfectionner l'agriculture et à améliorer le sort des campagnes ; qu'on augmente les travaux publics, et particulièrement qu'on s'occupe de dessécher les marais et de prévenir les inondations, etc. ; qu'enfin on distribue dans toutes les provinces des encouragements au commerce et à l'agriculture.

Les cahiers voudraient qu'on répartît les hôpitaux en petits établissements créés dans chaque district ; que l'on supprimât les dépôts de mendicité et qu'on le remplaçât par des ateliers de charité ; qu'on établit des caisses de secours sous la direction des états provinciaux, et que des chirurgiens, médecins et sages-femmes fussent distribués dans les arrondissements, aux frais des provinces, pour soigner gratuitement les pauvres ; que pour le peuple la justice fût toujours gratuite ; qu'enfin on songeât à créer des établissements pour les aveugles, sourds et muets, enfants trouvés, etc.

Du reste, en toutes ces matières, l'ordre de la noblesse se borne en général à exprimer ses désirs de réformes sans entrer dans de grands détails d'exécution. On voit qu'il a moins vécu que le bas clergé au milieu des classes inférieures, et que, moins en contact avec leur misère, il a moins réfléchi aux moyens d'y remédier.

De l'admissibilité aux fonctions publiques, de la hiérarchie des rangs et des privilèges honorifiques de la noblesse. C'est surtout, ou plutôt c'est seulement en ce qui concerne la hiérarchie des rangs et la différence des conditions que la noblesse s'écarte de l'esprit général des réformes demandées, et que, tout en faisant quelques concessions importantes, elle se rattache aux principes de l'ancien régime. Elle sent qu'elle combat ici pour son existence même. Ses cahiers demandent donc avec instance le maintien du clergé et de la noblesse comme ordres distinctifs. Ils désirent même qu'on cherche les moyens de conserver dans toute sa pureté l'ordre de la noblesse ; qu'ainsi il soit défendu d'acquérir le titre de gentilhomme à prix d'argent, qu'il ne soit plus attribué à certaines places, qu'on ne l'obtienne qu'en le méritant par de longs et utiles services rendus à l'État. Ils souhaitent que l'on recherche et qu'on poursuive les faux nobles. Tous les cahiers enfin insistent pour que la noblesse soit maintenue dans tous ses honneurs. Quelques-uns veulent qu'on donne aux gentilshommes une marque distinctive qui les fasse extérieurement reconnaître.

On ne saurait rien imaginer de plus caractéristique qu'une pareille demande et de plus propre à montrer la parfaite similitude qui existait déjà entre le noble et le roturier, en dépit de la différence des conditions. En général, dans ses cahiers la noblesse, qui se montre assez coulante sur plusieurs de ses droits utiles, s'attache avec une ardeur inquiète à ses privilèges honorifiques. Elle veut conserver tous ceux qu'elle possède, et voudrait pouvoir en inventer qu'elle n'a jamais eus, tant elle se sent déjà entraînée dans les flots de la démocratie et redoute de s'y dissoudre. Chose singulière ! elle a l'instinct de ce péril, et elle n'en a pas la perception.

Quant à la distribution des charges, les nobles demandent que la vénalité des offices soit supprimée pour les places de magistrature ; que, quand il s'agit de ces sortes de places, tous les citoyens puissent être présentés par la nation au roi, et nommés par lui indistinctement, sauf les conditions d'âge et de capacité. Pour les grades militaires, la majorité pense que le tiers état n'en doit pas être exclu, et que tout militaire qui aura bien mérité de la patrie est en droit d'arriver jusqu'aux places les plus éminentes. « L'ordre de la noblesse n'approuve aucune des lois qui ferment l'entrée des emplois militaires à l'ordre du tiers état », disent quelques cahiers ; seulement, les nobles veulent que le droit d'entrer comme officier dans un régiment sans avoir d'abord passé par les grades inférieurs soit réservé à eux seuls. Presque tous les cahiers demandent, du reste, que l'on établisse des règles fixes, et applicables à tout le monde, pour la distribution des grades de l'armée, que ceux-ci ne soient pas entièrement laissés à la faveur, et que l'on arrive aux grades autres que ceux d'officier supérieur par droit d'ancienneté.

Quant aux fonctions cléricales, ils demandent qu'on rétablisse l'élection dans la distribution des bénéfices ou qu'au moins le roi crée un comité qui puisse l'éclairer dans la répartition de ces bénéfices.

Ils disent enfin que désormais les pensions doivent être distribuées avec plus de discernement, qu'il convient qu'elles en soient plus concentrées dans certaines familles, et que nul citoyen ne puisse avoir plus d'une pension, ni toucher les émoluments de plus d'une place à la fois ; que les survivances soient abolies.

Église et clergé. Quand il ne s'agit plus de ses droits et de sa constitution particulière, mais des privilèges et de l'organisation de l'Église, la noblesse n'y regarde plus de si près ; là elle a les yeux fort ouverts sur les abus.

Elle demande que le clergé n'ait point de privilège d'impôt et qu'il paye ses dettes sans les faire supporter à la nation ; que les ordres monastiques soient profondément réformés. La majorité des cahiers déclare que ces établissements s'écartent de l'esprit de leur institution.

La majorité des bailliages veut que les dîmes soient rendues moins dommageables à l'agriculture ; il y en a même un grand nombre qui réclame leur abolition. « La plus forte partie des dîmes, dit un cahier, est perçue par ceux des curés qui s'emploient le moins à procurer au peuple des secours spirituels. » On voit que le second ordre ménageait peu le premier dans ses remarques. Ils n'en agissent guère plus respectueusement à l'égard de l'Église elle-même. Plusieurs bailliages reconnaissent formellement aux états généraux le droit de supprimer certains ordres religieux et d'appliquer leurs biens à un autre usage. Dix-sept bailliages déclarent que les états généraux sont compétents pour régler la discipline. Plusieurs disent que les jours de fêtes sont trop multipliés, nuisent à l'agriculture et favorisent l'ivrognerie ; qu'en conséquence il faut en supprimer un grand nombre, qu'on renverra au dimanche

Droits politiques. Quant aux droits politiques, les cahiers reconnaissent à tous les Français le droit de concourir au gouvernement, soit directement, soit indirectement, c'est-à-dire le droit d'élire et d'être élu, mais en conservant la hiérarchie des rangs ; qu'ainsi personne ne puisse nommer et être nommé que dans son ordre. Ce principe posé, le système de représentation doit être établi de manière à garantir à tous les ordres de la nation le moyen de prendre une part sérieuse à la direction des affaires.

Quant à la manière de voter dans l'assemblée des états généraux, les avis se partagent : la plupart veulent un vote séparé pour chaque ordre ; les uns pensent qu'il doit être fait exception à cette règle pour le vote de l'impôt ; d'autres, enfin, demandent que cela ait toujours lieu ainsi. « Les voix seront comptées par tête, et non par ordre, disent ceux-là, cette forme étant la seule raisonnable et la seule qui puisse écarter et anéantir l'égoïsme de corps, source unique de tous nos maux, rapprocher les hommes et les conduire au résultat que la nation a droit d'espérer d'une assemblée où le patriotisme et les grandes vertus seront fortifiés par les lumières. » Toutefois, comme cette innovation faite trop brusquement pourrait être dangereuse dans l'état actuel des esprits, plusieurs pensent qu'on ne doit l'adopter qu'avec précaution, et qu'il faut que l'assemblée juge s'il ne serait pas plus sage de remettre le vote par tête aux états généraux suivants. Dans tous les cas, la noblesse demande que chaque ordre puisse conserver la dignité qui est due à tout Français ; qu'en conséquence on abolisse les formes humiliantes auxquelles le tiers état était assujetti dans l'ancien régime, par exemple, de se mettre à genoux : « le spectacle d'un homme à genoux devant un autre blessant la dignité humaine, et annonçant, entre des êtres égaux par la nature, une infériorité incompatible avec leurs droits essentiels », dit un cahier.

Du système à établir dans la forme du gouvernement, et des principes de la constitution. Quant à la forme du gouvernement, la noblesses demande le maintien de la constitution monarchique, la conservation dans la personne du roi des pouvoirs législatif, judiciaire et exécutif, mais, en même temps, l'établissement des lois fondamentales destinées à garantir les droits de la nation dans l'exercice de ses pouvoirs.

En conséquence, les cahiers proclament tous que la nation a le droit de s'assembler en états généraux, composés d'un nombre de membres assez grand pour assurer l'indépendance de l'assemblée. Ils désirent que ces états se réunissent désormais à des époques périodiques fixes, ainsi qu'à chaque nouvelle succession au trône, sans qu'il y ait jamais besoin de lettres de convocation. Beaucoup de bailliages déclarent même qu'il serait à souhaiter que cette assemblée fût permanente. Si la convocation des états généraux n'avait pas lieu dans le délai indiqué par la loi, on aurait le droit de refuser l'impôt. Un petit nombre veut que, pendant l'intervalle qui sépare une tenue d'états de l'autre, il soit établi une commission intermédiaire chargée de surveiller l'administration du royaume ; mais la généralité des cahiers s'oppose formellement à l'établissement de cette commission, en déclarant qu'une telle commission serait tout à fait contraire à la constitution. La raison qu'ils en donnent est curieuse : ils craignent qu'une si petite assemblée restée en présence du gouvernement ne se laisse séduire par les instigations de celui-ci

La noblesse veut que les ministres n'aient pas le droit de dissoudre l'assemblée, et qu'ils soient punis juridiquement lorsqu'ils en troublent l'ordre par leurs cabales ; qu'aucun fonctionnaire, aucune personne dépendante en quelque chose que ce soit du gouvernement ne puisse être député ; que la personne des députés soit inviolable, et qu'ils ne puissent, disent les cahiers, être poursuivis pour les opinions qu'ils auraient émises ; qu'enfin les séances de l'assemblée soient publiques, et que, pour convier davantage la nation à ses délibérations, elles soient répandues par la voie de l'imprimerie.

La noblesse demande unanimement que les principes qui doivent régler le gouvernement de l'État soient appliqués à l'administration des diverses parties du territoire ; qu'en conséquence, dans chaque province, dans chaque district, dans chaque paroisse, il soit formé des assemblées composées de membres librement élus et pour un temps limité.

Plusieurs cahiers pensent que les fonctions d'intendants et de receveurs généraux doivent être supprimées ; tous estiment que désormais les assemblées provinciales doivent seules être chargées de répartir l'impôt et de surveiller les intérêts particuliers de la province. Ils entendent qu'il en soit de même des assemblées d'arrondissement et de celles des paroisses, lesquelles ne dépendront plus désormais que des états provinciaux.

Distinction des pouvoirs. Pouvoir législatif. Quant à la distinction des pouvoirs entre la nation assemblée et le roi, la noblesse demande qu'aucune loi ne puisse avoir d'effet qu'autant qu'elle aura été consentie par les états généraux et le roi, et transcrite sur le registre des cours chargées d'en maintenir l'exécution ; qu'aux états généraux appartient exclusivement d'établir et de fixer la quotité de l'impôt ; que les subsides qui seront consentis ne puissent l'être que pour le temps qui s'écoulera d'une tenue d'états à l'autre ; que tous ceux qui auraient été perçus ou constitués sans le consentement des états soient déclarés illégaux, et que les ministres et percepteurs qui auraient ordonné et perçu de pareils impôts soient poursuivis comme concussionnaires ;

Qu'il ne puisse de même être consenti aucun emprunt sans le consentement des états généraux ; qu'il soit seulement ouvert un crédit fixé par les états, et dont le gou-

vernement pourra user en cas de guerre ou de grandes
calamités, sauf à provoquer une convocation d'états généraux dans le plus bref délai ;

Que toutes les caisses nationales soient mises sous la
surveillance des états ; que les dépenses de chaque dépar-
tement soient fixées par eux, et qu'il soit pris les mesures
les plus sûres pour que les ressources votées ne puissent
être excédées.

La plupart des cahiers désirent qu'on sollicite la suppres-
sion de ces impôts vexatoires, connus sous le nom de droits
d'insinuation, centième denier, entérinements, réunis sous
la dénomination de Régie des domaines du roi : « La dénomination de régie suffirait seule pour blesser la nation,
puisqu'elle annonce comme appartenant au roi des objets
qui sont une partie réelle de la propriété des citoyens »,
dit un cahier ; que tous les domaines qui ne seront pas
aliénés soient mis sous l'administration des états provinciaux, et qu'aucune ordonnance, aucun délit bursal ne puisse
être rendu que du consentement des trois ordres de la nation.

La pensée évidente de la noblesse est de conférer à la
nation toute l'administration financière, soit dans le règlement des emprunts et impôts, soit dans la perception de
ces impôts, par l'intermédiaire des assemblées générales et
provinciales.

Pouvoir judiciaire. De même, dans l'organisation judiciaire, elle tend à faire dépendre, au moins en grande partie,
la puissance des juges de la nation assemblée. C'est ainsi
que plusieurs cahiers déclarent :

« Que les magistrats seront responsables du fait de leurs
charges à la nation assemblée » ; qu'ils ne pourront être
destitués qu'avec le consentement des états généraux ;
qu'aucun tribunal ne pourra, sous quelque prétexte que ce
soit, être troublé dans l'exercice de ses fonctions sans le
consentement de ces états ; que les prévarications du tribunal de cassation, ainsi que celles des parlements, seront
jugées par les états généraux. D'après la majorité des
cahiers, les juges ne doivent être nommés par le roi que
sur une présentation faite par le peuple.

Pouvoir exécutif. Quant au pouvoir exécutif, il est exclusivement réservé au roi ; mais on y met les limites nécessaires pour prévenir les abus.

Ainsi, quant à l'administration, les cahiers demandent que l'état des comptes des différents départements soit rendu public par la voie de l'imprimerie, et que les ministres soient responsables à la nation assemblée ; de même, qu'avant d'employer les troupes à la défense extérieure le roi fasse connaître ses intentions d'une manière précise aux états généraux. A l'intérieur, ces mêmes troupes ne pourront être employées contre les citoyens que sur la réquisition des états généraux. Le contingent des troupes devra être limité, et les deux tiers seulement, en temps ordinaire, resteront dans le second effectif. Quant aux troupes étrangères que le gouvernement pourra avoir à sa solde, il devra les écarter du centre du royaume et les envoyer sur les frontières.

Ce qui frappe le plus en lisant les cahiers de la noblesse, mais ce qu'aucun extrait ne saurait reproduire, c'est à quel point ces nobles sont bien de leur temps : ils en ont l'esprit ; ils en emploient très couramment la langue. Ils parlent des *droits inaliénables de l'homme, des principes inhérents au pacte social*. Quant il s'agit de l'individu, ils s'occupent d'ordinaire de ses droits, et, quand il s'agit de la société, des devoirs de celle-ci. Les principes de la politique leur semblent *aussi absolus que ceux de la morale, et les uns et les autres ont pour base commune la raison*. Veulent-ils abolir les restes du servage : *il s'agit d'effacer jusqu'aux dernières traces de la dégradation de l'espèce humaine*. Ils appellent quelquefois Louis XVI *un roi citoyen* et parlent à plusieurs reprises du crime de *lèse-nation* qui va leur être si souvent imputé. A leurs yeux comme aux yeux de tous les autres, on doit tout se promettre de l'éducation publique, et c'est l'État qui doit la diriger. *Les états généraux*, dit un cahier, *s'occuperont d'inspirer un caractère national par des changements dans l'éducation des enfants*. Comme le reste de leurs contemporains, ils montrent un goût vif et continu pour l'uniformité de législation, excepté pourtant dans ce qui touche à l'existence des ordres. Ils veulent l'uniformité administrative, l'uniformité des mesures, etc., autant que le tiers état ; ils indiquent toutes sortes de réformes et ils entendent que ces réformes soient radicales. Suivant eux, tous les impôts sans exception doivent être abolis ou transformés ; tout

le système de la justice changé, sauf les justices seigneuriales, qui ont seulement besoin d'être perfectionnées,
Pour eux comme pour tous les autres Français, la France
est un champ d'expérience, une espèce de ferme modèle
en politique, où tout doit être retourné, tout essayé, si ce
n'est un petit endroit où croissent leurs privilèges particuliers ; encore faut-il dire à leur honneur que celui-là même
n'est guère épargné par eux. En un mot, on peut juger en
lisant leurs cahiers qu'il n'a manqué à ces nobles pour
faire la Révolution que d'être roturiers.

Page 232, ligne 13.

On a dit que le caractère de la philosophie du xviiie siècle
était une sorte d'adoration de la raison humaine, une
confiance sans bornes dans sa toute-puissance pour transformer à son gré lois, institutions et mœurs. Il faut bien s'entendre : c'était moins encore, à vrai dire, la raison humaine
que quelques-uns de ces philosophes adoraient que leur
propre raison. Jamais on n'a montré moins de confiance que
ceux-là dans la sagesse commune. Je pourrais en citer
plusieurs qui méprisaient presque autant la foule que le bon
Dieu. Ils montraient un orgueil de rivaux à celui-ci et un
orgueil de parvenus à celle-là. La soumission vraie et respec-
tueuse pour les volontés de la majorité leur était aussi étrangère que la soumission aux volontés divines. Presque tous
les révolutionnaires ont montré depuis ce double caractère.
Il y a bien loin de là à ce respect témoigné par les Anglais et
les Américains aux sentiments de la majorité de leurs concitoyens. Chez eux la raison est fière et confiante en elle-même,
mais jamais insolente ; aussi a-t-elle conduit à la liberté,
tandis que la nôtre n'a guère fait qu'inventer de nouvelles
formes de servitude.

Page 248, ligne 18.

Le grand Frédéric a écrit dans ses mémoires : « Les Fonte-
nelle et les Voltaire, les Hobbes, les Collins, les Shaftesbury,
les Bolingbroke, ces grands hommes portèrent un coup

mortel à la religion. Les hommes commencèrent à examiner ce qu'ils avaient stupidement adoré ; la raison terrassa la superstition ; on prit un dégoût pour les fables qu'on avait crues. Le déisme fit de nombreux sectateurs. Si l'épicurisme devint funeste au culte idolâtre des païens, le déisme ne le fut pas moins de nos jours aux visions judaïques adoptées par nos ancêtres. La liberté de penser qui régnait en Angleterre avait beaucoup contribué aux progrès de la philosophie. »

On voit, par le passage ci-dessus, que le grand Frédéric, au moment où il écrivait ces lignes, c'est-à-dire au milieu du xviiie siècle, considérait encore à cette époque l'Angleterre comme le foyer des doctrines irréligieuses. On y voit quelque chose de plus frappant : un des souverains les plus versés dans la science des hommes et dans celle des affaires qui n'a pas l'air de se douter de l'utilité politique des religions ; tant les défauts de l'esprit de ses maîtres avaient altéré les qualités propres du sien.

Page 274, ligne 22.

Cet esprit de progrès, qui se faisait voir en France à la fin du xviiie siècle, apparaissait à la même époque dans toute l'Allemagne, et partout il était de même accompagné du désir de changer les institutions. Voyez cette peinture que fait un historien allemand de ce qui se passait alors dans son pays :

« Dans la seconde moitié du xviiie siècle, dit-il, le nouvel esprit du temps s'introduit graduellement dans les territoires ecclésiastiques eux-mêmes. On y commence des réformes. L'industrie et la tolérance y pénétrèrent partout ; l'absolutisme éclairé qui s'était déjà emparé des grands États se fait jour même ici. Il faut le dire, à aucune époque du xviiie siècle on n'avait vu dans ces territoires ecclésiastiques des princes aussi remarquables et aussi dignes d'estime que précisément pendant les dernières dizaines d'années qui précédèrent la Révolution française. »

Il faut remarquer comme le tableau qu'on fait là ressemble à celui que présentait la France, où le mouvement d'amélioration et de progrès commence à la même époque, et où les

hommes les plus dignes de gouverner paraissent au moment
où la Révolution va tout dévorer.

On doit reconnaître aussi à quel point toute cette partie
de l'Allemagne était visiblement entraînée dans le mouvement de la civilisation et de la politique de la France.

Page 276, ligne 1. *Comment les lois judiciaires des Anglais prouvent que des institutions peuvent avoir beaucoup de vices secondaires sans que cela les empêch(
d'atteindre le but principal qu'on s'est proposé en l(s
établissant.*

Cette faculté qu'ont les nations de prospérer malgré
l'imperfection qui se rencontre dans les parties secondaires
de leurs institutions, lorsque les principes généraux, l'esprit
même qui anime ces institutions, sont féconds, ce phénomène ne se voit jamais mieux que quand on examine
la constitution de la justice chez les Anglais au siècle dernier,
telle que Blackstone nous la montre.

On y aperçoit d'abord deux grandes diversités qui
frappent :

1° La diversité des lois ;

2° La diversité des tribunaux qui les appliquent.

I. *Diversité des lois.* 1° Les lois sont différentes pour
l'Angleterre proprement dite, pour l'Écosse, pour l'Irlande,
pour divers appendices européens de la Grande-Bretagne, tels
que l'île de Man, les îles normandes, etc., enfin pour les colonies.

2° Dans l'Angleterre proprement dite on voit quatre espèces
de lois : le droit coutumier, les statuts, le droit romain, l'équité.
Le droit coutumier se divise lui-même en coutumes générales,
adoptées dans tout le royaume ; en coutumes qui sont particulières à certaines seigneuries, à certaines villes, quelquefois à certaines classes seulement, telles que la coutume des
marchands par exemple. Ces coutumes diffèrent quelquefois beaucoup les unes des autres, comme, par exemple,
celles qui, en opposition avec la tendance générale des lois anglaises, veulent le partage égal entre tous les enfants (*gavel-*

kind), et, ce qui est plus singulier encore, donnent un droit de primogéniture à l'enfant le plus jeune.

II. *Diversité des tribunaux.* La loi, dit Blackstone, a institué une variété prodigieuse de tribunaux différents ; on peut en juger par l'analyse très sommaire que voici.

1º On rencontrait d'abord les tribunaux établis en dehors de l'Angleterre proprement dite, tels que les cours d'Écosse et d'Irlande, qui ne relevaient pas toujours des cours supérieures d'Angleterre, bien qu'elles dussent aboutir toutes, je pense, à la cour des lords.

2º Quant à l'Angleterre proprement dite, si je n'oublie rien, parmi les classifications de Blackstone, je trouve qu'il compte :

1. Onze espèces de cours existant d'après la loi commune (*common law*), dont quatre, il est vrai, semblent déjà tombées en désuétude ;

2. Trois espèces de cours dont la juridiction s'étend à tout le pays, mais qui ne s'applique qu'à certaines matières ;

3. Dix espèces de cours ayant un caractère spécial. L'une de ces espèces se compose de cours locales, créées par différents actes du parlement ou existant en vertu de la tradition, soit à Londres, soit dans les villes ou bourgs de provinces. Celles-ci sont si nombreuses et offrent une si grande variété dans leur constitution et dans leurs règles que l'auteur renonce à en faire l'exposition détaillée.

Ainsi, dans l'Angleterre proprement dite seulement, si l'on s'en rapporte au texte de Blackstone, il existait, dans les temps où celui-ci écrivait, c'est-à-dire dans la seconde moitié du xviiie siècle, vingt-quatre espèces de tribunaux, dont plusieurs se subdivisaient en un grand nombre d'individus, qui chacun avait sa physionomie particulière. Si l'on écarte les espèces qui semblent dès lors à peu près disparues, il en reste encore dix-huit ou vingt.

Maintenant, si l'on examine ce système judiciaire, on voit sans peine qu'il contient toutes sortes d'imperfections.

Malgré la multiplicité des tribunaux, on y manque souvent de petits tribunaux de première instance placés près des justiciables et faits pour juger sur place et à peu de frais les petites affaires, ce qui rend la justice embarrassée et coûteuse. Les mêmes affaires sont de la compétence de plusieurs tribunaux, ce qui jette une incertitude fâcheuse sur le début des

instances. Presque toutes les cours d'appel jugent dans certains cas en premier ressort, quelquefois cours de *droit
commun*, d'autres fois *cours d'équité*. Les cours d'appel sont
très diverses. Le seul point central est la chambre des lords.
Le contentieux administratif n'est point séparé du contentieux ordinaire, ce qui paraîtrait une grande difformité
aux yeux de la plupart de nos légistes. Enfin tous ces tribunaux vont puiser les raisons de leurs décisions dans quatre
législations différentes, dont l'une ne s'établit que par précédents, et dont l'autre, l'équité, ne s'établit sur rien de précis
puisque son objet est le plus souvent d'aller contre la coutume ou les statuts, et de corriger par l'arbitraire du juge
ce que le statut ou la coutume ont de suranné ou de trop
dur.

Voilà bien des vices, et, si l'on compare cette machine
énorme et vieillie de la justice anglaise à la fabrique moderne
de notre système judiciaire, la simplicité, la cohérence, l'en-
chaînement qu'on aperçoit dans celui-ci, avec la complica-
tion, l'incohérence qui se remarquent dans celle-là, les vices
de la première paraîtront plus grands encore. Cependant il n'y
a pas de pays au monde où, dès le temps de Blackstone, la
grande fin de la justice fût aussi complètement atteinte
qu'en Angleterre, c'est-à-dire où chaque homme, quelle que
fût sa condition, et qu'il plaidât contre un particulier ou
contre le prince, fût plus sûr de se faire entendre, et trouvât
dans tous les tribunaux de son pays de meilleures garanties
pour la défense de sa fortune, de sa liberté et de sa
vie.

Cela ne veut pas dire que les vices du système judiciaire
anglais servissent à ce que j'appelle ici la grande fin de la
justice ; cela prouve seulement qu'il y a dans toute
organisation judiciaire des vices secondaires qui peuvent ne
nuire que modérément à cette fin de la justice, et d'autres
principaux qui non seulement lui nuisent, mais la détruisent,
bien qu'ils soient joints à beaucoup de perfections secondaires.
Les premiers sont les plus facilement aperçus ; ce sont ceux-là
qui d'ordinaire frappent d'abord les esprits vulgaires. Ils
sautent aux yeux, comme on dit. Les autres sont souvent
plus cachés, et ce ne sont pas toujours les jurisconsultes
et autres gens du métier qui les découvrent ou les
signalent.

Remarquez de plus que les mêmes qualités peuvent être secondaires ou principales, suivant les temps et suivant l'organisation politique de la société. Dans les époques d'aristocratie, d'inégalités, tout ce qui tend à amoindrir un privilège pour certains individus devant la justice, à y assurer des garanties au justiciable faible contre le justiciable fort, à faire prédominer l'action de l'État, naturellement impartial quand il ne s'agit que d'un débat entre deux sujets, tout cela devient qualité principale, mais diminue d'importance à mesure que l'état social et la constitution politique tournent à la démocratie.

Si l'on étudie d'après ces principes le système judiciaire anglais, on trouve qu'en laissant subsister tous les défauts qui pouvaient rendre chez nos voisins la justice obscure, embarrassée, lente, chère et incommode, on avait pris des précautions infinies pour que le fort ne pût jamais être favorisé aux dépens du faible, l'État aux dépens du particulier ; on voit, à mesure qu'on pénètre davantage dans le détail de cette législation, qu'on y a fourni à chaque citoyen toutes sortes d'armes pour se défendre, et que les choses y sont arrangées de manière à présenter à chacun le plus de garanties possibles contre la partialité, la vénalité proprement dite des juges, et cette sorte de vénalité plus ordinaire, et surtout plus dangereuse, dans les temps de démocratie, qui naît de la servilité des tribunaux à l'égard de la puissance publique.

A tous ces points de vue le système judiciaire anglais, malgré les nombreux défauts secondaires qui s'y rencontrent encore, me semble supérieur au nôtre, lequel n'est atteint, il est vrai, de presque aucun de ces vices, mais qui n'offre pas non plus au même degré les qualités principales qui s'y rencontrent ; qui, excellent quant aux garanties qu'il offre à chaque citoyen dans les débats qui s'élèvent entre particuliers, faiblit par le côté qu'il faudrait toujours renforcer dans une société démocratique comme la nôtre, à savoir, les garanties de l'individu contre l'État.

Page 301, ligne 21.

La Révolution n'est pas arrivée à cause de cette prospé
rité ; mais l'esprit qui devait produire la Révolution, cet
esprit actif, inquiet, intelligent, novateur, ambitieux, cet
esprit démocratique des sociétés nouvelles, commençait à
animer toutes choses, et, avant de bouleverser momentanément la société, suffisait déjà à la remuer et à la développer.

Bibliographie sommaire

BERTAUD (J.-P.), *Les Origines de la Révolution française,* dans *Dossiers Clio,* Paris, 1971.

BOUDON (R.), *Les Méthodes en sociologie,* « Que sais-je ? », Paris, 1969.

Cette étude souligne avec une clarté instructive l'apport significatif de l'ouvrage de Tocqueville pour la sociologie contemporaine.

BRAUDEL (F.) et LABROUSSE (E.), *Histoire économique et sociale de la France,* tome II : *(1660-1789),* Paris, 1970.

Ouvrage indispensable ; voir, surtout ses riches bibliographies.

BRAUDEL (F.) Préface, et MAYER (J.-P.), Postface dans Tocqueville, *Souvenirs,* édition Folio, Paris, 1978.

Voir également les indications bibliographiques, p 493 s.

CAMERON (D.) *The Social Thought of Rousseau and Burke, A Comparative Study,* Londres, 1973.

Avec bibliographie.

CHISICK (H.), *The Limits of Reform in the Enlightenment,* Princeton University Press, 1981.

COBB (R.), *Reactions to the French Revolution,* Oxford, 1972.

CORBAN (A.), *Aspects of the French Revolution,* Londres, 1968.

Index sous Tocqueville.

DAKIN (D.), *Turgot and the Ancien Régime in France,* réimpression, New York, 1965

DOYLE (W.), *Origins of the French Revolution*, Oxford University Press, 1980.

DUBY (G.), *Histoire de la France*, vol. II : *Dynasties et Révolutions*, Paris, 1971.
Voir chap. VI et VII et la bibliographie condensée, p. 444 s.

FURET (F.), éd., *Ancien Régime et Révolution : Réinterprétations*, dans *Annales*, Paris, 1974.

FURET (F.), *Tocqueville est-il un historien de la Révolution française ?* dans *Annales*, Paris, 1970.

FURET (F.) et RIVET (D.), *La Révolution française*, Paris, 1973.

FURET (F.), *Penser la Révolution française*, Paris, 1978.

GÉRARD (A.), *La Révolution française. Mythes et interprétations, 1789-1970*, Paris, 1970.

GILLISPIE (C. C.), *Science and Polity in France at the End of the Old Regime*, Princeton University Press, 1981.

GODECHOT (J.), *Les Institutions de la France sous la Révolution et l'Empire*, deuxième édition revue et augmentée, Paris, 1968.
Cf. surtout p. 3-26 ; ouvrage capital.

GODECHOT (J.), *Un jury pour la Révolution*, Paris, 1974.

GODECHOT (J.), *Les Révolutions (1770-1799)*, dans *Nouvelle Clio*, Paris, 1970.
Ouvrage déjà mentionné dans notre impression antérieure, mais maintenant paru dans une troisième édition, mise à jour. Cf. Index sous Tocqueville.

GOUBERT (P.), *L'Ancien Régime*, t. I, Paris, 1969, Collection U.

GOUBERT (P.), *L'Ancien Régime 2 : Les Pouvoirs*, Paris, 1973.

HERR (R.), *Tocqueville and the Old Regime*, Princeton, 1962.

HIGONNET (P.), *Class, Ideology, and the Rights of Nobles during the French Revolution*, Oxford University Press, 1981.

HUFTON (O. H.), *The Poor of Eighteenth Century France, 1750-1789*, Oxford, 1974.

Étude importante.

HYSLOP (B. F.), *A Guide to the General Cahiers of 1789*, réimpression, New York, 1968.

Indispensable.

KEOHANE (N. O.), *Philosophy and the State in France : The Renaissance to the Enlightenment*, Princeton University Press, 1980.

LEFEBVRE (G.), *La Naissance de l'historiographie moderne*, Paris, 1971.

Index sous Tocqueville.

MARION (M.), *Dictionnaire des Institutions de la France au XVIIe et au XVIIIe siècle*, Paris, 1968.

Cet ouvrage important a été réédité.

MAYER (J.-P.), éd., Alexis de Tocqueville. *Der alte Staat und die Revolution*, DTV, Munich, 1978.

Voir surtout p. 301-315.

MAYER (J.-P.), *Alexis de Tocqueville. Analytiker des Massenzeitalters*, 11e édition revue et augmentée, Munich, 1972.

Voir p. 301-313.

MCMANNERS (J.), *French Ecclesiastical Society under the Ancien Régime. A Study of Angers in the Eighteenth Century*, Manchester, 1960.

MÉTHIVIER (H.), *La Fin de l'Ancien Régime*, « Que sais-je ? », Paris, 1970.

Étude précise et instructive.

MÉTHIVIER (H.), *L'Ancien Régime en France : XVIe, XVIIe, XVIIIe siècles*, Presses Universitaires de France, Paris, 1981.

Un bilan indispensable.

MOUSNIER (R.), *Le Conseil du Roi, de Louis XII à la Révolution*, Paris, 1970.

MOUSNIER (R.), *La Vénalité des Offices sous Henri IV et Louis XIII*, édition revue et augmentée, Paris, 1971.
Ouvrage capital.

PALMER (R. R.), *The World of the French Revolution*, Londres, 1971.

RUDÉ (G.), *Europe in the Eighteenth Century. Aristocracy and the Bourgeois Challenge*, Londres, 1972.
Étude d'ensemble accompagnée d'une bonne bibliographie.

SOBOUL (A.), *Histoire de la Révolution française*, 2 vol., dans « Idées », Paris, 1962.

VOLGUINE (V.), *Le Développement de la Pensée sociale en France au XVIIIe siècle*, Moscou, 1973.

VOVELLE (M.), *La Chute de la Monarchie, 1787-1792, vol. I; Nouvelle Histoire de la France contemporaine*, Paris, 1972.

Voir également les volumes 2, 3, 4, 5 de la même collection.

On voit bien que les interrogations sur le grand thème dont Tocqueville a traité dans ce volume continuent... Chaque génération définit sa propre attitude envers les phénomènes de l'histoire.

J.-P. M.

Tocqueville Research Centre
University of Reading
Angleterre
Août 75.

Bibliographie supplémentaire
1984

BADIE (B.) et BIRNBAUM (P.), *Sociologie de l'État*, Paris, 1979.

BOUDON (A. F.) et BOURRICAUD (F.), *Dictionnaire Critique de la Sociologie*, Paris, 1982.

FURET (F.), *L'Atelier de l'Histoire*, Paris, 1982.

GODECHOT (J.), *La Contre-Révolution : Doctrine et Action*, 1789-1804, Paris, 1961.

GOTTSCHALK (L.) et LACH (D.), *Toward the French Revolution : Europe and America in the Eighteenth-Century World*, New York, 1973.

HOFFMANN (S.) et al., éd., *France : Change and Tradition*, Londres, 1963.

HULLING (M.), *Montesquieu and the Old Regime*, Berkeley, Californie, 1976.

LOUGH (J.), *The Philosophes and Post-Revolutionary France*, Oxford. 1982.

Bibliographie supplémentaire
1985

CHAUSSINAND-NOGARET (G.), *La Noblesse au XVIIIe siècle. De la féodalité aux lumières.* Présentation d'Emmanuel Le Roy Ladurie, Bruxelles, 1984.

GROETHUYSEN (B.), *Philosophie de la Révolution française,* précédé de *Montesquieu,* Paris, 1982. — *J.-J. Rousseau,* Paris, 1983.

MOLÉ (M.), *Souvenirs d'un témoin de la Révolution et de l'Empire (1791-1803),* Geneva, 1943.

Bibliographie supplémentaire
1986

CHAUSSINAND-NOGARET (G.), *The French Nobility in the Eighteenth Century : From feudalism to enlightenment,* Cambridge, 1985. (Bibliographie importante.)

CRAMPE-CASNABET (M.), *Condorcet, lecteur des Lumières,* Paris, 1985.

EGRET (J.), *The French Prerevolution 1787-1788,* Chicago, 1977. (Notes et Bibliographie instructives.)

LEFEBVRE (J.-P.) et MACHEREY (P.), *Hegel et la société,* Paris, 1984.

MAINTENANT (G.), *Les Jacobins,* Paris, 1984.

MESTRE (J.-L.), *Introduction historique au droit administratif français,* Paris, 1985. (Notes importantes.)

MOUSNIER (R.) et LABROUSSE (E.), *Le XVIIIe siècle : L'Époque des « Lumières » (1715-1815),* Paris, 1985. (Bibliographie importante.)

Bibliographie supplémentaire
1987

DELAPORTE (A.), *L'Idée d'Égalité en France au XVIIIe siècle*, Paris, 1987. Bibliographie importante.

HEMMINGS (F.W.J.), *Culture and Society in France : 1789-1848*, Leicester, 1987. Bibliographie importante.

LIVRE II

LIVRE III

Impression Bussière Camedan Imprimeries
à Saint-Amand (Cher),
le 7 novembre 1996.
Dépôt légal : novembre 1996.
1ᵉʳ dépôt légal dans la collection : mars 1985.
Numéro d'imprimeur : 1/2610.
ISBN 2-07-032299-8./Imprimé en France.